"十三五"国家重点图书出版规划项目

秦史与秦文化研究丛书

王子今 主编

秦官吏法研究

周海锋 著

西北大学出版社
·西安·

图书在版编目(CIP)数据

秦官吏法研究 / 周海锋著. --西安:西北大学出版社,2021.3
(秦史与秦文化研究丛书 / 王子今主编)
ISBN 978-7-5604-4711-7

Ⅰ.①秦… Ⅱ.①周… Ⅲ.①官制—研究—中国—秦代 Ⅳ.①D691.42

中国版本图书馆 CIP 数据核字(2021)第 042606 号

秦官吏法研究
QINGUANLIFAYANJIU　　　　周海锋　著

责任编辑	马若楠　朱　亮
装帧设计	谢　晶
出版发行	西北大学出版社
地　　址	西安市太白北路 229 号　　邮　编　710069
网　　址	http://nwupress.nwu.edu.cn　　E-mail　xdpress@nwu.edu.cn
电　　话	029-88303593　88302590
经　　销	全国新华书店
印　　装	西安华新彩印有限责任公司
开　　本	710 毫米×1020 毫米　1/16
印　　张	15.75
字　　数	267 千字
版　　次	2021 年 3 月第 1 版　2023 年 6 月第 2 次印刷
书　　号	ISBN 978-7-5604-4711-7
定　　价	106.00 元

如有印装质量问题,请与本社联系调换,电话 029-88302966。

"秦史与秦文化研究丛书"

编辑出版委员会

顾　　问	柳斌杰　朱绍侯　方光华
主　　任	徐　晔
副 主 任	卜宪群　马　来
委　　员	卜宪群　马　来　王子今　王彦辉　田明纲
	邬文玲　孙家洲　李禹阶　李振宏　张德芳
	张　萍　陈松长　何惠昂　杨建辉　高大伦
	高彦平　晋　文　贾二强　徐　晔　徐兴无
	梁亚莉　彭　卫　焦南峰　赖绍聪
主　　编	王子今

总　序

公元前221年,秦王嬴政完成了统一大业,建立了中国历史上第一个高度集权的"大一统"帝国。秦王朝执政短暂,公元前207年被民众武装暴动推翻。秦短促而亡,其失败,在后世长久的历史记忆中更多地被赋予政治教训的意义。然而人们回顾秦史,往往都会追溯到秦人从立国走向强盛的历程,也会对秦文化的品质和特色有所思考。

秦人有早期以畜牧业作为主体经济形式的历史。《史记》卷五《秦本纪》说秦人先祖柏翳"调驯鸟兽,鸟兽多驯服"①,《汉书》卷一九上《百官公卿表上》则作"蒉作朕虞,育草木鸟兽"②,《汉书》卷二八下《地理志下》说"柏益……为舜朕虞,养育草木鸟兽"③,经营对象包括"草木"。所谓"育草木""养育草木",暗示农业和林业在秦早期经济形式中也曾经具有相当重要的地位。秦人经济开发的成就,是秦史进程中不宜忽视的文化因素。其影响,不仅作用于物质层面,也作用于精神层面。秦人在周人称为"西垂"的地方崛起,最初在今甘肃东部、陕西西部活动,利用畜牧业经营能力方面的优势,成为周天子和东方各个文化传统比较悠久的古国不能忽视的政治力量。秦作为政治实体,在两周之际得到正式承认。

关中西部的开发,有周人的历史功绩。周王朝的统治重心东迁洛阳后,秦人在这一地区获得显著的经济成就。秦人起先在汧渭之间地方建设了畜牧业基地,又联络草原部族,团结西戎力量,"西垂以其故和睦",得到周王室的肯定,秦于是立国。正如《史记》卷五《秦本纪》所说:"邑之秦,使复续嬴氏祀,号曰秦嬴。"④秦国力逐渐强盛,后来向东发展,在雍(今陕西凤翔)定都,成为西方诸侯

---

① [汉]司马迁:《史记》,中华书局,1959年,第173页。
② 颜师古注引应劭曰:"蒉,伯益也。"《汉书》,中华书局,1962年,第721、724页。
③ [汉]班固:《汉书》,中华书局,1962年,第1641页。
④ 《史记》卷五《秦本纪》,第177页。

国家,与东方列国发生外交和战争关系。雍城是生态条件十分适合农耕发展的富庶地区,与周人早期经营农耕、创造农业奇迹的所谓"周原膴膴"①的中心地域东西相邻。因此许多学者将其归入广义"周原"的范围之内。秦国的经济进步,有利用"周余民"较成熟农耕经验的因素。秦穆公时代"益国十二,开地千里,遂霸西戎","广地益国,东服强晋,西霸戎夷",②是以关中西部地区作为根据地实现的政治成功。

秦的政治中心,随着秦史的发展,呈现由西而东逐步转移的轨迹。比较明确的秦史记录,即从《史记》卷五《秦本纪》所谓"初有史以纪事"的秦文公时代起始。③ 秦人活动的中心,经历了这样的转徙过程:西垂—汧渭之会—平阳—雍—咸阳。《中国文物地图集·陕西分册》中的《陕西省春秋战国遗存图》显示,春秋战国时期西安、咸阳附近地方的渭河北岸开始出现重要遗址。④ 而史书明确记载,商鞅推行变法,将秦都由雍迁到了咸阳。《史记》卷五《秦本纪》:"(秦孝公)十二年,作为咸阳,筑冀阙,秦徙都之。"⑤《史记》卷六《秦始皇本纪》:"孝公享国二十四年……其十三年,始都咸阳。"⑥《史记》卷六八《商君列传》:"于是以鞅为大良造……居三年,作为筑冀阙宫庭于咸阳,秦自雍徙都之。"⑦这些文献记录都明确显示,秦孝公十二年(前350)开始营造咸阳城和咸阳宫,于秦孝公十三年(前349)从雍城迁都到咸阳。定都咸阳,既是秦史上具有重大意义的事件,实现了秦国兴起的历史过程中的显著转折,也是秦政治史上的辉煌亮点。

如果我们从生态地理学和经济地理学的角度分析这一事件,也可以获得新的

---

① 《诗·大雅·绵》,[清]阮元校刻:《十三经注疏》,中华书局据原世界书局缩印本1980年10月影印版,第510页。
② 《史记》卷五《秦本纪》,第194、195页。《史记》卷八七《李斯列传》作"并国二十,遂霸西戎"。第2542页。《后汉书》卷八七《西羌传》:"秦穆公得戎人由余,遂罢西戎,开地千里。"中华书局,1965年,第2873页。
③ 《史记》,第179页。
④ 张在明主编:《中国文物地图集·陕西分册》,西安地图出版社,1998年,上册第61页。
⑤ 《史记》,第203页。
⑥ 《史记》,第288页。
⑦ 《史记》,第2232页。

有意义的发现。秦都由西垂东迁至咸阳的过程,是与秦"东略之世"①国力不断壮大的历史同步的。迁都咸阳的决策,有将都城从农耕区之边缘转移到农耕区之中心的用意。秦自雍城迁都咸阳,实现了重要的历史转折。一些学者将"迁都咸阳"看作商鞅变法的内容之一。翦伯赞主编《中国史纲要》在"秦商鞅变法"题下写道:"公元前356年,商鞅下变法令","公元前350年,秦从雍(今陕西凤翔)迁都咸阳,商鞅又下第二次变法令"。② 杨宽《战国史》(增订本)在"秦国卫鞅的变法"一节"卫鞅第二次变法"题下,将"迁都咸阳,修建宫殿"作为变法主要内容之一,又写道:"咸阳位于秦国的中心地点,靠近渭河,附近物产丰富,交通便利。"③ 林剑鸣《秦史稿》在"商鞅变法的实施"一节,也有"迁都咸阳"的内容。其中写道:"咸阳(在咸阳市窑店东)北依高原,南临渭河,适在秦岭怀抱,既便利往来,又便于取南山之产物,若浮渭而下,可直入黄河;在终南山与渭河之间就是通往函谷关的大道。"④这应当是十分准确地反映历史真实的判断。《史记》卷六八《商君列传》记载,商鞅颁布的新法,有扩大农耕的规划,奖励农耕的法令,保护农耕的措施。⑤ 于是使得秦国在秦孝公——商鞅时代实现了新的农业跃进。而指导这一历史变化的策划中心和指挥中心,就在咸阳。咸阳附近也自此成为关中经济的重心地域。《史记》卷二八《封禅书》说"霸、产、长水、沣、涝、泾、渭皆非大川,以近咸阳,尽得比山川祠"⑥,说明"近咸阳"地方水资源得到合理利用。关中于是"号称陆海,为九州膏腴"⑦,被看作"天府之国"⑧,因其丰饶,千百年居于经济优胜地位。

回顾春秋战国时期列强竞胜的历史,历史影响比较显著的国家,多位于文明程度处于后起地位的中原外围地区,它们的迅速崛起,对于具有悠久的文明传统

---

① 王国维:《秦都邑考》,《王国维遗书》,上海古籍书店,1983年,《观堂集林》卷一二第9页。
② 翦伯赞主编:《中国史纲要》,人民出版社,1979年,第75页。
③ 杨宽:《战国史》(增订本),上海人民出版社,1998年,第206页。
④ 林剑鸣:《秦史稿》,上海人民出版社,1981年,第189页。
⑤ 商鞅"变法之令":"民有二男以上不分异者,倍其赋。""僇力本业,耕织致粟帛多者复其身。事末利及怠而贫者,举以为收孥。"《史记》,第2230页。
⑥ 《史记》,第1374页。
⑦ 《汉书》卷二八下《地理志下》,第1642页。
⑧ 《史记》卷五五《留侯世家》,第2044页。

的"中国",即黄河中游地区,形成了强烈的冲击。这一历史文化现象,就是《荀子·王霸》中所说的:"虽在僻陋之国,威动天下,五伯是也。""故齐桓、晋文、楚庄、吴阖闾、越句践,是皆僻陋之国也,威动天下,强殆中国。"①就是说,"五霸"虽然都崛起在文明进程原本相对落后的"僻陋"地方,却能够以新兴的文化强势影响天下,震动中原。"五霸"所指,说法不一,如果按照《白虎通·号·三皇五帝三王五伯》中的说法:"或曰:五霸,谓齐桓公、晋文公、秦穆公、楚庄王、吴王阖闾也。"也就是除去《荀子》所说"越句践",加上了"秦穆公",对于秦的"威""强",予以肯定。又说:"《尚书》曰'邦之荣怀,亦尚一人之庆',知秦穆之霸也。"②秦国力发展态势之急进,对东方诸国有激励和带动的意义。

在战国晚期,七雄之中,以齐、楚、赵、秦为最强。到了公元前3世纪的后期,则秦国的军威,已经势不可当。在秦孝公与商鞅变法之后,秦惠文王兼并巴蜀,宣太后与秦昭襄王战胜义渠,实现对上郡、北地的控制,使秦的疆域大大扩张,时人除"唯秦雄天下"③之说外,又称"秦地半天下"④。秦国上层执政集团可以跨多纬度空间控制,实现了对游牧区、农牧并作区、粟作区、麦作区以及稻作区兼行管理的条件。这是后来对统一王朝不同生态区和经济区实施全面行政管理的前期演习。当时的东方六国,没有一个国家具备从事这种政治实践的条件。

除了与秦孝公合作推行变法的商鞅之外,秦史进程中有重要影响的人物还有韩非和吕不韦。《韩非子》作为法家思想的集大成者,规范了秦政的导向。吕不韦主持编写的《吕氏春秋》为即将成立的秦王朝描画了政治蓝图。多种渊源不同的政治理念得到吸收,其中包括儒学的民本思想。

秦的统一,是中国史的大事件,也是东方史乃至世界史的大事件。对于中华民族的形成,对于后来以汉文化为主体的中华文化的发展,对于统一政治格局的定型,秦的创制有非常重要的意义。秦王朝推行郡县制,实现中央对地方的直接控制。皇帝制度和官僚制度的出现,也是推进政治史进程的重要发明。秦始皇时代实现了高度的集权。皇室、将相、后宫、富族,都无从侵犯或动摇皇帝的权

---

① [清]王先谦撰,沈啸寰、王星贤点校:《荀子集解》,中华书局,1988年,第205页。
② [清]陈立撰,吴则虞点校:《白虎通疏证》,中华书局,1994年,第62、64页。
③ 《史记》卷八三《鲁仲连邹阳列传》,第2459页。
④ 《史记》卷七〇《张仪列传》,第2289页。

威。执掌管理天下最高权力的,唯有皇帝。"夫其卓绝在上,不与士民等夷者,独天子一人耳。"①与秦始皇"二世三世至于万世,传之无穷"②的乐观设想不同,秦的统治未能长久,但是,秦王朝的若干重要制度,特别是皇帝独尊的制度,却成为此后两千多年的政治史的范式。如毛泽东诗句所谓"百代犹行秦政法"③。秦政风格延续长久,对后世中国有长久的规范作用,也对东方世界的政治格局形成了影响。

秦王朝在全新的历史条件下带有试验性质的经济管理形式,是值得重视的。秦时由中央政府主持的长城工程、驰道工程、灵渠工程、阿房宫工程、丽山工程等规模宏大的土木工程的规划和组织,表现出经济管理水平的空前提高,也显示了相当高的行政效率。秦王朝多具有创新意义的经济制度,在施行时各有得失。秦王朝经济管理的军事化体制,以极端苛急的政策倾向为特征,而不合理的以关中奴役关东的区域经济方针等方面的弊病,也为后世提供了深刻的历史教训。秦王朝多以军人为吏,必然使各级行政机构都容易形成极权专制的特点,使行政管理和经济管理都具有军事化的形制,又使统一后不久即应结束的军事管制阶段在实际上无限延长,终于酿成暴政。

秦王朝的专制统治表现出高度集权的特色,其思想文化方面的政策也具有与此相应的风格。秦王朝虽然统治时间不长,但是所推行的文化政策却在若干方面对后世有规定性的意义。"书同文"原本是孔子提出的文化理想。孔子嫡孙子思作《中庸》,引述了孔子的话:"今天下车同轨,书同文,行同伦。"④"书同文",成为文化统一的一种象征。但是在孔子的时代,按照儒家的说法,有其位者无其德,有其德者无其位,"书同文"实际上只是一种空想。战国时期,分裂形势更为显著,书不同文也是体现当时文化背景的重要标志之一。正如东汉学者许慎在《说文解字·叙》中所说,"诸侯力政,不统于王",于是礼乐典籍受到破坏,天下分为七国,"言语异声,文字异形"。⑤ 秦灭六国,实现统一之后,丞相李

---

① 章太炎:《秦政记》,《太炎文录初编》卷一,《章太炎全集》第 4 卷,上海人民出版社,1985 年,第 71 页。

② 《史记》卷六《秦始皇本纪》,第 236 页。

③ 《建国以来毛泽东文稿》第 13 册,中央文献出版社,1998 年,第 361 页。

④ [清]阮元校刻:《十三经注疏》,第 1634 页。

⑤ [汉]许慎撰,[清]段玉裁注:《说文解字注》,上海古籍出版社据经韵楼藏版 1981 年 10 月影印版,第 757 页。

斯就上奏建议以"秦文"为基点,欲令天下文字"同之",凡是与"秦文"不一致的,通通予以废除,以完成文字的统一。历史上的这一重要文化过程,司马迁在《史记》卷六《秦始皇本纪》的记载中写作"书同文字"与"同书文字",①在《史记》卷一五《六国年表》与《史记》卷八七《李斯列传》中分别写作"同天下书""同文书"。② 秦王朝的"书同文"虽然没有取得全面的成功,但是当时能够提出这样的文化进步的规划,并且开始了这样的文化进步的实践,应当说,已经是一个值得肯定的伟大的创举。秦王朝推行文化统一的政策,并不限于文字的统一。在秦始皇出巡各地的刻石文字中,可以看到要求各地民俗实现同化的内容。比如琅邪刻石说到"匡饬异俗",之罘刻石说到"黔首改化,远迩同度",表示各地的民俗都要改造,以求整齐统一;而强求民俗统一的形式,是法律的规范,就是所谓"普施明法,经纬天下,永为仪则"③。应当看到,秦王朝要实行的全面的"天下""同度",是以秦地形成的政治规范、法律制度、文化样式和民俗风格为基本模板的。

秦王朝在思想文化方面谋求统一,是通过强硬性的专制手段推行有关政策实现的。所谓焚书坑儒,就是企图全面摈斥东方文化,以秦文化为主体实行强制性的文化统一。对于所谓"难施用"④"不中用"⑤的"无用"之学⑥的否定,甚至不惜采用极端残酷的手段。

秦王朝以关中地方作为政治中心,也作为文化基地。关中地方得到了很好

---

① 《史记》,第239、245页。

② 《史记》,第757、2547页。

③ 《史记》,第245、250、249页。

④ 《史记》卷二八《封禅书》:"始皇闻此议各乖异,难施用,由此绌儒生。"第1366页。

⑤ 《史记》卷六《秦始皇本纪》:"(秦始皇)大怒曰:'吾前收天下书不中用者尽去之。'"第258页。

⑥ 《资治通鉴》卷七《秦纪二》"始皇帝三十四年":"魏人陈馀谓孔鲋曰:'秦将灭先王之籍,而子为书籍之主,其危哉!'子鱼曰:'吾为无用之学,知吾者惟友。秦非吾友,吾何危哉!吾将藏之以待其求;求至,无患矣。'"胡三省注:"孔鲋,孔子八世孙,字子鱼。"[宋]司马光编著,[元]胡三省音注,"标点资治通鉴小组"校点:《资治通鉴》,中华书局,1956年,第244页。承孙闻博副教授提示,据傅亚庶《孔丛子校释》,《孔丛子》有的版本记录孔鲋说到"有用之学"。叶氏藏本、蔡宗尧本、汉承弼校跋本、章钰校跋本并有"吾不为有用之学,知吾者唯友。秦非吾友,吾何危哉?"语。中华书局,2011年,第410、414页。参看王子今:《秦文化的实用之风》,《光明日报》2013年7月15日15版"国学"。

的发展条件。秦亡,刘邦入咸阳,称"仓粟多"①,项羽确定行政中心时有人建议"关中阻山河四塞,地肥饶,可都以霸",都说明了秦时关中经济条件的优越。项羽虽然没有采纳都关中的建议,但是在分封十八诸侯时,首先考虑了对现今陕西地方的控制。"立沛公为汉王,王巴、蜀、汉中,都南郑",又"三分关中","立章邯为雍王,王咸阳以西,都废丘","立司马欣为塞王,王咸阳以东至河,都栎阳;立董翳为翟王,王上郡,都高奴"。② 因"三分关中"的战略设想,于是史有"三秦"之说。近年"废丘"的考古发现,有益于说明这段历史。所谓"秦之故地"③,是受到特殊重视的行政空间。

汉代匈奴人和西域人仍然称中原人为"秦人"④,汉简资料也可见"秦骑"⑤称谓,说明秦文化对中土以外广大区域的影响形成了深刻的历史记忆。远方"秦人"称谓,是秦的历史光荣的文化纪念。

李学勤《东周与秦代文明》一书中将东周时代的中国划分为 7 个文化圈,就是中原文化圈、北方文化圈、齐鲁文化圈、楚文化圈、吴越文化圈、巴蜀滇文化圈、秦文化圈。关于其中的"秦文化圈",论者写道:"关中的秦雄长于广大的西北地区,称之为秦文化圈可能是适宜的。秦人在西周建都的故地兴起,形成了有独特风格的文化。虽与中原有所交往,而本身的特点仍甚明显。"关于战国晚期至于秦汉时期的文化趋势,论者指出:"楚文化的扩展,是东周时代的一件大事","随之而来的,是秦文化的传布。秦的兼并列国,建立统一的新王朝,使秦文化成为后来辉煌的汉代文化的基础"。⑥ 从空间和时间的视角进行考察,可以注意

---

① 《史记》卷八《高祖本纪》,第 362 页。
② 《史记》卷七《项羽本纪》,第 315、316 页。
③ 《史记》卷九九《刘敬叔孙通列传》:"陛下入关而都之,山东虽乱,秦之故地可全而有也。""今陛下入关而都,案秦之故地,此亦扼天下之亢而拊其背也。"第 2716 页。
④ 《史记》卷一二三《大宛列传》,第 3177 页;《汉书》卷九四上《匈奴传上》,第 3782 页;《汉书》卷九六下《西域传下》,第 3913 页。东汉西域人使用"秦人"称谓,见《龟兹左将军刘平国作关城诵》,参看王子今:《〈龟兹左将军刘平国作关城诵〉考论——兼说"张骞凿空"》,《欧亚学刊》新 7 辑,商务印书馆,2018 年。
⑤ 如肩水金关简"☐所将胡骑秦骑名籍☐"(73EJT1:158),甘肃简牍保护研究中心、甘肃省文物考古研究所、甘肃省博物馆、中国文化遗产研究院古文献研究室、中国社会科学院简帛研究中心编:《肩水金关汉简》(壹),中西书局,2011 年,下册第 11 页。
⑥ 李学勤:《东周与秦代文明》,上海人民出版社,2007 年,第 10—11 页。

到秦文化超地域的特征和跨时代的意义。秦文化自然有区域文化的含义,早期的秦文化又有部族文化的性质。秦文化也是体现法家思想深刻影响的一种政治文化形态,可以理解为秦王朝统治时期的主体文化和主导文化。秦文化也可以作为一种积极奋进的、迅速崛起的、节奏急烈的文化风格的象征符号。总结秦文化的有积极意义的成分,应当注意这样几个特点:创新理念、进取精神、开放胸怀、实用意识、技术追求。秦文化的这些具有积极因素的特点,可以以"英雄主义"和"科学精神"简要概括。对于秦统一的原因,有必要进行全面的客观的总结。秦人接受来自西北方向文化影响的情形,研究者也应当予以关注。

秦文化既有复杂的内涵,又有神奇的魅力。秦文化表现出由弱而强、由落后而先进的历史转变过程中积极进取、推崇创新、重视实效的文化基因。

对于秦文化的历史表现,仅仅用超地域予以总结也许还是不够的。"从世界史的角度"估价秦文化的影响,是秦史研究者的责任。秦的统一"是中国文化史上的重要转折点",继此之后,汉代创造了辉煌的文明,其影响,"范围绝不限于亚洲东部,我们只有从世界史的高度才能估价它的意义和价值"。① 汉代文明成就,正是因秦文化而奠基的。

在对于秦文化的讨论中,不可避免地会导入这样一个问题:为什么在战国七雄的历史竞争中最终秦国取胜,为什么是秦国而不是其他国家完成了"统一"这一历史进程?

秦统一的形势,翦伯赞说,"如暴风雷雨,闪击中原",证明"任何主观的企图,都不足以倒转历史的车轮"②。秦的"统一",有的学者更愿意用"兼并"的说法。这一历史进程,后人称之为"六王毕,四海一"③、"六王失国四海归"④。其实,秦始皇实现的统一,并不仅仅限于黄河流域和长江流域原战国七雄统治的地域,亦包括对岭南的征服。战争的结局,是《史记》卷六《秦始皇本纪》和卷一一

---

① 李学勤:《东周与秦代文明》,第294页。
② 翦伯赞:《秦汉史》,北京大学出版社,1983年,第8页。
③ [唐]杜牧:《阿房宫赋》,《文苑英华》卷四七,[宋]李昉等编:《文苑英华》,中华书局,1966年,第212页。
④ [宋]莫济《次梁安老王十朋咏秦碑韵》:"六王失国四海归,秦皇东刻南巡碑。"[明]董斯张辑:《吴兴艺文补》卷五〇,明崇祯六年刻本,第1103页。

三《南越列传》所记载的桂林、南海、象郡的设立。① 按照贾谊《过秦论》的表述,即"南取百越之地,以为桂林、象郡,百越之君俯首系颈,委命下吏"②。考古学者基于岭南秦式墓葬发现,如广州淘金坑秦墓、华侨新村秦墓,广西灌阳、兴安、平乐秦墓等的判断,以为"说明了秦人足迹所至和文化所及,反映了秦文化在更大区域内和中原以及其他文化的融合","两广秦墓当是和秦始皇统一岭南,'以谪徙民五十万戍五岭,与越杂处'的历史背景有关"③。岭南文化与中原文化的融合,正是自"秦时已并天下,略定杨越"④起始。而蒙恬经营北边,又"却匈奴七百余里"⑤。南海和北河方向的进取,使得秦帝国的国土规模远远超越了秦本土与"六王"故地的总和。⑥

对于秦所以能够实现统一的原因,历来多有学者讨论。有人认为,秦改革彻底,社会制度先进,是主要原因。曾经负责《睡虎地秦墓竹简》定稿、主持张家山汉简整理并进行秦律和汉律对比研究的李学勤指出:"睡虎地竹简秦律的发现和研究,展示了相当典型的奴隶制关系的景象","有的著作认为秦的社会制度比六国先进,笔者不能同意这一看法,从秦人相当普遍地保留野蛮的奴隶制关系来看,事实毋宁说是相反"⑦。

秦政以法家思想为指导。法家虽然经历汉初的"拨乱反正"⑧受到清算,又经汉武帝时代"罢黜百家,表章《六经》"⑨"推明孔氏,抑黜百家"⑩,受到正统意

---

① 王子今:《论秦始皇南海置郡》,《陕西师范大学学报》(哲学社会科学版)2017年第1期。
② 《史记》卷六《秦始皇本纪》,第280页。
③ 叶小燕:《秦墓初探》,《考古》1982年第1期。
④ 《史记》卷一一三《南越列传》,第2967页。
⑤ 《史记》卷六《秦始皇本纪》,第280页;《史记》卷四八《陈涉世家》,第1963页。
⑥ 参看王子今:《秦统一局面的再认识》,《辽宁大学学报》(哲学社会科学版)2013年第1期。
⑦ 李学勤:《东周与秦代文明》,第290—291页。
⑧ 《汉书》卷六《武帝纪》,第212页;《汉书》卷二二《礼乐志》,第1030、1035页。《史记》卷八《高祖本纪》:"拨乱世反之正。"第392页。《史记》卷六〇《三王世家》:"高皇帝拨乱世反诸正。"第2109页。
⑨ 《汉书》卷六《武帝纪》,第212页。
⑩ 《汉书》卷五六《董仲舒传》,第2525页。

识形态压抑,但是由所谓"汉家自有制度,本以霸王道杂之,奈何纯任德教,用周政乎"①可知,仍然有长久的历史影响和文化惯性。这说明中国政治史的回顾,有必要思考秦政的作用。

在总结秦统一原因时,应当重视《过秦论》"续六世之余烈,振长策而御宇内"的说法。② 然而秦的统一,不仅仅是帝王的事业,也与秦国农民和士兵的历史表现有关。是各地万千士兵与民众的奋发努力促成了统一。秦国统治的地域,当时是最先进的农业区。直到秦王朝灭亡之后,人们依然肯定"秦富十倍天下"的地位。③ 因农耕业成熟而形成的富足,也构成秦统一的物质实力。

有学者指出,应当重视秦与西北方向的文化联系,重视秦人从中亚地方接受的文化影响。这是正确的意见。但是以为郡县制的实行可能来自西方影响的看法还有待于认真的论证。战国时期,不仅秦国,不少国家都实行了郡县制。有学者指出:"郡县制在春秋时已有萌芽,特别是'县',其原始形态可以追溯到西周。到战国时期,郡县制在各国都在推行。"④秦人接受来自西北的文化影响,应当是没有疑义的。周穆王西行,据说到达西王母之国,为他驾车的就是秦人先祖造父。秦早期养马业的成功,也应当借鉴了草原游牧族的技术。青铜器中被确定为秦器者,据说有的器形"和常见的中国青铜器有别,有学者以之与中亚的一些器物相比"。学界其实较早已经注意到这种器物,以为"是否模仿中亚的风格,很值得探讨"⑤。我们曾经注意过秦风俗中与西方相近的内容,秦穆公三十二年(前628),发军袭郑,这是秦人首创所谓"径数国千里而袭人"的长距离远征历史记录的例证。晋国发兵在殽阻截秦军,"击之,大破秦军,无一人得脱者,虏秦三将以归"。⑥ 四年之后,秦人复仇,《左传·文公三年》记载:"秦伯伐晋,济河焚舟,取王官及郊。晋人不出,遂自茅津渡,封殽尸而还。"⑦《史记》卷五《秦本

---

① 《汉书》卷九《元帝纪》,第277页。
② 《史记》卷六《秦始皇本纪》,第280页。
③ 《史记》卷八《高祖本纪》,第364页。
④ 李学勤:《东周与秦代文明》,第289—290页。
⑤ 李学勤:《东周与秦代文明》,第146页。
⑥ 《史记》卷五《秦本纪》,第190—192页。
⑦ 《春秋左传集解》,上海人民出版社,1977年,第434页。

纪》:"缪公乃自茅津渡河,封殽中尸,为发丧,哭之三日。"①《史记》卷三九《晋世家》:"秦缪公大兴兵伐我,度河,取王官,封殽尸而去。"②封,有人解释为"封识之"③,就是筑起高大的土堆以为标识。我们读记述公元 14 年至公元 15 年间史事的《塔西佗〈编年史〉》第 1 卷,可以看到日耳曼尼库斯·凯撒率领的罗马军队进军到埃姆斯河和里普河之间十分类似的情形:"据说伐鲁斯和他的军团士兵的尸体还留在那里没有掩埋","罗马军队在六年之后,来到这个灾难场所掩埋了这三个军团的士兵的遗骨","在修建坟山的时候,凯撒放置第一份草土,用以表示对死者的衷心尊敬并与大家一同致以哀悼之忱"。④ 罗马军队统帅日耳曼尼库斯·凯撒的做法,和秦穆公所谓"封殽尸"何其相像! 罗马军人们所"修建"的"坟山",是不是和秦穆公为"封识之"而修建的"封"属于性质相类的建筑形式呢? 相关的文化现象还有待于深入考论。但是关注秦文化与其他文化系统之间的联系可能确实是有意义的。

秦代徐市东渡,择定适宜的生存空间定居⑤,或许是东洋航线初步开通的历史迹象。斯里兰卡出土半两钱⑥,似乎可以看作南洋航线早期开通的文物证明。理解并说明秦文化的世界影响,也是丝绸之路史研究应当关注的主题。

"秦史与秦文化研究丛书"系"十三五"国家重点图书出版规划项目,共 14 种,由陕西省人民政府参事室主持编撰,西北大学出版社具体组织实施。包括以下学术专著:《秦政治文化研究》(雷依群)、《初并天下——秦君主集权研究》(孙闻博)、《帝国的形成与崩溃——秦疆域变迁史稿》(梁万斌)、《秦思想与政治研究》(臧知非)、《秦法律文化新探》(闫晓君)、《秦祭祀研究》(史党社)、《秦礼仪研究》(马志亮)、《秦战争史》(赵国华、叶秋菊)、《秦农业史新编》(樊志民、

---

① 《史记》,第 193 页。
② 《史记》,第 1670 页。
③ 《史记》卷五《秦本纪》裴骃《集解》引贾逵曰,第 193 页。
④ 〔罗马〕塔西佗著,王以铸等译:《塔西佗〈编年史〉》,商务印书馆,1981 年,上册,第 1 卷,第 51—52 页。
⑤ 《史记》卷一一八《淮南衡山列传》:"徐福得平原广泽,止王不来。"第 3086 页。
⑥ 查迪玛(A. Chandima):《斯里兰卡藏中国古代文物研究——兼谈古代中斯贸易关系》,山东大学博士学位论文,导师:于海广教授,2011 年 4 月;〔斯里兰卡〕查迪玛·博嘎哈瓦塔、柯莎莉·卡库兰达拉:《斯里兰卡藏中国古代钱币概况》,《百色学院学报》2016 年第 6 期。

李伊波)、《秦都邑宫苑研究》(徐卫民、刘幼臻)、《秦文字研究》(周晓陆、罗志英、李巍、何薇)、《秦官吏法研究》(周海锋)、《秦交通史》(王子今)、《秦史与秦文化研究论著索引》(田静)。

  本丛书的编写队伍,集合了秦史研究的学术力量,其中有较资深的学者,也有很年轻的学人。丛书选题设计,注意全方位的研究和多视角的考察。参与此丛书的学者提倡跨学科的研究,重视历史学、考古学、民族学与文化人类学等不同学术方向研究方法的交叉采用,努力坚持实证原则,发挥传世文献与出土文献及新出考古资料相结合的优长,实践"二重证据法""多重证据法",力求就秦史研究和秦文化研究实现学术推进。秦史是中国文明史进程的重要阶段,秦文化是历史时期文化融汇的主流之一,也成为中华民族文化的重要构成内容。对于秦史与秦文化,考察、研究、理解和说明,是历史学者的责任。不同视角的观察,不同路径的探究,不同专题的研讨,不同层次的解说,都是必要的。这里不妨借用秦汉史研究前辈学者翦伯赞《秦汉史》中"究明"一语简要表白我们研究工作的学术追求:"究明"即"显出光明"。①

王子今
2021 年 1 月 18 日

---

① 翦伯赞:《秦汉史》,第 2 页。

目 录

总　序 ·· 1

绪　论 ·· 1
  第一节　研究现状及论述范围 ·················· 1
  第二节　文献综述 ······························· 11

第一章　择吏法 ······································ 20
  第一节　择吏准则 ······························· 20
    一、除吏之籍贯、资产要求 ···················· 20
    二、为吏之身份、年龄要求 ···················· 32
    三、任人为吏问题 ······························· 39
  第二节　官吏任用方式 ··························· 41
  第三节　秦法对官吏品行的要求及私生活
           的规范 ···································· 58
  第四节　作为仕途起点的佐史 ·················· 63

第二章　考核法 ······································ 72
  第一节　上计法 ··································· 72
    一、上计与受计时间 ···························· 73
    二、上计吏 ······································· 76
    三、上计所含事项 ······························· 79
  第二节　考课法 ··································· 97

第三章　罚罪法

第一节　赃罪 ……………………………………… 107
一、令条文本形态的复原及"他本"的
　　重要校勘价值 ……………………………… 109
二、令条所见术语释义 ………………………… 113
三、秦法处置受贿罪的原则问题 ……………… 122

第二节　失职罪 …………………………………… 126
一、考课不合格 ………………………………… 126
二、失期 ………………………………………… 130
三、过失罪 ……………………………………… 132
四、亡失官印及其他官物 ……………………… 135
五、稽留公文书与狱案 ………………………… 136
六、其他 ………………………………………… 139

第三节　渎职罪 …………………………………… 140
一、诈伪罪 ……………………………………… 140
二、欺谩 ………………………………………… 146
三、纵罪 ………………………………………… 147
四、不直 ………………………………………… 149

第四节　官吏犯罪处理原则问题 ………………… 150
一、同罪异罚 …………………………………… 150
二、议请 ………………………………………… 152
三、罪吏自致 …………………………………… 154

第四章　赏功法 ……………………………………… 155

第一节　封君 ……………………………………… 156
第二节　赐爵 ……………………………………… 158
第三节　升职 ……………………………………… 167
第四节　赐田宅 …………………………………… 169
第五节　赐钱金它物 ……………………………… 170
第六节　赐日 ……………………………………… 171

第七节　置后 …………………………………… 172

第五章　权益法 …………………………………… 174
　第一节　秦吏之俸禄及出差食宿车马安排 ………… 174
　第二节　秦吏所配杂役 ……………………………… 183
　第三节　休假 ………………………………………… 191
　第四节　人格尊严之维护 …………………………… 196

第六章　官吏之职责 ……………………………… 201
　第一节　各级官吏均要履行的职责 ………………… 201
　　一、视事 …………………………………………… 201
　　二、出差 …………………………………………… 204
　　三、检举前任之责 ………………………………… 207
　　四、无宿治 ………………………………………… 209
　第二节　中央官吏的职责 …………………………… 211
　第三节　郡级官吏的职责 …………………………… 215
　　一、执法 …………………………………………… 215
　　二、属尉佐 ………………………………………… 217
　第四节　县级官吏的职责 …………………………… 219

参考文献 ………………………………………………… 226
后　记 …………………………………………………… 234

绪　论

第一节　研究现状及论述范围

"官吏法"是指针对官吏而制定的法律，涉及官吏选拔、权限、职责、待遇、升迁、考核、职务犯罪等多方面的内容。秦官吏法条文主要集中在《置吏律》《除吏律》《迁吏令》等律令篇章之中，其他律令和里耶秦简行政文书中也有不少相关材料。笔者在博士学位论文中对岳麓秦简《置吏律》条文已稍作考析，并将其与睡虎地秦简《置吏律》、张家山汉简《置吏律》条文进行了比较研究，考察了秦至汉初《置吏律》条文的流变情况。然限于篇幅，其中有关秦代官吏法的诸多问题尚未展开讨论。

有关秦官吏法研究的前期成果并不算多，这与此研究对象的重要性是不对等的。秦自商鞅变法之后就颇为奉行"以法为教，以吏为师"，法为教化之手段，吏为百姓之楷模。法家提倡通过治吏来有效治民的统治理念，究竟是如何执行的，其成效如何，与秦之兴衰成败有何关系等，这些问题都值得仔细寻绎。

先贤成果中，安作璋、陈乃华合撰的《秦汉官吏法研究》[①]最具代表性，此书全面论述了秦汉时期对官吏的立法理念与政策以及具体法治实践中对官吏实行的各种法律控制。然此书虽以秦汉官吏法为研究对象，但主要集中于汉官吏法的讨论。这当然不是作者有意重汉轻秦，而是当时所能见到的与秦官吏法研究相关材料太少。后于《秦汉官吏法研究》刊布的岳麓秦简、里耶秦简和张家山汉简中包含了不少与秦官吏法相关的材料，为我们深入系统研究此课题创造了契

---

① 安作璋、陈乃华：《秦汉官吏法研究》，齐鲁书社，1993年。

机。此外,对于某些具体问题,笔者也有不同于前贤的看法。有鉴于此,我们认为有必要对秦官吏法做一系统的探究,细细体察"法家法"盛行时代里官吏的生存境遇。

秦择吏的具体标准在传世文献中可见大概,但大都语焉不详,而出土法律文献中的条文规定却相当的具体明晰。岳麓秦简《置吏律》对除吏时间、为吏者的籍贯、身份及年龄均有明确规定:

置吏律曰:县除有秩吏,各除其县中。其欲除它县人及有谒置人为县令、都官长、丞、尉、有秩吏,能任(1272)者,许之㇄。(1245)①

置吏律曰:县除小佐毋(无)秩者,各除其县中。(1396)②

・置吏律曰:县、都官、郡免除吏及佐、群官属,以十二月朔日免除,尽三月而止之。其有死亡及故有缺者,(1227)为补之,毋须时。郡免除书到中尉,虽后时,尉听之㇄。(J43)③

置吏律曰:县除小佐毋(无)秩者,各除其县中,皆择除不更以下到士五(伍)史者为佐,不足,益除君子子、大夫子、小爵(1396)及公卒、士五(伍)子年十八岁以上备员,其新黔首勿强,年过六十者勿以为佐㇄。人属弟、人复子欲为佐吏(1367)④

置吏律曰:有辠以罷(迁)者及赎耐以上居官有辠以废者,虏、收人、人奴、群耐子、免者、赎子,辄傅其(1389)计籍。其有除以为冗佐、佐吏、县匠、牢监、牡马、簪褭者,毋许,及不得为租。君子、虏、收人、人奴、群耐子、免者、(1378)赎子,其前卅年五月除者勿免,免者勿复用。(1418)⑤

害(宪)盗,除不更以下到士五(伍),许之。(1247)⑥

补军吏、令、佐史,必取壹从军以上者,节(即)有军殴(也),(J43)

---

① 陈松长主编:《岳麓书院藏秦简(肆)》,上海辞书出版社,2015年,第136—137页。
② 陈松长主编:《岳麓书院藏秦简(肆)》,第137页。
③ 陈松长主编:《岳麓书院藏秦简(肆)》,第141页。
④ 陈松长主编:《岳麓书院藏秦简(肆)》,第137—138页。
⑤ 陈松长主编:《岳麓书院藏秦简(肆)》,第138—139页。
⑥ 陈松长主编:《岳麓书院藏秦简(肆)》,第137页。

遣卒能令自占，自占不审及不自占而除及遣者，皆赀二甲，废。
（1262）①

秦所确立的长吏必须由它县、它郡人担任而佐吏可由本县人担任的除吏原则，一直被后代沿用。此种规定既能有效防止地方势力尾大不掉而不听从中央号令，又能将地方力强者吸收到统治阶层，充分发挥其作用，同时可以保证中央权力在统治末梢的有效性。当然，若不能相互制衡，其问题也是显而易见的，外籍长吏与本籍佐吏之间相互倾轧的情况也屡见不鲜。

秦代官吏任用方式，主要有守、假、真、行等数种，与此相关的研究成果不少，但仍有探讨的余地。我们认为守与假均表示代理。迁陵县的守官十分常见，除了迁陵守以外，尚见少内守、田官守、司空守、乡守、仓守、库守等。之所以会出现这种情况，与秦疆域不断扩大、战事绵连，大型工程陆续启动而使得吏员不敷使用有一定关系。郡尉两府也常有职官代理现象，为了与县相区别，全部使用"假+职官"形式来表示代理。

从《为吏之道》《为吏治官及黔首》等出土官箴文献可知秦对为吏者的品行都有相当高的要求，相关的论述也不少。值得注意的是岳麓秦简律令条文对秦吏的私生活也有所规范，这是之前文献所未见的，比如官吏婚配方面的规定：

・狱史、令史、有秩吏及属、尉佐以上，二岁以来新为人赘壻（壻）者免之。其以二岁前为人赘壻（壻）而（0559）能去妻室者勿免，其弗能行者免之╚。二岁以来家不居其所为吏之郡县，而为舍室即取（娶）妻[焉]（0359）官，免之。家不居咸阳而取（娶）妻咸阳及前取（娶）妻它县而后为吏焉，不用此令。（0353）②

狱史、令史、有秩吏、属、尉佐等不能由赘婿担任。赘婿乃秦汉时期被鄙视的群体之一，入赘多因家贫，而无资产者本身就不能为吏。此外，赘婿不能成为户主，又是谪徙对象之一，自然不能为吏。秦令又规定除咸阳以外，在异地为官者，不得在当地购置房舍、不得娶当地女子为妻，否则免官。此项规定也是为了防止官吏与地方势力勾结在一起，从而影响政令之畅通，侵蚀官府之利益。此外，岳

---

① 陈松长主编：《岳麓书院藏秦简（肆）》，第141页。
② 陈松长主编：《岳麓书院藏秦简（肆）》，第205—206页。按：0359简"焉"字残去下半截，其后不能容字，故将整理者施加断残符号去除。

麓秦简中还有禁止官吏从事第二职业以盈利的令文：

·禁毋敢为旁钱,为旁〖钱〗者,赀二甲而废。(1782 + C - 7 - 10 - 2)①

"旁钱"或可解释为从事第二职业所得收入,但需要指出的是,这仅仅是针对官吏个人而言。官营园池、手工作坊、租赁官徒隶所得,因其上交国库,不视为旁钱。禁止官吏"为旁钱"的规定在《秦律杂抄》中也有类似条文："吏自佐、史以上负从马、守书私卒,令市取钱焉,皆罨(迁)。"②

佐史作为基层小吏,在传世文献中出现的频次并不高,然出土文献却屡屡见之。佐史乃多数为吏者入仕之起点。秦代县乡一级行政机构所见的佐、史并无实质区别,律令中常将二者并称,文书中或称佐,或称史,或称官佐,然所指并无不同。秦代一般的文官均是从"佐史"做起。虽然起点相同,但成为吏员的途径却不尽相同,主要有以下几种：一是先入学室,然后通过国家统一组织的官员考试后被擢为吏；二是被保举为吏；三是先以从者或舍人的身份追随某个官吏,获得实际行政经验,然后被擢选为吏。佐史一般依靠功劳积累逐级晋升,才华卓著且机遇垂青者或被越级提拔任用。

官吏政绩优劣、功劳认定均要通过考核这一环节。秦代的考核法已经相当完备,主要由上计法和考课法两部分构成。《牛羊课》《中劳律》《功令》《迁吏令》等均可视为考核法规。此外,散布在其他律令篇下的条文和行政文书之中也有不少相关内容。借助新刊材料,我们得以对秦上计和受计时间、上计吏构成以及上计内容有较新的认识,同时对官吏考课细目及其功用有更深了解。

秦以法治吏成效颇大,《荀子·强国》记载,范雎曾问荀子入秦时所见,荀子答曰：

其固塞险,形埶(势)便,山林川谷美,天材之利多,是形胜也。入境,观其风俗,其百姓朴,其声乐不流污,其服不挑,甚畏有司而顺,古之民也。及都邑官府,其百吏肃然,莫不恭俭敦敬忠信而不楛,古之吏也。入其国,观其士大夫,出于其门,入于公门；出于公门,归于其家,无有私

---

① 陈松长主编：《岳麓书院藏秦简(伍)》,上海辞书出版社,2017年,第138页。
② 陈伟主编：《秦简牍合集》释文注释修订本(壹),武汉大学出版社,2016年,第162页。

事也;不比周,不朋党,偶然莫不明通而公也,古之士大夫也。观其朝庭,其朝闲,听决百事不留,恬然如无治者,古之朝也。故四世有胜,非幸也,数也;是所见也。①

秦之吏治之所以能出现如此清明的景象,与其所采取一整套治吏措施是分不开的。从睡虎地秦简和传世文献可知,秦法严惩官吏滥用职权、以权谋私、渎职失职、侵蚀公私财产等行为。岳麓秦简律令有不少规范官吏行为的条款,详尽周密,切于实用,可以有效地防范官吏的非法行为。

如何有效地打击官员受贿和以权谋私行为是历代政府都十分重视的问题。《敦煌汉简》:"行言者若许,多受赇以枉法,皆受臧(赃)为盗,没入(官)□□。行言者,本行职□也。"②《武威旱滩坡出土汉简》第七号简载:"坐臧(赃)为盗,在公令第十九丞相常用第三。"③《晋书·刑法志》:"《盗律》有受所监受财枉法,《杂律》有假借不廉,《令乙》有呵人受钱,科有使者验赂,其事相类,故分为《请赇律》。"④岳麓书院藏秦简中,有数十枚简文是针对治狱者及其亲属的受贿行为而制定,目的是为了防止官吏以权谋私、受贿枉法。这些秦令条文可分成两组,两组条文内容雷同,字体有别,当分属不同卷册。整则令文围绕"受财枉事"这个中心,中间又可细分为多个层次。依据受贿对象不同可划分为治狱者、治狱者亲、治狱者所知、治狱者同居和治狱者弗与同居等。依据行贿对象可区分为有狱者、有狱者亲、有狱者所知、有狱者室人、有狱者室人之父母妻子同产等。依据行贿方式不同,可分以钱财行贿、遗以酒肉食、假贷钱金它物、买卖故意贵贱其价等。而治狱者本人是否知晓行贿之事,是否检举非法、受贿后是否枉法,所给予的处罚也各不相同。此外,条文对于告劾、检举"受财枉事"行为者给以奖赏。由此可知,秦时十分重视打击官吏的受贿枉法、以权谋私行为,同时可清楚地看到秦代法律条文之细密。

崛起于关陇一隅的秦国,自秦孝公以后不断吞食关东诸国,直至最终统一。秦将新占领的区域命名为"新地",在新地任官者称为"新地吏"。如何有效地利

---

① 梁启雄:《荀子简释》,中华书局,1983年,第217页。
② 林梅村、李均明编:《疏勒河流域出土汉简》,文物出版社,1984年,第53页。
③ 李均明、刘军:《武威旱滩坡出土汉简考述》,《文物》1993年第10期。
④ 陆心国:《晋书刑法志注释》,群众出版社,1986年,第53页。

用新地吏对新地进行有力的掌控,是秦政中最为重要的议题之一。关东新地的反叛活动从未止息,新地吏最为重要的工作就是维持统治的稳固,防止、镇压各类反叛活动,故治下是否有"反盗"以及在镇压"反盗"过程中的表现直接决定了官吏的升迁和存亡。秦律对镇压"反盗"不力的官员,处罚极其严酷,《奏谳书》载秦始皇二十七年(前220)案例引用秦律令条文各一,令曰:"所取荆新地多群盗,吏所兴与群盗遇,去北,以儋乏不鬬律论;律:儋乏不鬬,斩。篡遂纵囚,死罪囚,黥为城旦,上造以上,耐为鬼薪"。① 又,岳麓秦简令文曰:

廿六年正月丙申以来,新地为官未盈六岁节(即)有反盗,若有敬(警),其吏自佐史以上去繇(徭)使私谒之(1018)它郡县官,事已行,皆以彼(被)陈(阵)去敌律论之。吏遣许者,与同辠。以反盗敬(警)事故┗,繇(徭)使不用(1014)此令。　　　　·十八(1015)②

虽然现有材料没有直接记载"彼陈去敌"者当处以何罪,但根据《奏谳书》所引律令条文可以推测,当处以死罪无疑。

除此之外,秦律还通过严惩职务犯罪以减少官吏的渎职和失职行为。官吏利用职务之便私自将县政府的钱财借出去,与盗窃同等论处。③ 官员拆阅伪造的文书,未能察觉,罚二甲。④ 捉拿应判处赀罪的犯人,故意用剑或其他兵器刺杀他,如果犯人被杀死,官吏要处以"完为城旦"的刑罚;如果只是伤到犯人,也要被"耐为隶臣"。⑤ 押送在乡里作恶的罪犯而将他放走,官员将被关起来,从事所放走罪犯该干的活,直到罪犯被抓获为止。⑥

对于那些不作为的官员,处罚也很严厉。行政机关的最高负责人不把本职工作当回事,而天天干坏事的,将被流放到边远地区,妻子也不允许跟随前往。⑦

---

① 张家山二四七号汉墓竹简整理小组:《张家山汉墓竹简(二四七号)》(释文修订本),文物出版社,2006年,第104—105页。

② 陈松长主编:《岳麓书院藏秦简(伍)》,第48—49页。

③ 睡虎地秦墓竹简整理小组:《睡虎地秦墓竹简》,文物出版社,1990年,第101页。

④ 睡虎地秦墓竹简整理小组:《睡虎地秦墓竹简》,第107页。

⑤ 睡虎地秦墓竹简整理小组:《睡虎地秦墓竹简》,第122页。

⑥ 睡虎地秦墓竹简整理小组:《睡虎地秦墓竹简》,第108页。按:我们认为"不仁"当"不认"解更合适,详见后文论证。

⑦ 睡虎地秦墓竹简整理小组:《睡虎地秦墓竹简》,第107页。

被处以迁徙的刑者会遭受肉体和情感的双重折磨,甚至比死刑更难以让人承受。秦官吏通奸均以"强奸"罪论处,究竟如何处罚秦法无考,只能依据其他材料推测。黔首犯通奸罪一般科以耐隶臣妾刑,黔首犯强奸罪当科以完城旦刑,官吏通奸当处以黥城旦刑,而官吏犯强奸罪理应处以宫刑或死刑。但考虑到官吏之爵位常在公士以上,官吏因强奸罪被处死者应不常见。

赏罚乃治国两大手段,或称为刑德,二者相辅相成,本不可偏废。然以商鞅、韩非为代表的法家过分迷信刑罚而吝于德赏。秦孝公之后,历代秦王都推崇法家的重刑轻赏理论,因而我们在数以千计的秦律令简中很难发现赏功方面的内容,针对官吏的罚罪条款则触目皆是。当然,稀少并非没有,作为摘录本的秦律令亦不能展现当时赏罚制度之全貌。我们试着将秦赏功方面的材料收罗在一起,略作解析,旨在对秦赏功法有一初步认识。文中讨论的"功"取其广义,不限于军功。秦赏功的方式据受赏者功绩大小依次有:裂土封侯、赐爵、升官、赐田宅、赐钱财它物和赐日等。

秦法在规范官吏日常行政事宜的同时也对官吏可享用的权益进行规定。因资料有限,有关秦吏权益方面的研究成果不多。《秦律十八种》中的《传食律》和《金布律》条文涉及传舍为官吏提供膳食、杂役和车辆配置等。岳麓秦简《内史仓曹令》《内史旁金布令》以及其他律令条文也有相似的规定。通过比较可知其异同,又能从中寻觅秦律令转化的轨迹。例如:

> 都官有秩吏及离官啬夫,养各一人,其佐、史与共养;十人,车牛一两(辆),见牛者一人。都官之佐、史冗者,十人,养一人;十五人,车牛一两(辆),见牛者一人;不盈十人者,各与其官长共养、车牛,都官佐、史不盈十五人者,七人以上鼠(予)车牛、仆,不盈七人者,三人以上鼠(予)养一人;小官毋(无)啬夫者,以此鼠(予)仆、车牛。①(《秦律十八种·金布律》)

> ·令曰:叚(假)廷史、廷史、卒史覆狱乘傳(使)马匚,及乘马有物故不备,若益骖驷者匚。议:令得与书史、仆、走乘,毋得(1924)骖乘匚。它执法官得乘傳(使)马覆狱、行县官及它县官事者比。　·内史

---

① 睡虎地秦墓竹简整理小组:《睡虎地秦墓竹简》,第37页。

旁金布令第乙九(1920)①(岳麓秦简)

《秦律十八种·金布律》规定啬夫吏须与佐、史共仆、养、车,《金布令》规定廷史、卒史外出覆狱时不可单独乘坐三匹马拉的车辆,而要与书史、仆、走一同乘坐车辆。由此可知,秦统一前有关官吏走、仆、车辆分配事宜,均由金布这一机构负责;秦统一后,情况有所变化,金布只负责车马的调配,仆、养均由仓配置。里耶秦简8-130号载"吏仆养者皆属仓",又岳麓秦简《内史仓曹令》:

・令曰:毋以隶妾及女子居赀赎者为吏仆、养、老、守府,及毋敢以女子为葆(保)庸,令炊养官府、寺舍,不从令,(1670)赀二甲,废。丞、令、令史、官啬夫弗得,赀二甲。　・内史仓曹令弟(第)乙六(1780)②

仆、养主要由隶臣充任,在秦统一后由仓这一机构统一调配。除了仆、养以外,秦吏还配置了"走"负责信息和文书传递工作:

廿八年六月己巳朔甲午,仓武敢言之:令史敞、彼死共走兴。今彼死次不当得走,令史畸当得未有走。今令畸袭彼死处,与敞共走。仓已定籍。敢言之。(8-1490+8-1518)

六月乙未,水下六刻,佐尚以来。/朝半。　　□尚手。(8-1490背+8-1518背)③

卅一年后九月庚辰朔辛巳,迁陵丞昌谓仓啬夫:令史言以辛巳视事,以律令假养,袭令史朝走启。定其符。它如律令。(8-1560)④

从以上材料可知,秦代两个令史可共享一个"走",由此或可推测品秩高于令史者每人均有一个或数个"走"供其驱使。"走"也极有可能由仓统一调配。

除了为官吏配备杂役、车辆以外,秦吏还享有各类休假权,包括年假、病假、丧假、婚假等。秦律令条文中均有详细的规定。

史书记载汉代六百石以上官吏享有"请议"权,通过岳麓秦简材料可知,秦六百石以上官吏犯罪时就享有此权,这也是汉承秦制的表现之一。此种"请议"

---

① 陈松长主编:《岳麓书院藏秦简(伍)》,第184页。
② 陈松长主编:《岳麓书院藏秦简(伍)》,第182页。
③ 陈伟主编:《里耶秦简牍校释》(第一卷),武汉大学出版社,2012年,第338页。
④ 陈伟主编:《里耶秦简牍校释》(第一卷),第359页。

行为最终发展成为曹魏时期"八议"制度。

《汉书·百官公卿表》在介绍各级职官时,也会对其执掌加以说明,虽然是就西汉制度而言,但秦代之情形也可由此知之。西汉的职官制度基本上是承袭秦代而来。故本文在论述秦代各级官吏职责时,会更加注重那些在传世文献中少见的职官和前人较少注意的地方。各级官吏均要履行的职责有:视事、徭使、检举前任和及时完成政务。秦代在中央和地方均设执法一职,这是借由新刊秦简得知的,其权职如何,我们试图加以解析。此外,郡级官吏如属、尉佐,前人少有关注。中尉和县尉的职责或与先前的认识相左,或过于片面。以上均是笔者颇为关注之处。

此外,我们还比较注意对新见律令所含信息的挖掘。《迁吏令》是新见令名,未见于之前出土的法律简牍中。岳麓秦简中《迁吏令》简共有十几个编号,令篇名均书于正文之后。遗憾的是《迁吏令》简文大多不完整,残缺前简。虽然信息有缺失,但根据残存的令文亦可知晓《迁吏令》是关于官吏任免、告假的法律规范。《迁吏令》篇名中的"迁"均从"辶",而"迁刑"之"迁"均不从"辶",直接写成"䙴"。迁、䙴在秦代是两个字,䙴似乎是刑罚专用字,"迁陵县""迁徙"之"迁"和表示官吏职位调动之"迁"均从"辶"。后代䙴被废弃而一律用迁,或与刑制革新有关。

岳麓秦简《迁吏令》有关于官吏任免的内容,如1725号简"六百石以上已免,御史以闻"①,"御史以闻"乃"御史以之闻"之省略,即罢免六百石以上官吏时,要先将请示文书提交到侍御史处,再由侍御史转呈皇帝定夺。秦六百石以上的官吏又称为"显大夫",《法律答问》载:"宦及智(知)于王,及六百石吏以上,皆为'显大夫'。"②岳麓秦简1036号引秦律曰:"显大夫有皋(罪)当废以上勿擅断,必请之。"③又J22号令文载:"治狱有逯宦者显大夫若或告之而当征捕者,勿擅征捕,必具以其逯告闻,有诏乃以诏从事。"④可见,六百石是官秩等级中关键的节点,六百石以上高级官吏所获得的某些特权是一般官吏无法享有的,如《汉

---

① 陈松长主编:《岳麓书院藏秦简(伍)》,第191页。
② 陈伟主编:《秦简牍合集》释文注释修订本(壹),第255页。
③ 陈松长主编:《岳麓书院藏秦简(伍)》,第56页。
④ 陈松长主编:《岳麓书院藏秦简(伍)》,第199页。

书·惠帝纪》:"爵五大夫、吏六百石以上及宦皇帝而知名者有罪当盗械者,皆颂系。"①另一方面,六百石以上官吏所承担的责任也更重,如《史记·秦始皇本纪》记载了处罚为吕不韦哭临者:"秦人六百石以上夺爵,迁;五百石以下不临,迁,毋夺爵。"②

又,1774 号简"以次为置守、学佴"③也是关于官吏任用的。"次"即"功劳次"之省称,岳麓秦简 1886 号载"以攻(功)劳次除以为叚(假)廷史"④。"学佴"为秦汉时期的学官之一,主管学童相关事宜,负责教学辅助工作。《二年律令·史律》:"史、卜、祝学童学三岁,学佴将诣大史、大卜、大祝。"⑤与"学佴"并列的"守"当是学官的总负责人。

《迁吏令》又有关于官吏告假的规定:

> 为吏官丞、尉以告已尽而取(娶)妻,许归十日,隤以为后岁告└。病笃不能视事,材(裁)令(1882)治病,父母病笃,归旬。 ·迁吏令□(1881)⑥

"以告已尽而取妻"即在年假已经休完以后却又碰上娶妻,此类特殊情况可给予十天假期,但是来年的假期要缩短十天。由此可知秦代官吏每年的休假日数是固定的,又从岳麓秦简 1903 号可知"吏岁归休卅日",秦代一般官吏每年归家休假四十日。除了娶妻可告假外,其他如疾病、奔丧亦可告假,但同时规定一年内病假限度,丧假的长短据死者与官员的亲疏关系而定:

> ·令曰:吏父母死,已籍(葬)一月;子、同产,旬五日;泰父母及父母同产死,已籍(葬),五日之官。官去家五百里以上,父母妻死(1884)⑦

1884 号简之后文残缺,但根据内容可知其当属于《迁吏令》,极有可能与上

---

① 《汉书》卷二《惠帝纪》,中华书局,1962 年,第 85 页。
② 《史记》(点校本二十四史修订本)卷六《秦始皇本纪》,中华书局,2014 年,第 298 页。
③ 陈松长主编:《岳麓书院藏秦简(伍)》,第 188 页。
④ 陈松长主编:《岳麓书院藏秦简(伍)》,第 192 页。
⑤ 张家山二四七号汉墓竹简整理小组:《张家山汉墓竹简(二四七号)》(释文修订本),第 80 页。
⑥ 陈松长主编:《岳麓书院藏秦简(伍)》,第 190—191 页。按:个别句读不同于整理报告。
⑦ 陈松长主编:《岳麓书院藏秦简(伍)》,第 196 页。

文的1882、1881同组。又,相似内容见于《二年律令》377号简,其文如下:"父母及妻不幸死者已葬卅日,子、同产、大父母、父母之同产十五日之官。"①两相比较,可知律文极有可能是承袭秦令而成,是关于官吏丧假的规定。很明显,《二年律令》整理者将377号简归入《置后律》是不太合适的,宜将其归入《置吏律》中。

据上文论述可知,《迁吏令》与《置吏律》的关系是极为密切的,根据律令功能和律令转化的一般途径来判断,《迁吏令》中的一些条文极有可能升格为律条,即被纳入《置吏律》之中。此种转化关系,犹如《内史仓曹令》之于《仓律》,《内史旁金布令》之于《金布律》,《县官田令》之于《田律》。

第二节　文献综述

对秦官吏法以及秦吏治进行整体研究的著作,除了《秦汉官吏法研究》以外,尚有一些单篇论文,仅举有代表性者如下。王彦辉和于凌总结了秦汉官吏法几个主要特点:"在官吏的选任环节本着保举原则,把个人的利益和风险有机结合起来;对官吏政绩的考核突出廉与不廉和胜任与否;对官吏的监察在郡县体制内的同体监察的基础上,进一步完善自上而下的垂直监察体系;对官吏的一般性刑事犯罪比照百姓处罚从重,尤其严惩官吏的经济犯罪。"②以上总结大致不错,但具体到秦代官吏法,尚有可补足之处。李丕祺总结了秦"吏治"有四大特点,即"任官标准德才兼备""严格委任权限""考课细密,赏罚分明"和"职务犯罪严惩不贷"③。于振波认为:"以法家思想为指导的秦代法令,对官吏的管理非常严格,这对于培养官吏奉公守法、一丝不苟的工作作风无疑具有促进作用,在专制君权缺乏有效制约的情况下,严格的吏治既可以使励精图治的君主政令得到有

---

① 彭浩、陈伟、〔日〕工藤元男主编:《二年律令与奏谳书》,上海古籍出版社,2007年,第238页。
② 王彦辉、于凌:《浅议秦汉官吏法的几个特点》,《史学月刊》2006年第12期。
③ 李丕祺:《从秦律看秦吏治的特点》,《西北第二民族大学学报》(哲学社会科学版)1996年第3期(总第28期)。

效贯彻,也可以使暴政的危害迅速扩大。"①

《韩非子·显学》提倡"明主之吏,宰相必起于州部,猛将必发于卒伍"②,此种择吏模式对世卿世禄制构成极大挑战。汉文帝时张释之言:"秦以任刀笔之吏,吏争以亟疾苛察相高,然其敝徒文具耳,无恻隐之实。以故不闻其过,陵迟而至于二世,天下土崩。"③黄留珠从"入吏"和"由吏入仕"两个方面对秦吏道进行探讨④。杨普罗阐述了秦"尊吏道"的内容并对其进行评介,又分析了秦"尊吏道"形成、发展及持续的原因。⑤

商君死而秦法未废,作为商鞅学派思想结晶的《商君书》所包含的任吏、治吏思想无疑会影响到秦官制的多个方面。李春来撰文探讨了《商君书》中有关官吏的选任、官吏的考核与奖惩、预防及治理官吏犯罪等三个方面的问题。⑥ 刘鹏《论官吏制度与秦朝统一之关系》一文"通过秦国官吏选拔任用办法的特殊性,诸如客卿制度、官吏选拔方法、官吏制度突出特色(军功爵和选官制的结合),以及对官吏的依法管理和道德教育同当时诸侯国制度相比较来说明秦官吏制度顺应时代发展的需要",并认为秦选举官吏的特点是其能一并六国的原因之一。⑦

《秦律通论》一书对任官行为性质、官吏条件、任官程序和形式进行了论述。⑧ 高恒在《秦简中与职官有关的几个问题》一文中专列章节对秦代官吏任免进行了探讨。⑨ 王爱清认为,秦与西汉前期,国家权力凌驾于社会势力之上,基层小吏的选用不受地方社会势力的左右,国家通过以法治吏,使其成为基层行政的忠实执行者。西汉中期以后,随着社会势力的发展,基层小吏的选用为豪强大

---

① 于振波:《秦代吏治管窥——以秦简司法、行政文书为中心》,《湖南大学学报》(哲学社会科学版)2013年第3期。
② 陈奇猷:《韩非子新校注》卷十九《显学》,上海古籍出版社,2000年,第1137页。
③ 《史记》(点校本二十四史修订本)卷一百二《张释之冯唐列传》,第3330页。
④ 黄留珠:《秦汉仕进制度》,西北大学出版社,1985年,第52页。
⑤ 杨普罗:《关于秦"尊吏道"的评介》,《甘肃社会科学》1993年6期。
⑥ 李春来:《〈商君书〉中所见官吏管理问题探讨》,吉林大学2009年硕士学位论文。
⑦ 刘鹏:《论官吏制度与秦朝统一之关系》,内蒙古大学2009年硕士学位论文。
⑧ 栗劲:《秦律通论》,山东人民出版社,1985年,第355—364页。
⑨ 高恒:《秦简中与职官有关的几个问题》,收入中华书局编辑部:《云梦秦简研究》,中华书局,1981年,第207—223页。

族所操纵,他们的行政很大程度上为豪强大姓左右,其功能随之发生了变化。①

王凯旋从秦选官、任官程序和时间、任官条件以及秦律惩治官吏玩忽职守、弄虚作假、违法乱纪等方面入手,描述了秦官吏法的情况。② 黑广菊"以考古资料结合文献资料从法律的角度考察秦基层官吏的选任、岗位责任、考核和赏罚情况,旨在说明'以法治吏'对秦历史发展的影响及'法'在国家建设中的重大作用"③。李金鲜《从云梦秦简看秦官吏考核》围绕云梦秦简,从思想、内容、方法和特点四个方面探讨了秦官吏考核情况。④

关于上计,林剑鸣有一个界说:"秦国也实行上计制:每年,地方官吏事先把赋税收入的预算写在木'券'上,送交朝廷。年终时,地方官吏必须把实际情况(收入、开支、损耗等),向朝廷报告,这就谓之上计。"⑤李金华充分肯定了上计制度的作用:"上计制度把地方官吏的治绩具体化为一套有形的指标,并建立按期逐级上报指标完成情况的制度化渠道,为考察官吏的优劣、勤惰提供了重要依据。"⑥朱红林认为,秦汉简牍所见已经标准化、制度化的官计文书,在《周礼》中就出现了,是行政考核的重要凭借。⑦ 沈刚指出,秦代"课""计"分离,计只具有统计的功能,考绩的工作由"课"来承担。⑧ 相关的论文尚有江洪、张永春《简述嬴秦的上计与考课制度》⑨、张晋藩《考课与监督——综论中国古代职官管

---

① 王爱清:《秦汉基层小吏的选用及其功能变迁——以里吏为中心》,《绵阳师范学院学报》2012年12期。
② 王凯旋:《小议秦汉惩治官吏的立法》,《史学月刊》2006年第6期。
③ 黑广菊:《略谈秦的以"法治吏"》,《聊城师范学院学报》(哲学社会科学版)2000年第2期。
④ 李金鲜:《从云梦秦简看秦官吏考核》,《渤海大学学报》(哲学社会科学版)2016年第6期。
⑤ 林剑鸣:《秦史稿》,上海人民出版社,1981年,第219页。
⑥ 李金华:《中国审计史》(第一卷),中国时代经济出版社,2003年。
⑦ 朱红林:《〈周礼〉官计文书与战国时期的行政考核》,《吉林师范大学学报》(人文社会科学版)2010年第4期。
⑧ 沈刚:《〈里耶秦简〉【壹】中的"课"与"计"——兼谈战国秦汉时期考绩制度的流变》,《鲁东大学学报》(哲学社会科学版)第30卷第1期,2013年1月。
⑨ 江洪、张永春:《简述嬴秦的上计与考课制度》,《绥化师专学报》1995年第2期。

理》①、《考课——中国古代职官管理的重要制度》②、李孝林《从云梦秦简看秦朝的会计管理》③等。

秦法严防官吏犯罪,出土法律简中有不少涉及官吏犯罪该如何处置的条款,其中之一就是对官吏所犯各类诈伪罪的惩处。刘太祥在《秦汉行政惩罚机制》一文中列举了简牍常见的十二种诈伪罪④,但没有涉及官吏诈病、诈不入试和避为吏等情况。

秦律对官吏经济犯罪的处罚力度是比较大的,一律比照"盗赃"论处。《谈我国古代法律中官吏的受贿、贪污、盗窃罪》一文探究了秦汉时期"受赇""主守盗"等经济犯罪的各项罪名以及量刑标准问题。⑤ 陈乃华根据传世文献和出土简牍将秦汉官吏赃罪分为14类,但正如作者在文中所指出的那样,"由于史缺有间,上述对秦汉官吏赃罪类别和等级的考述是不完整的"⑥。武玉环《从〈睡虎地秦墓竹简〉看秦国地方官吏的犯罪与处罚》认为,《睡虎地秦墓竹简》记载了战国时期秦国地方官吏犯罪及其惩罚的有关律令,主要有任用官吏不当罪、失职渎职罪、经济与管理方面的犯罪、欺骗上级弄虚作假罪等,说明当时地方官吏在职责范围上有明确规定和要求,对地方官吏的管理是比较严格的。⑦

秦创建的职官体系确有可取之处,这也是秦能从列国竞争中胜出的原因之一。马作武认为:"秦的比较严格完善的官吏制度,无疑是导致秦统治者取得成功的重要原因之一。"⑧然任何制度,哪怕设计得十分科学完美,都要具体的个人去落实,"秦朝统一全国后,由于君道的败坏、薄俸厚罚的官吏政策与追求享乐

---

① 张晋藩:《考课与监督——综论中国古代职官管理》,《中国法律评论》2015年第1期。
② 张晋藩:《考课——中国古代职官管理的重要制度》,《行政法学研究》2015年第2期。
③ 李孝林:《从云梦秦简看秦朝的会计管理》,《江汉考古》1984年第3期。
④ 刘太祥:《秦汉行政惩罚机制》,《南都学坛》2014年第3期。
⑤ 钱大群:《谈我国古代法律中官吏的受贿、贪污、盗窃罪》,《南京大学学报》1983年第2期。
⑥ 陈乃华:《秦汉官吏赃罪考述》,《山东师范大学学报》(社会科学版)1991年第1期。
⑦ 武玉环:《从〈睡虎地秦墓竹简〉看秦国地方官吏的犯罪与处罚》,《吉林大学社会科学学报》2003年第5期。
⑧ 马作武:《秦官吏制度管窥》,《北京政法学院学报》1981年第2期。

之风的影响,直接导致了秦朝吏治的迅速败坏"①。

此外,一味重罚而轻赏,迷信暴力,轻视风俗和道义的力量,也带来了不良后果。曹英认为:"秦始皇没有道义支撑、以人性恶为基本预设及迷信暴力的帝国政治制度的制度性腐败是秦帝国二世忽亡的催化剂与加速器。虽然有相当完备的官吏选拔、考课与管理制度,但以法家思想充实的制度预设使官员只相信制度规则的制裁性、恐怖性与唯上、唯法,使得秦吏普遍的苛酷、残暴,行政过程出现普遍的目标替代现象,地方政府成为'掠夺型政府';法律虽然相当完备,但只是扩张权力、蔑视权利的'恶法',其愈严格(严厉)执法,就愈破坏民众的生存环境,依法治国而民不聊生;恐怖、严密的文化、思想与社会控制网络,社会形态的全能政治管理,导致一般民众的政治冷漠与政治恐惧与异己分子的政治狂热与政治反叛,使得缺乏疏通、发泄政治渠道的民怨沸腾并顺理成章地酿成爆炸性的政治参与与权力颠覆。"②正如吴小强所言:"政治高压之下的秦代官吏心态却展现了双重人格倾向,在某些外部突发事件的冲击下,官吏的行为选择会呈现出与中央统治者的期冀相背离的特点。"③不少官吏视往新地任职为畏途,甚至不愿为吏,均是与中央统治者期冀相背离的表现。可见,秦代严于治吏并未收到应有的效果。

我们说秦重刑轻赏,也是相对而言的,实则史料中也不乏奖赏方面的记载。二十等爵制的创立就是秦注重赏功的重要表现。此外,封君、赐田宅、赐物、赐日等也是秦经常使用的奖赏手段。

秦统一前分封功臣,史书多见。司马迁在《李斯列传》中言"秦无尺土之封,不立子弟为王",仅是针对秦统一之后的情况而言,然后代学者或误解太史公之意,纷纷宣扬秦无分封说。秦始皇二十八年(前219)琅琊刻石记通侯、伦侯之名,秦二世三年(前207)封赵高为武安侯,史书又见秦故东陵侯召平,《汉书·百官公卿表》载秦主爵中尉掌列侯。《史记·李斯列传》载有赵高语:"君侯自料能孰与蒙恬","(扶苏)即位必用蒙恬为丞相,君侯(李斯)终不怀通侯之印归于乡

---

① 王绍东:《论统一后秦吏治败坏的原因及与秦朝速亡之关系》,《咸阳师范学院学报》22卷第3期,2007年6月。

② 曹英:《制度性腐败——秦帝国忽亡的原因分析》,《江苏社会科学》2004年第2期。

③ 吴小强:《秦的吏治传统与"以吏为师"国策下秦吏双重人格探析》,载秦始皇帝陵博物院编:《秦始皇帝陵博物院》(2017年总7辑),三秦出版社,2017年,第86—94页。

里,明矣","君听臣之计,即长有封侯,世世称孤","定太子在君侯与高之口耳"云云。李斯自称:"斯,上蔡阊巷布衣也,上幸擢为丞相,封为通侯。"①这些材料均证明秦统一后并未废分封之制。故有学者申辩之,如胡澍《"秦无分封制"质疑》②。然秦统一前后的分封却有本质区别。岳庆平敏锐地发现:"战国、秦代和两汉虽皆实行封侯制,但秦代的封侯制有其特殊性,它只是一种虚爵,既无封地,又无封户。"③此观点颇有见地,能极好地弥合各种史料之间的矛盾。秦始皇当政以后就从来没有实封的侯爵,而是不遗余力推行郡县制。

赐爵亦为常见的奖赏手段。高敏《秦的赐爵制度试探》一文探讨了秦爵制的起源与发展,实质与作用,进步性和落后性。④《从云梦秦简看秦的赐爵制度》一文探讨了秦赐爵对象与条件、赐爵者的权益、降爵赎罪、以爵抵罪和爵位转移问题。⑤ 朱绍侯《军功爵制考论》一书对秦军功爵制的流变、赐爵程序、爵位管理机构等进行了深入研究。⑥

就秦官吏的权益问题,在简牍材料大量刊布前,尚无系统论述,学者们在谈及职官制度时常附带论之,此以《汉书·百官公卿表》最为典型。《秦汉官制史稿》一书辟章节专门讨论了秦汉俸禄制度、休假和致仕制度,然秦吏之实俸、休假制度等问题,著者均表示不能详考⑦。《秦律通论》一书简要论述了显大夫、有秩吏和斗食之吏的待遇问题。⑧ 朱锦程《简牍所见秦官吏的待遇》⑨将秦简材料中与官吏福利待遇相关的内容分类梳理了一番。朱腾"从名和利即职位晋升和薪俸两方面考察了秦朝廷给予县衙少吏的待遇,考察的结论则是晋升不易、薪俸

---

① 《史记》(点校本二十四史修订本)卷八七《李斯列传》,第3094—3095页。
② 胡澍:《"秦无分封制"质疑》,《西北大学学报》1988年第3期。
③ 岳庆平:《秦代列侯无封邑辨》,《山东师范大学学报》1985年第6期。
④ 高敏:《秦的赐爵制度试探》,《郑州大学学报》1977年第3期。
⑤ 高敏:《从云梦秦简看秦的赐爵制度》,载氏著《云梦秦简初探》,河南人民出版社,1979年,第171—184页。
⑥ 朱绍侯:《军功爵制考论》,商务印书馆,2008年。
⑦ 安作璋、熊铁基:《秦汉官制史稿》,齐鲁书社,2007年,第939页、第978页。
⑧ 栗劲:《秦律通论》,第364—366页。
⑨ 朱锦程:《简牍所见秦官吏的待遇》,载梁安和、徐卫民主编:《秦汉研究》(第11辑),西北大学出版社,2017年,第12—19页。

微薄,可谓名利双失"①。睡虎地秦简有"葆子",享有特权,张政烺认为:"葆子是国家保护的人,故行优待。"②我们认为所谓"葆子",可能指有爵者之子,岳麓秦简有"君子子"。"葆子""君子子"均拥有特权。

当官食禄乃题中之意,秦吏之俸禄一般是按照秩级分月发放钱谷,杨有礼《秦汉俸禄制度探论》③李中林《浅析秦的俸禄制》④均重申了这一点。高恒《秦简中与职官相关的几个问题》一文探讨了秦俸禄制度⑤。艾永明《从秦律看中国封建法律对官吏的两手政策》⑥一文也论及秦吏之待遇不等问题。里耶秦简出禀记录乃是了解当时官吏月俸的一手材料,相当可贵。

休假为官吏权益之一。时晓红《秦汉时期官吏休沐告宁制度考略》⑦一文主要利用传世文献考察了汉代的休沐告宁制度,顺及秦代。程博丽《秦汉时期吏卒归宁制度新探》⑧更多利用了出土秦汉简牍探讨相关问题。

秦各级官吏之职掌,《汉书·百官公卿表》有大概介绍。《秦集史·职官志》《秦汉官制史稿》在论述某一职官时也必考其权限和职责。《秦律通论》一书将官吏应承担的责任分为行政、刑事和民事三大类。⑨刘海年《秦法官法吏体系考略》一文梳理了从中央到地方的司法官吏,包括廷尉、廷尉正、廷尉监、御史大夫、御史、内史、太守、断狱都尉、监御史、县令长、县丞和狱掾等,对其执掌略有交代。⑩ 现在看来,秦代至少还有执法、卒史、属等在治狱过程中发挥了重要作用。

---

① 朱腾:《简牍所见秦县少吏研究》,《中国法学》2017年第4期。
② 张政烺:《秦律"葆子"释义》,《文史》第九辑,中华书局,1980年。后收入《张政烺文集·文史丛考》,中华书局,2012年,第45—52页。
③ 杨有礼:《秦汉俸禄制度探论》,《华中师范大学学报》1997年第2期。
④ 李中林:《浅析秦的俸禄制》,《内蒙古师范大学学报》1995年第1期。
⑤ 高恒:《秦简中与职官相关的几个问题》,载中华书局编:《云梦秦简研究》,中华书局,1981年。
⑥ 艾永明:《从秦律看中国封建法律对官吏的两手政策》,《江海学刊》1986年第6期。
⑦ 时晓红:《秦汉时期官吏休沐告宁制度考略》,《东岳论丛》1996年第4期。
⑧ 程博丽:《秦汉时期吏卒归宁制度新探》,《湖南大学学报》(社会科学版)第31卷第5期,2017年9月。
⑨ 栗劲:《秦律通论》,第369—374页。
⑩ 刘海年:《秦法官法吏体系考略》,《学习与探索》1982年第2期。后收入氏著《战国秦代法制管窥》,法律出版社,2006年,第145—160页。

彭浩《岳麓书院藏秦简（肆）的"执法"》归纳了执法之执掌，点明秦代在中央和郡均设有执法，指出执法的吏员有丞、卒史。①

研究秦中央各职官之执掌时，三公九卿制是无法回避的议题。秦代是否存在三公九卿制度，学者各执己见，支持秦代存在三公九卿制的有胡三省②、马非百、高兵③等，持相反意见者有林剑鸣④、安作璋和熊铁基⑤、李福泉⑥、卜宪群⑦等。不少学者之所以不承认秦代有三公九卿制，是因为他们认定秦未设太尉一职，如马非百、李福泉、汤其领⑧、庄春波⑨等。马非百以丞相、国尉、御史大夫为秦三公。⑩ 卜宪群并未否定秦代有太尉，但判定秦代实际政治中无三公制。高兵提出"三公九卿"之"三""九"不必为实指，支持秦无太尉说。《史记·白起王翦列传》："（昭王十四年）起迁为国尉。"《正义》："言太尉。"《汉表》："太尉秦官。金印紫绶，掌武事。""然从邦尉、大尉封泥同出看，二者应有区别，它们或是同时设立的不同掌属的职官，或是同一职官早晚不同时的称呼。"⑪陈治国和韩凤据相家巷秦封泥材料推测，"太尉与邦尉在秦灭六国前都已经存在，因此二者应该是两种不同的职务，而不是一种职务的不同名称"。⑫王伟根据封泥和简牍材料，指出："与汉太尉一样，秦时的太尉是全国最高的军事长官，而邦尉指的是

---

① 彭浩：《岳麓书院藏秦简（肆）的"执法"》，载王捷主编：《出土文献与法律史研究》（第六辑），法律出版社，2017年，第84—94页。

② 胡三省《资治通鉴》注云"秦以丞相、太尉、御史大夫为三公"，将此三职合称为"三公"，或是胡三省首创，先前文献未见之。胡三省"三公说"对后世影响很大。

③ 高兵：《三公九卿制新论》，《齐鲁学刊》1997年第5期。

④ 林剑鸣：《秦代中央官制简论》，《西北大学学报》1983年第1期。按：上海人民出版社1981年版《秦史稿》一书中，林剑鸣采纳"三公说"（丞相、太尉、御史大夫），并认为太尉乃秦统一后改称，原称尉、国尉。

⑤ 安作璋、熊铁基：《秦汉官制史稿》，第6页。

⑥ 李福泉：《秦无三公九卿制考辨》，《求索》1992年第3期。

⑦ 卜宪群：《秦汉三公制度渊源论》，《安徽史学》1994年第4期。

⑧ 汤其领：《太尉非秦官考辨》，《中国史研究》1996年第1期。

⑨ 庄春波：《关于秦"国尉"与西汉"太尉"的几个问题》，《青海社会科学》1990年第1期。

⑩ 马非百：《秦集史》，中华书局，1982年，第479页。

⑪ 周晓陆等：《在京新见秦封泥中的中央职官内容》，《考古与文物》2005年第5期。

⑫ 陈治国、韩凤：《秦汉国尉太尉考辨》，《咸阳师范学院学报》2008年第3期。

郡的军事长官,即郡尉。"①里耶秦简"更名木方"明确规定改"邦尉"为"郡尉",加上秦封泥同时出现"邦尉""大尉",至此可知,传世文献所见国尉非太尉,太尉确为秦官,《汉书·百官公卿表》所记无误。

出差是所有官吏都要承担的职责之一。王勇归纳出迁陵官吏外出公干的任务种类,并认为:"官吏频繁徭使会使县廷的行政运作受到影响,进而影响帝国统治的稳固,汉代的制度设计已经有减少官吏徭使的意图。"②

属与尉佐屡见于岳麓秦简律令条文之中,均为郡府之属吏。《二年律令》中亦见此两种职官,整理者均将其句读为"属尉、佐"。③ 属与尉佐之职掌,尚少有学者探讨。

《续汉书·百官志》交代了县尉之职责,于豪亮利用睡虎地秦简材料对秦县尉的职权加以概述,并采信《商君书·境内》和《墨子·备城门》的说法,认为秦一县有四尉④。里耶秦简"迁陵吏志"唯见一尉,可见秦统一前后尉之设置当有变化,统一后大县设二尉,小县设一尉,汉代承袭此制。岳麓秦简和里耶秦简材料多涉县尉职掌,可补充先前的某些认知。

---

① 王伟:《秦出土文献所见太尉与邦尉及其关系辨正》,载秦始皇帝陵博物院编:《秦始皇帝陵博物院》,陕西人民出版社,2014年。
② 王勇:《里耶秦简所见秦代地方官吏的徭使》,《社会科学》2019年第5期。
③ 张家山二四七号汉墓竹简整理小组:《张家山汉墓竹简(二四七号)》(释文修订本),第37页、第40页;彭浩、陈伟、〔日〕工藤元男主编:《二年律令与奏谳书》,第174页、第184页。
④ 于豪亮:《云梦秦简所见职官述略》,载于氏著《于豪亮学术论集》,上海古籍出版社,2015年,第10—13页。

第一章　择吏法

从传世文献和出土简牍中都能见到秦代对官吏的道德品行和行政技能都有要求。秦奉行"以法为教，以吏为师"，法令是实行教化的利器，官吏是百姓效法的榜样，然需要被"教化"的不仅限于黔首，被重点监察的对象恰是官吏。从《为吏之道》《为吏治官及黔首》《秦律十八种·置吏律》、岳麓秦简《置吏律》以及其他律令条文之中，可以看到秦代对为吏者之出身、品行、籍贯、年龄、文化水平、置吏时间、假代制度等均有比较严格的要求，甚至对为吏者个人生活亦有严苛的规范。

第一节　择吏准则

秦任用官吏有一套固定的章程，对为吏者之籍贯、年龄、资财、身份、品行均有要求，又规定了除吏的时间，保举他人为吏亦有程序，以上大都以律令的形式加以规范，任何人不能逾越。又，史职往往为一般文职官吏的仕途起点，也是秦官僚体系中人员数量最为庞大的群体，文献中相关材料亦颇为丰富，可通过考察这一群体的任免状况来洞悉秦基层行政的实际状况。

一、除吏之籍贯、资产要求

翻阅秦汉古籍可知，本地人一般不能充任地方长吏，然属吏却几乎全部由本地人担任。江苏连云港尹湾汉简《东海郡吏员簿》所载官员档案信息可以极好地佐证这一点。① 如此,既可以防止行政长官与地方势力相互勾结形成尾大不掉的局面,又能减少行政阻力保证政令畅通。这一举措乃古人政治智慧之体现,其究竟始于何时已不可考,但在岳麓秦简法律条文中已经对地方行政官吏的籍贯有明确规定:

置吏律曰:县除有秩吏,各除其县中。其欲除它县人及有谒置人为县令、都官长、丞、尉、有秩吏,能任(1272)者,许之∟。(1245)②

置吏律曰:县除小佐毋(无)秩者,各除其县中。(1396)③

从上面征引两则律文可知,秩级是秦代划分官吏层级的一个标准。传统观点认为,有秩吏指秩禄百石以上之吏,"有秩吏"见于《秦律十八种·仓律》:"其毋(无)故吏者,令有秩之吏、令史主,与仓□杂出之,索(索)而论不备",整理小组注释云:"秩,俸禄。有秩,见《史记·范雎列传》'自有秩以上至诸大吏',指秩禄在百石以上的低级官吏。王国维《流沙坠简》考释:'汉制计秩自百石始,百石以下谓之斗食,至百石则称有秩矣。'"④王氏对"有秩"的考释大抵不错,若笼统地说俸禄在百石以上均可称为"有秩",然据相关材料,秦汉文献中"有秩"特指俸禄在三百石以下、一百二十石以上的官吏。《二年律令·赐律》载:"赐不为吏及宦皇帝者,关内侯以上比二千石,卿比千石,五大夫比八百石,公乘比六百石,公大夫、官大夫比五百石,大夫比三百石,不更比有秩,簪袅比斗食,上造、公士比佐史。"⑤据此有秩吏俸禄的上限为三百石。《二年律令·赐律》又载:"赐吏酒食,衞(率)秩百石而肉十二斤、酒一升;斗食令史肉十斤,佐史八斤,酒七【升】。"⑥据此可知有秩吏指俸禄在百石以上者。又,《二年律令·秩律》载:"都

---

① 《尹湾汉墓简牍》所载东海郡所辖县及侯国县令、县长、县丞、家丞、相、尉、都官长丞均由他郡人充任。连云港市博物馆、中国社会科学院简帛研究中心、东海县博物馆、中国文物研究所:《尹湾汉墓简牍》,中华书局,1997年。
② 陈松长主编:《岳麓书院藏秦简(肆)》,第136—137页。
③ 陈松长主编:《岳麓书院藏秦简(肆)》,第137页。
④ 睡虎地秦墓竹简整理小组:《睡虎地秦墓竹简》,第27页。
⑤ 张家山二四七号汉墓竹简整理小组:《张家山汉墓竹简(二四七号墓)》(释文修订本),第49页。
⑥ 张家山二四七号汉墓竹简整理小组:《张家山汉墓竹简(二四七号墓)》(释文修订本),第50页。

官之稗官及马苑有乘车者,秩各百六十石,有秩毋乘车者,各百廿石。"①"有秩毋乘车者"即有秩吏之无乘车者,据此还可知"有秩吏"分有乘车和无乘车两种,前者之级别高于后者。《二年律令·秩律》所载有秩吏,品秩最低为百二十石。又从1272号简文"有秩吏"与"县令、都官长、丞、尉"并列,可知"有秩吏"不包括县、都官之长吏。综上可知,"有秩"不是特指某个职官,而是对俸禄在百石二十以上、三百石以下官吏的统称。"有秩"之下尚有"斗食"和"佐、史"等无秩之吏,1396号简称"小佐无秩"者即此类。

秦代县级行政机构的吏员构成,尤其是丞尉以下的小吏究竟如何设置,传世材料所记颇为疏略,故无法推断秦代所谓"有秩吏"究竟包括哪些官职,所幸出土里耶秦简牍材料可稍补此缺陷:

迁陵吏志:AⅠ

吏员百三人。AⅡ

令史廿八人,AⅢ

【其十】人繇(徭)使,AⅣ

【今见】十八人。AⅤ

官啬夫十人。BⅠ

其二人缺,BⅡ

三人繇(徭)使,BⅢ

今见五人。BⅣ

校长六人,BⅤ

其四人缺,BⅥ

今见二人。CⅠ

官佐五十三人,CⅡ

其七人缺,CⅢ

廿二人繇(徭)使,CⅣ

今见廿四人。CⅤ

牢监一人。CⅥ

---

① 张家山二四七号汉墓竹简整理小组:《张家山汉墓竹简(二四七号墓)》(释文修订本),第80页。

长吏三人，DⅠ

其二人缺，DⅡ

今见一人。DⅢ

凡见吏五十一人。DⅣ（7-67+9-631）①

从上边所征引里耶秦简材料可知，秦代迁陵县某一时期吏员设置总数额为103人，其中真正在官署办公的只有51人，其他或出公差在外，或因其他原因阙如。吏员构成有长吏、官啬夫、令史、校长、官佐、牢监，其中官佐和令史所占比例最大。《汉书·百官公卿表上》载："县令、长，皆秦官，掌治其县。万户以上为令，秩千石到六百石。减万户为长，秩五百石至三百石，皆有丞、尉，秩四百石至二百石，是为长吏。百石以下有斗食、佐史之秩，是为少吏。"②知一县之中，县令（县长）、县丞、县尉被称为长吏，"迁陵吏志"所记"长吏"三人与史书相符。官啬夫十人，究竟指哪十个官，已有学者考证过，但笔者有不同看法。讨论这个问题前需要指出啬夫分有秩啬夫和斗食啬夫，斗食啬夫即无秩啬夫。我们认为迁陵吏志所列"官啬夫十人"都为有秩啬夫。理由是一些小部门的负责人也能称为啬夫，若全部归入其中，当不止十人。

邹水杰考证得出迁陵县设官啬夫的十官为：司空、少内、仓、田、尉、畜官、船官、都乡、启陵乡和贰春乡。③邹的考证大致可信，但笔者的观点与之略有不同，我们认为迁陵十啬夫依次为：司空、少内、仓、库、田、厩、发弩、都乡、启陵乡和贰春乡。

先来谈谈尉、畜官和船官在秦代为何不可能设置啬夫。

里耶秦简中出现过多封迁陵丞或守丞发给尉的文书，使用的格式语都是"告"，也的确出现过"尉官""尉主"之类的称谓，但不能据此断定尉设置了啬夫。试看里耶秦简相关简文：

迁陵丞昌告尉主（8-140）

迁陵守丞衔告尉（8-2001）

---

① 郑曙斌、张春龙、宋少华等编著：《湖南出土简牍选编》，岳麓书社，2013年，第18页、第104页。按：《里耶秦简（贰）》《里耶秦简牍校释》（第二卷）将此牍重新编号为9-633。

② 《汉书》卷一九《百官公卿表上》，第742页。

③ 邹水杰：《秦简有秩新证》，《中国史研究》2017年第3期。

迁陵守丞膻之敢告尉官主(8-657)①

迁陵守丞妃告尉主(9-453)

迁陵守丞敦狐敢告尉(9-1112)

迁陵丞欧敢告尉、告乡、司空、仓主(9-2283)

敢告尉、告都乡啬夫：以律令从事。各一书☐(9-477背)②

可以看到，迁陵守丞发给尉的文书，使用"敢告"的频次也不低，这种情况或许不能用抄写讹误来解释。"敢告"一般用于上行和平行文书。与迁陵丞秩次相当的县级官吏只有县尉。我们能认为以下简文中所谓的"尉主""尉官主"都是指县尉：

廿八年七月戊戌朔癸卯，尉守窃敢【言】之：洞庭尉遣巫居赀公卒安成徐署迁陵。今徐以壬寅事，诏令仓赀食，移尉以展约日。敢言之。

七月癸卯，迁陵守丞膻之告仓主，以律令从事。/逐手。即徐☐入☐。(8-1563)③

☐月壬辰朔戊戌，尉守平、令佐履、尉史过杂诊迁陵守丞就前，病马不可行。(9-249+9-455)④

☐朔戊子，尉守建敢言之：写上。谒☐(8-671+8-721+8-2163背)⑤

朔甲午，尉守备敢言之：迁陵丞昌曰：屯戍士五(伍)桑唐赵归

☐日已，以乃十一月戊寅遣之署。迁陵曰：赵不到，具为报・问：审以卅

☐【署】，不智(知)赵不到故，谒告迁陵以从事。敢言之。/六月甲午，临沮丞秃敢告迁陵丞主、令史，可以律令从事。敢告主。/胥手。

九月庚戌朔丁卯，迁陵丞昌告尉主，以律令从事。/气手。/九月戊辰旦，守府快行。(8-140)⑥

---

① 陈伟主编：《里耶秦简牍校释》(第一卷)，第80页、第415页、第193页。
② 陈伟主编：《里耶秦简牍校释》(第二卷)，第128页、第260页、第448页、第139页。
③ 陈伟主编：《里耶秦简牍校释》(第一卷)，第361页。
④ 陈伟主编：《里耶秦简牍校释》(第二卷)，第94页。
⑤ 陈伟主编：《里耶秦简牍校释》(第一卷)，第199页。
⑥ 陈伟主编：《里耶秦简牍校释》(第一卷)，第80页。

如果以上所列的尉不是县尉,那么在已经公布的里耶秦简中就没有关于县尉的任何记录,实在是说不过去。从岳麓秦简律令可知,县尉在人口管理、徭役征发、维护社会秩序等方面负有相当责任,若有失职,或与县令、县丞同等处罚:

・材官、趋发、发弩、善士敢有相责(债)入舍钱酉(酒)肉及予者,捕者尽如此令,士吏坐之,如乡啬夫。赀丞、令、(0525)囗史、尉、尉史各一甲。丞相下,尉布,御史议,吏敢令后入官者出钱财酒肉,入时共分歙(饮)食及出者,皆【赀】二甲,责费。(0529)①

繇(徭)律曰:兴繇(徭)及车牛及兴繇(徭)而不当者及擅傅(使)人属弟子、人复复子、小敖童、弩、乡啬夫吏主者,赀(1232)各二甲,尉、尉史、士吏、丞、令、令史见及或告而弗劾,与同辠。(1257)②

0529"尉布"之"尉"乃太尉之省,"令史"之后的"尉"指县尉。县尉基本的职责就是打击盗贼维持社会治安,还负责戍卒的征发。又从岳麓简可知,县尉有权决定典、老的人选,监督典老推选工作,并负责管控人口流动、登记人口存亡逃逸情况。可见,尉执掌之事也颇为复杂,这也是尉曹设立的理由。

一县之内若再设尉啬夫,则与县尉之职权责任如何分割,难以确定,且毫无必要。退一步讲,即使设有啬夫,也应当是斗食啬夫,在县尉的统领下开展工作。

船官若设立啬夫,也必不在迁陵吏志所列十啬夫之内。"船官"在里耶秦简中仅一见,《二年律令》中也的确出现过船人和船啬夫,邹水杰正是据这些材料论证船官属于十啬夫之一:

囗年四月囗囗朔己卯,迁陵守丞敦狐告船官囗:令史廱雠律令沅陵,其假船二艘,勿留。(6-4)③

船人渡人而流杀人,耐之,船啬夫、吏主者赎耐。其杀马牛及伤人,船人赎耐,船啬夫、吏赎罨(迁)。其败亡粟米它物,出其半,以半负船人。舳舻负二,徒负一;其可纽毄(系)而亡之,尽负之,舳舻亦负二,徒负一;罚船啬夫、吏金各四两。流杀伤人,杀马牛,有(又)亡粟米它物

---

① 陈松长主编:《岳麓书院藏秦简(肆)》,第221页。
② 陈松长主编:《岳麓书院藏秦简(肆)》,第116—117页。
③ 陈伟主编:《里耶秦简牍校释》(第一卷),第19页。

者,不负。①

船啬夫应为渡口负责人,里耶秦简 8-651 有"启陵津",具体负责船只管理者称为船人。《二年律令》所见船啬夫当为斗食啬夫,因为不见于《秩律》之中。船官并非普遍设置的职官,北方很多县境内并无能够通航的河流。船官当为司空的下属机构,以下材料或可证明之:

司空曹计录:AⅠ

船计,AⅡ

器计,AⅢ

赎计,BⅠ

赀责计,BⅡ

徒计。BⅢ

凡五计。CⅠ

史尚主。CⅡ(8-480)②

廿七年三月丙午朔己酉,库后敢言之:兵当输内史,在贰春□□□□五石一钧七斤,度用船六丈以上者四楼(艘)。诣令司空遣吏、船徒取。敢言之。☒(8-1510)

三月辛亥,迁陵守丞敦狐告司空主,以律令从事。/…(8-1510背)③

里耶秦简所见"船计"唯纳于"司空曹记录"之下。8-1510 牍所载文书更加直接地表明涉及船只管理、船人差役派遣的事务均由司空管理。

畜官若设啬夫一职,也应为斗食啬夫,畜官啬夫之品秩,不见于《二年律令·秩律》。

我们认为,迁陵县十啬夫不包括船官、尉官和畜官,而发弩啬夫、厩啬夫、库啬夫则应含括在内。发弩啬夫、厩啬夫、库啬夫均为有秩吏,《二年律令·秩律》:

县、道司马、候、厩有乘车者,秩各百六十石;毋乘车者,及仓、库、少

---

① 彭浩、陈伟、[日]工藤元男主编:《二年律令与奏谳书》,第 92 页。
② 陈伟主编:《里耶秦简牍校释》(第一卷),第 164 页。
③ 陈伟主编:《里耶秦简牍校释》(第一卷),第 341 页。

内、校长、髳长、发弩、衞〈卫〉将军、衞〈卫〉尉士吏、都市、亭、厨有秩者及毋乘车之乡部,秩各百廿石。①

库啬夫、发弩啬夫、厩啬夫无乘车者,秩级为百二十石;厩啬夫乘车者,秩百六十石。发弩啬夫见于《秦律杂抄》:"除士吏、发弩啬夫不如律,及发弩射不中,尉赀二甲。·发弩啬夫射不中,赀二甲,免,啬夫任之。"②又见于岳麓秦简:"·御史丞相言,置发弩啬夫,固以善射、辨于弩事者补之。"③里耶秦简有"发弩绎"(8-761)、"发弩守攀"(8-1234),"发弩守"乃发弩守啬夫之省。

厩啬夫见于《秦律杂抄》:"马劳课殿,赀厩啬夫一甲,令、丞、佐、史各一盾。"④又见于岳麓秦简《金布律》1398简:"马齿盈四以上当服檠车、犹(垦)田、就(僦)载者,令厩啬夫丈齿令、丞前,久(炙)右肩,章曰:当乘。"⑤里耶秦简有"厩曹"(9-1861)、"厩守庆"(8-163)、"厩守信"(8-677),"厩守"即厩守啬夫之省。

仓、库常并列,里耶秦简中库啬夫虽不如仓啬夫常见,但其必为十啬夫之一。秦统一前就设库啬夫一职,《秦律杂抄》:"稟卒兵,不完善(缮),丞、库啬夫、吏赀二甲,法(废)。"⑥里耶秦简所见迁陵库啬夫有武(8-1069+8-1434+8-1520)、建(8-1289)、平(9-2332)、后(8-1510),守啬夫悍(8-1514)、衷(9-1408)、赣(9-1282)。仓官与库官主要负责储藏、分配物资,仓所储存者多为粮草衣物等,库多存兵器、礼器。库与祭祀的关系密切:

卅五年六月戊午朔己巳,库建、佐般出卖祠窖□□□一胊于隶臣徐,所取钱一。

令史歇监。　　般手。(8-1002+8-1091)⑦

卅五年六月戊午朔己巳,库建、佐般出卖祠窖余彻酒二斗八升于□□

---

① 彭浩、陈伟、〔日〕工藤元男主编:《二年律令与奏谳书》,第293页。
② 陈伟主编:《秦简牍合集》释文注释修订本(壹),第155页。
③ 《岳麓书院藏秦简(柒)》,待刊。
④ 陈伟主编:《秦简牍合集》释文注释修订本(壹),第170页。
⑤ 陈松长主编:《岳麓书院藏秦简(肆)》,第111页。
⑥ 陈伟主编:《秦简牍合集》释文注释修订本(壹),第163页。
⑦ 陈伟主编:《里耶秦简牍校释》(第一卷),第259页。

衛(率)之,斗二钱。令史歇监。☐(8-907+8-923+8-1422)①

卅五年六月戊午朔己巳,库建、佐般出卖祠窨☐☐

令史歇监。☐(8-993)②

祠窨完毕撤下的酒肉多由库处理,或可证明祭祀所用之物均由库来准备。至于其他7个官啬夫,无需多加研讨,秦简中大都有十分直接的证明材料:

卅五年五月己丑朔庚子,迁陵守丞律告启陵乡啬夫:乡守恬有论事,以旦食遣自致,它有律令。(8-770)③

☐谓启陵乡啬夫律曰上户出五钱以 (9-379)④

敢告尉告都乡啬夫以律令从事各一书☐(9-477)⑤

卅二年,启陵乡守夫当坐。上造,居梓潼武昌。今徙(8-1445)为临沅司空啬夫。时毋吏。(8-1445背)⑥

卅一年后九月庚辰朔辛巳,迁陵丞昌谓仓啬夫:令史言以辛巳视事,以律令假养,袭令史朝走启。定其符。它如律令。(8-1560)⑦

黔首居田舍者毋敢醯〈醓(酤)〉酒,不从令者罾(迁)之,田啬夫、吏、吏部弗得,赀各二甲,丞、令、令史各一甲。(1400)⑧

秦统一后的公文书中也常将某一部门的主官敬称为某某主,如仓主、库主、少内主、司空主和田主等。少内啬夫这一称谓在出土文献中未见到,然见于传世文献,《汉书·丙吉传》"后少内啬夫白吉曰:'食皇孙亡诏令。'"⑨

校长亦属于有秩吏之列。亭设有校长,里耶秦简9-112号木牍有"唐亭叚(假)校长壮",此外,尚见校长囚吾(8-167)、校长宽(8-167)、校长予言(8-823)、校长援(8-671)以及"将奔命校长周"(8-439),唐亭校长与将奔命校长

---

① 陈伟主编:《里耶秦简牍校释》(第一卷),第246页。
② 陈伟主编:《里耶秦简牍校释》(第一卷),第258页。
③ 陈伟主编:《里耶秦简牍校释》(第一卷),第223页。
④ 陈伟主编:《里耶秦简牍校释》(第二卷),第116页。
⑤ 陈伟主编:《里耶秦简牍校释》(第二卷),第139页。
⑥ 陈伟主编:《里耶秦简牍校释》(第一卷),第327页。
⑦ 陈伟主编:《里耶秦简牍校释》(第一卷),第359页。
⑧ 陈松长主编:《岳麓书院藏秦简(肆)》,第106页。
⑨ 《汉书》卷七四《丙吉传》,第3149页。

显然有别。主管一亭之内治安的校长直接对县尉负责，其所在乡级政府似不能驱使。里耶秦简9-112号文书可以极好佐证之：

> 廿六年二月癸丑朔丙子，唐亭叚（假）校长壮敢言之：唐亭旁有盗，可卅人，壮卒少，不足以追，亭不可空，谒遣□索（索），敢言之。/二月辛巳，迁陵守丞敦狐敢告尉、告乡主：以律令从事。尉下亭鄣署士吏谨备。贰［春］乡上司马丞。/亭手/即令走涂行。二月辛巳不更舆里戌以来/丞半　壮手①

从"尉下亭鄣署士吏谨备"一句可知，亭、鄣由尉直接管辖，迁陵守要通过县尉才可调动亭、鄣内的士吏。

将奔命校长属于低级军官，与亭之校长不同，故《二年律令·秩律》校长秩禄有百六十石与百二十石之别：

> 田、乡部二百石，司空及衛〈卫〉官、校长百六十石。②

> 县、道司马、候、厩有乘车者，秩各百六十石；毋乘车者，及仓、库、少内、校长、髳长、发弩、衛〈卫〉将军、衛〈卫〉尉主吏、都市、亭、厨有秩者及毋乘车之乡部，秩各百廿石。③

上面所见校长秩级有异，所指不同，与"司空""卫官"并列的校长乃亭之校长，与髳长、发弩、卫将军并列之"校长"显然是军官。综上所知，亭所设之校长属于有秩吏行列。

牢监乃监狱长官，里耶秦简8-270简有牢监襄，尹湾汉简《东海郡吏员簿》所载东海郡属县绝大多数设有牢监一名。兹移录东海郡郡治所在县吏员簿如下：

> 海西吏员百七人，令一人，秩千石，丞一人，秩四百石，尉二人，秩四百石，官有秩一人，乡有秩四人，令史四人，狱史二人，官啬夫三人，乡啬夫十人，游徼四人，牢监一人，尉史三人，官佐七人，乡佐九人，亭长五十

---

① 游逸飞、陈弘音：《里耶秦简博物馆藏第九层简牍释文校释》，武汉大学简帛网2013年12月22日发布。
② 张家山二四七号汉墓竹简整理小组：《张家山汉墓竹简（二四七号墓）》（释文修订本），74页。
③ 彭浩、陈伟、〔日〕工藤元男主编：《二年律令与奏谳书》，第293页。

四人,凡百七人。① (YM6D2 正)

牢监很可能属于斗食啬夫之类,未入有秩吏序列。

接下来探讨秦代除吏时在籍贯方面的要求。秦汉官制规定县之长吏必须任用它县人或它郡人。从上面引述岳麓书院藏《置吏律》可知,必须任用本县人为有秩吏、小佐,若要起用它县人,必须有人保举。又,请求任用某人为县令、都官长、丞、尉,任用他县人为有秩吏,均需有人作保。从目前所刊里耶秦简材料来看,无论是有秩吏还是斗食啬夫,抑或佐史,均未见由本县人担任者:

廿七年八月丙戌:迁陵拔讯欧。辟(辞)曰:上造,居成固畜园,为迁陵丞。(9-2318)②

卅年□月丙申,迁陵丞昌,狱史堪【讯】昌。辟(辞)曰:上造,居平□,侍廷,为迁陵丞。(8-754+8-1007)③

守丞配,上造,居竟陵阳处,免归。□(8-896)④

卅二年,贰春乡守福当坐。士五(伍),居粱(资)中华里。·今为除道通食。(8-2014)⑤

卅二年,启陵乡守夫当坐。上造,居梓潼武昌。今徙为临沅司空啬夫。时毋吏。(8-1445)⑥

【卅二年】年二月壬寅朔甲辰,库守窀敢言之:……库武、佐当坐。武,上造,居旬阳。

□士五(伍),居灉工里。名吏(事)里皆定,毋它坐。(9-1887)⑦

少内守谢,士五(伍),朐忍成都归休□(8-1469)⑧

冗佐上造芒安□□(8-879)⑨

---

① 连云港市博物馆等编:《尹湾汉墓简牍》,第79页。
② 陈伟主编:《里耶秦简牍校释》(第二卷),第471页。
③ 陈伟主编:《里耶秦简牍校释》(第一卷),第216页。按:个别句读有改动。
④ 陈伟主编:《里耶秦简牍校释》(第一卷),第244页。
⑤ 陈伟主编:《里耶秦简牍校释》(第一卷),第418页。
⑥ 陈伟主编:《里耶秦简牍校释》(第一卷),第327页。
⑦ 陈伟主编:《里耶秦简牍校释》(第二卷),第386页。
⑧ 陈伟主编:《里耶秦简牍校释》(第一卷),第334页。
⑨ 陈伟主编:《里耶秦简牍校释》(第一卷),第241页。

冗佐上造武陵当利敬。(8-1089)①

冗佐上造旬阳平阳操。(8-1306)②

冗佐上造夏阳南垣中都☐ (9-1557)③

冗佐上造旬阳乘田赿 八月癸丑☐☐☐ (9-2230)④

冗佐上造临汉都里日援,库佐冗佐。(8-1555)⑤

☐☐诎自言:士五,居泥阳(8-1466)

☐☐发。诎手。(8-1466背)⑥

上引简文,均来自里耶秦简,注明了官吏的籍贯,若依《汉书·地理志》,成固、武陵、旬阳三县属汉中郡,平县属河南郡,桼(资)中和朐忍属巴郡,梓潼属广汉郡,潏县属庐江郡,芒县属沛郡,夏阳属左冯翊。竟陵,汉初属于南郡,武帝后属江夏郡。临汉,地望待考。不难发现,迁陵县从长吏到佐史,就籍贯可考者而言,绝大多数来自巴蜀、汉中、南郡、内史等秦故地。这应当不是巧合。这既与秦法律规定担任地方长官者须为外地人有关系,又与里耶独特的地理位置和历史渊源有关。里耶处于湘黔边陲沅水上游,是蜀地通往楚地的孔道,地理位置十分重要,曾经一度是秦楚反复争夺的区域。楚曾在此设立黔中郡,秦攻占后改设巫黔郡,后又更名为黔中郡、洞庭郡。正是由于其战略地位重要,故秦政府必须派遣故秦之人充任长吏。游逸飞认为迁陵县为移民社会⑦,此说值得商榷,笔者认为,普通民众仍以土著为主,士卒、官吏则大都来自它郡,又以秦故地为主。

从上论述可知,具体行政往往与律条规定有偏差,而如果考虑到维护统治的需要,这种"偏差"又是可以理解的,甚至是必要的。

又,为吏者似要有一定的资财,《史记·淮阴侯列传》云:韩信"始为布衣时,

---

① 陈伟主编:《里耶秦简牍校释》(第一卷),第276页。
② 陈伟主编:《里耶秦简牍校释》(第一卷),第309页。
③ 陈伟主编:《里耶秦简牍校释》(第二卷),第328页。
④ 陈伟主编:《里耶秦简牍校释》(第二卷),第437页。
⑤ 陈伟主编:《里耶秦简牍校释》(第一卷),第357页。
⑥ 陈伟主编:《里耶秦简牍校释》(第一卷),第334页。
⑦ 游逸飞:《里耶秦简所见的洞庭郡——战国秦汉郡县制个案研究之一》,武汉大学简帛网2015年9月29日发布。

贫无行,不得推择为吏"①,特意强调韩信"贫"。陈平"为人长大美色","好读书"②,且有游学经历,但有秦一代未能谋得一官半职,且富人以把女儿嫁给他为耻,终其缘由乃家贫,只有田三十亩。

需要补充的是,岳麓书院藏秦律对任用和罢免官吏的时间也做了规定:

· 置吏律曰:县、都官、郡免除吏及佐、群官属,以十二月朔日免除,尽三月而止之。其有死亡及故有缺者,(1227)为补之,毋须时。郡免除书到中尉,虽后时,尉听之。(J43)③

从律文可知,每年十二月到三月是官吏集中调整的时间,若有突发情况,可以灵活处理,这一规定是对《秦律十八种·置吏律》条文的沿袭,体现了秦制的延续性。又如《秦律十八种·内史杂律》:"官啬夫免,□□□□□□其官亟置啬夫。过二月弗置啬夫,令、丞为不从令",官啬夫空缺时间不能超过两个月,否则令、丞以不从令处置。所谓"不从令",即未按法律所规定的去办。

二、为吏之身份、年龄要求

秦汉时期对为吏者的身份有一定要求。汉代史籍记载,刘邦曾明令商贾不得为吏,又如赘婿、刑徒等贱民,以及曾经获重罪者均不可除为吏。其实在秦代,对为吏者之资格审查要更具体细致些,仅录岳麓书院藏《置吏律》相关律文如下:

置吏律曰:县除小佐毋(无)秩者,各除其县中,皆择除不更以下到士五(伍)、史者为佐,不足,益除君子子、大夫子、小爵(1396)及公卒、士五(伍)子年十八岁以上备员,其新黔首勿强,年过六十者勿以为佐⌐。人属弟、人复子欲为佐吏(1367)④

置吏律曰:有辠以霍(迁)者及赎耐以上居官有辠以废者,虏、收人、人奴、群耐子、免者、赎子,辄傅其(1389)计籍。其有除以为冗佐、佐吏、县匠、牢监、牡马、簪褭者,毋许,及不得为租。君子、虏、收人、人

---

① 《史记》(点校本二十四史修订本)卷九二《淮阴侯列传》,第3165页。
② 《史记》(点校本二十四史修订本)卷五六《陈丞相世家》,第2493—2494页。
③ 陈松长主编:《岳麓书院藏秦简(肆)》,第141页。
④ 陈松长主编:《岳麓书院藏秦简(肆)》,第137—138页。

奴、群耐子、免者(1378)、赎子，其前卅年五月除者勿免，免者勿复用。(1418)①

害(宪)盗，除不更以下到士五(伍)，许之。(1247)②

补军吏、令、佐史，必取壹从军以上者，节(即)有军殴(也)，(J43)遣卒能令自占，自占不审及不自占而除及遣者，皆赀二甲，废。(1262)③

以上材料大意是秦代对为吏者的爵位、出身、年龄、资历都有一定要求。罪迁赎耐以上及曾为官被废者以及庮、收人、人奴、群耐子、免者、赎子等身份低贱者要计入簿籍，不得为吏，不得为县官工。为了更好地理解以上律文，不得不对几个语词加以考释。

1396简"君子子"与"大夫子"并列，此"君子"当指有一定爵位者，又从"大夫子"后依次为"小爵及公卒、士五(伍)子"可知，排列顺序越靠前，爵位越高。故"君子"之爵位当高于"大夫"。《礼记·礼器》载："是故君子大牢而祭谓之礼。"郑玄注云："君子谓大夫以上。"④然郑玄所言"大夫"是与"卿""大夫"相对的概念，与二十等爵中的"大夫"恐怕不是一回事。然秦代称爵位在大夫以上者为"君子"，或是受到前代制度的影响。"君子"表示具有某一爵位之人的用法见于睡虎地秦简，前人早就指出。《秦律十八种·置吏律》："官啬夫节(即)不存，令君子毋(无)害者若令史守官，毋令官佐、史守。"睡虎地秦墓竹简整理小组认为，君子"疑指有爵的人"⑤，注释依据为《秦律杂抄·除吏律》："有兴，除守啬夫、叚(假)佐居守者上造以上，不从令，赀二甲。"⑥整理小组对"君子"的认定是有道理的，只是限于其时所见材料，对它的界定范围失之过宽。

《为狱等状四种》"学为伪书案"载："君子子癸诣私书赠所，自谓冯将军毋择子，与舍人来田南阳。"学冒充冯毋择儿子癸，被揭发后自述曰："君子子，定名学，居新壄(野)。非五大夫冯将军将军毋择子……学父秦居赀，吏治(笞)秦，以

---

① 陈松长主编：《岳麓书院藏秦简(肆)》，第138—139页。
② 陈松长主编：《岳麓书院藏秦简(肆)》，第137页。
③ 陈松长主编：《岳麓书院藏秦简(肆)》，第141页。
④ 李学勤主编：《十三经注疏·礼记正义》，北京大学出版社，1999年，第735页。
⑤ 睡虎地秦墓竹简整理小组：《睡虎地秦墓竹简》，第56页。
⑥ 睡虎地秦墓竹简整理小组：《睡虎地秦墓竹简》，第79页。按：句读有调整。

故数为学怒,苦姍(耻)之。归居室,心不乐,即独挢(矫)自以为五大夫冯毋择子,以名为伪私书,问赠,欲貣(贷)钱胡阳少内。"①学的真实身份为"君子子",知晓将军冯毋择的私人信息,可知其非常人。冯毋择是秦国著名人物,为一般人所知晓也不足为奇,然要想知道冯毋择儿子的名字并非普通人能办到。综上推测,学应当出自官宦人家,父亲秦或因公事获赀刑。简文中的"君子"与《置吏律》中的"君子"所指应当相同,指爵位在大夫以上者。

通过以上考证可知,"君子"指爵位在大夫以上者,那么"君子子"是否可以简单地理解为君子之子呢? 要彻底弄清楚这一问题,必须对"子"以及秦代"小爵"做一考察。回到简文"县除小佐毋(无)秩者,各除其县中,皆择除不更以下到士五(伍)、史者为佐,不足,益除君子子、大夫子、小爵1396及公卒、士五(伍)子年十八岁以上备员","君子子""大夫子"与"小爵""公卒、士五(伍)子"并列,其性质当类似。小爵指未傅籍成人者占有的爵位,刘敏已有精彩论证②。然关于"小爵"问题,笔者尚有一些补充,兹先罗列秦汉简牍中所见的相关代表性材料如下:

☐☐二户。AⅠ

大夫一户。AⅡ

大夫寡三户。AⅢ

不更一户。AⅣ

小上造三户。AⅤ

小公士一户。AⅥ

士五(伍)七户。☐BⅠ

司寇一【户】。☐BⅡ

小男子☐☐BⅢ

大女子☐☐BⅣ

·凡廿五☐BⅤ(8-19)③

今见一邑二里:大夫七户,大夫寡二户,大夫子三户,不更五户,

---

① 朱汉民、陈松长主编:《岳麓书院藏秦简(叁)》,第227—228页。
② 刘敏:《张家山汉简"小爵"臆释》,《中国史研究》2004年第3期。
③ 陈伟主编:《里耶秦简牍校释》(第一卷),第32—33页。

□□四户,上造十二户,公士二户,从廿六户☒。(8-1236+8-1791)①

· 丞相上南阳叚(假)尉书言:鄝兴者、小簪褱未等追群盗,未与鬭,死事。(0661)②

不更以下子年廿岁,大夫以上至五大夫子及小爵不更以下至上造年廿二岁,卿以上子及小爵大夫以上年廿四岁,皆傅之。③(《二年律令·傅律》)

从里耶秦简、岳麓秦简可见"小公士""小上造""小簪褱"等小爵名称,但未见"小不更""小大夫"及以上爵位的小爵名。8-1236+8-1791简有"大夫子"这一称谓,笔者认为即"小大夫"之异称,指承继大夫爵位的未傅籍者。岳麓秦简《置吏律》1396号简文"君子子、大夫子、小爵"并列,可推知"小爵"指承继不更、簪褱、上造和公士爵位的未傅籍者。据此可以略微修正刘敏的论点,在秦代狭义的"小爵"指承继不更及不更以下爵位的未傅籍者。既然1396号简文中小爵是不更子、簪褱子、上造子和公士子的合称,那么"大夫子""君子子"则分别指承继大夫和君子爵位的未傅籍者。《学为伪书案》中君子子学矫爵为伪书时年十五,尚未达到秦代傅籍年龄,这也侧面证明了"子"指未傅籍者。故将1389组律文中的"赎子"和"群耐子"理解为被处以赎刑、耐刑的未傅籍者可能更为妥当。

1378简"除以为冗佐、佐吏、县匠、牢监、牡马、簪褱者"这段简文并列了小吏、官府工匠及杂役职称,其中"牡马""簪褱"之性质值得探究一番。"牡"在文献中常与"牝"相对,表示雄性动物,然若将"牡马"解释为公马,在简文中显然说不通。笔者认为,"牡"通"牧","牧马"指官府中负责饲养马匹的杂役。《诗经·鲁颂·駉》"駉駉牡马",《毛诗正义》云:"定本'牡马'字作'牧马'"④,又,《颜氏家训·书证》:"《诗》云'駉駉牡马',江南书皆作牝牡之牡。河北本悉为放牧之

---

① 陈伟主编:《里耶秦简牍校释》(第一卷),第297页。
② 《岳麓书院藏秦简(柒)》,待刊。
③ 张家山二四七号汉墓竹简整理小组:《张家山汉墓竹简(二四七号墓)》(释文修订本),第58页。
④ 李学勤主编:《十三经注疏·毛诗正义》,北京大学出版社,1999年,第1386页。

牧。"①"簪褭"在秦汉作为爵名,表示二十等爵第三等,这已经是学者们耳熟能详的,然在简文中显然不能作为爵名来解释,只能作为职官或职役名称来理解。

据出土秦汉简牍,秦统一前二十等爵第三等常称为"走马",而非"簪褭"。《为狱等状四种》中有走马达、走马喜、小走马义、走马路,据文例,"走马"均为爵名无疑。张家山汉墓竹简《奏谳书》中两个秦王政时期的案例分别出现"走马魁都"和"走马仆","走马"亦为爵名无疑。可见,在秦统一之前,"走马"为二十等爵之一等。陈松长和贺晓朦辨认出里耶秦简8-461号更名木方其中一行为"走马如故更簪褭"②。据陈侃理《里耶秦方与书同文字》一文,里耶秦方"A如故更B"句式宜理解为A在某些场合保持不变,在某些场合更为B。③寻此文例,"走马如故更簪褭"应当理解为走马在某些场合不变,在某些场合更为簪褭。检里耶秦简文书以及《二年律令》,簪褭均作爵名。由此反推,"走马"在秦统一前兼表军功爵第三级名称和职官名。秦国爵名常兼为官职名,如"大良造""大庶长"等。秦统一之后"走马"表示爵位名称的功能被"簪褭"替代,故在秦统一后的文献中再也找不到"走马"作为爵位名的材料,然亦未找到"走马"作为职官名的材料,一种可能的解释是"走马"这一职官名秦以后就消失了,或改为它称。

"簪褭"作为爵位名见于《商君书·境内篇》,"能攻城围邑斩首八千已上则盈论;野战斩首二千则盈论。吏自操及校以上,大将尽赏行间之吏也。故爵公士也,就为上造也。故爵上造,就为簪褭。【故爵簪褭】,就为不更。【故爵不更,就为大夫】"。④ 关于《商君书·境内》篇的成书,"一般人都认为是商鞅所作,有人认为是商鞅变法时所拟订的一个法制草案,但在流转过程中有了脱误"⑤。通过上文论证,不难知晓"簪褭"原文当作"走马",后代学者以当时称谓改之。

需要补充的是,秦第三等爵还有一个异称叫"谋人":

不更以下到谋人,粺米一斗,酱半升,采(菜)羹,刍稾各半石。·

---

① 王利器撰:《颜氏家训集解》(增补本),中华书局,1993年,第414页。
② 陈松长、贺晓朦:《秦汉简牍所见"走马""簪褭"关系论考》,《中国史研究》2015年第4期。
③ 陈侃理:《里耶秦方与书同文字》,《文物》2014年第9期。
④ 蒋礼鸿:《商君书锥指》,中华书局,1986年,第116页;按:脱文据俞樾意见补充。
⑤ 张觉:《商君书校注》,岳麓书社,2006年,第146页。

宦奄如不更。(《秦律十八种·传食律》)①

　　上造以下到官佐、史毋(无)爵者,及卜、史、司御、寺、府,糲(粝)米一斗,有采(菜)羹,盐廿二分升二。(《秦律十八种·传食律》)②

《传食律》是关于邮亭传舍为过往公职人员提供饭食的法律规定。"不更以下到谋人"之主语为官吏。大概供食时要同时参照官秩和爵位两个标准,同一官阶者按爵位高低授予食物。如同为斗食之吏的佐、史,爵位高者得食善且多。

回到岳麓秦简《置吏律》条文,1396 组律文规定担任小佐者,先以不更以下爵位者至于无爵的士伍,只有符合条件的人员不足时才会考虑君子子、大夫子、小爵以及公卒、士伍子等年十八岁以上者。从上文引用里耶秦简迁陵县吏员统计情况来看,一县之吏不过百余人,除去长吏和官啬夫,佐吏不过数十人,而在一般情况下,一县之户数大者过万,小者数千,何以会出现低爵者不敷充任佐吏的情况呢?从岳麓书院秦简可知,秦代"避为吏"的现象十分普遍③,之所以不愿担任基层小吏,这与其境遇有极大关系。为吏不但不能带来好处,反而常有无妄之灾,故黔首都不愿为吏。在秦代担任基层小吏,常常是一种无奈的选择。"其新黔首勿强"一句也可侧面反映出充任"小佐"并非美差,因为在岳麓秦简中多次出现优待新黔首的记载,不强迫新黔首为小佐也可视为一种优待。

秦律对担任佐吏者有年龄限制,《秦律十八种·内史杂》:"除佐必当壮以上,毋除士五(伍)新傅。苑啬夫不存,县为置守,如厩律。"④可知秦任用佐官的年龄下限为"壮",从岳麓秦简《置吏律》"年过六十者勿以为佐",又知担任佐官的年龄上限为六十岁。"壮"究竟指多大年龄,学者尚有不同看法。睡虎地秦墓竹简整理小组沿用传统观点,认为"壮"指三十岁⑤。然笔者通过分析相关文献得知,秦汉时的"壮"指傅籍成丁,而非只有年三十岁才称壮。兹引数条材料如下:

　　李陵既壮,选为建章监,监诸骑。⑥

---

① 睡虎地秦墓竹简整理小组:《睡虎地秦墓竹简》,第 60 页。
② 睡虎地秦墓竹简整理小组:《睡虎地秦墓竹简》,第 60 页。
③ 关于"避为吏"问题,笔者有专文讨论。
④ 睡虎地秦墓竹简整理小组:《睡虎地秦墓竹简》,第 62 页。
⑤ 睡虎地秦墓竹简整理小组:《睡虎地秦墓竹简》,第 62 页。
⑥ 《史记》(点校本二十四史修订本)卷一〇九《李将军列传》,第 3477 页。

及生男,高祖、卢绾同日生,里中持羊酒贺两家。及高祖、卢绾壮,俱学书,又相爱也。①

或闻其母死,非真皇后子,乃出言曰:"后安能杀吾母而名我?我未壮,壮即为变。"②

还报燕王曰:"赵王壮者皆死长平,其孤未壮,可伐也。"③

迁陵狱佐士五(伍)朐忍成都谢,长七尺二寸,年廿八岁,白皙色。舍人令佐寂占。(8-988)④

以上所见之"壮"很难说都指"三十岁"以上,尤其是"赵王壮者皆死长平"中的"壮者",实际上包括所有能拿得起武器的男人。长平之战,秦赵均倾尽全力,秦国十五岁以上的男性都披甲上阵,而作为生死垂于一线的赵国,为了抵御秦国的攻势,甚至连小孩都派上了。史书载长平之战赵国损失军队四十五万人,只有年纪尚小的二百多人被放回赵国。里耶秦简所见迁陵狱佐谢的年龄为二十八岁。

从出土秦简材料来看,一般二十岁左右就可以任基层史官,如《编年纪》载:喜十六岁傅籍,十八岁"揄史",二十一岁为安陆令史。《为狱等状四种》"触为令史廿二岁,年卅三"⑤,可知触二十一岁即做令史。"佐"是常与"史"并称的基础小吏,二者品秩地位相当,所起用的年龄标准也应相近。故秦任用佐官的年龄标准应当是十八岁左右,傅籍年龄为十七岁,故其时所谓"壮"当指傅籍之后的年龄段。

此外,秦律规定为军吏、令、佐史者必有从军经历,"补军吏、令、佐史,必取壹从军以上者"。睡虎地秦简《编年纪》载"(秦昭襄王)五十三年,吏谁(推)从军",整理小组认为"谁"与"推"通,解释为"推择"⑥,有一定道理。笔者认为"吏谁(推)从军"还可以作如下理解:自今起,择吏必取有从军经历者;在职吏员若无从军经历,必须补足。但是从喜的履历来看,去军中服役又未必在为吏之前。喜在秦王嬴政三年(前244)即被任为史,六年(前241)为安陆令史,七年(前

---

① 《史记》(点校本二十四史修订本)卷九三《卢绾列传》,第3197页。
② 《史记》(点校本二十四史修订本)卷九《吕太后本纪》,第511页。
③ 《史记》(点校本二十四史修订本)卷三四《燕召公世家》,第1886页。
④ 陈伟主编:《里耶秦简牍校释》(第一卷),第257页。
⑤ 朱汉民、陈松长主编:《岳麓书院藏秦简(叁)》,上海辞书出版社,2013年,第191页。
⑥ 睡虎地秦墓竹简整理小组:《睡虎地秦墓竹简》,第9页。

240)为鄢令史,十三年(前234)从军,十五年(前232)又从平阳军。可见实施法律过程中会有一定变通。

三、任人为吏问题

为吏途径之一是通过他人保举,《史记·范雎列传》载:范雎发迹后"任郑安平,使击赵",结果郑安平"为赵所围,急,以兵二万人降赵",应侯范雎作为举荐担保人依秦律"罪当收三族","秦之法,任人而所任不善者,各以其罪罪之"①,即被保举者犯罪,保举人与之同等处罚。事实上,倘若保举人犯罪,被保举者也会被免职,出土秦律条文也有相关记载。此外,秦律关于任人为吏方面还有不少更为具体的规定:

> 置吏律曰:县除有秩吏,各除其县中。其欲除它县人及有谒置人为县令、都官长、丞、尉、有秩吏,能任(1272)者,许之└。县及都官啬夫其免徒而欲解其所任者,许之。新啬夫弗能任,免之,县以攻(功)令任除有秩吏└。任者免徒,令其新啬夫任,弗任,免。(岳麓秦简[1245])②

> 置吏律曰:敢任除战北、奊、故徼外盗不援及废官者以为吏及军吏、御右、把钲鼓志及它论官者(1426)□□□□□谒置□□丞、尉□□卒史、有秩吏及县令除有秩吏它县者,令任之,其(1303)任有辠刑辠以上,任者赀二甲而废;耐辠、赎辠,任者赀一甲;赀辠,任者弗坐。任人为吏及宦皇(1302)帝,其谒者有辠,尽去所任,勿令为吏及宦└。为吏而置吏于县及都官,其身有辠耐以上及使(1352)故徼外不来复令而臣遖(?)者,其所置者皆免之,非计时殹(也),须已计而言免之。(岳麓秦简[0991])③

> 任人为丞,丞已免,后为令,今初任者有罪,令当免不当?不当免。④(《法律答问》)

---

① 《史记》(点校本二十四史修订本)卷七九《范雎列传》,第2932页。
② 陈松长主编:《岳麓书院藏秦简(肆)》,第136—137页。
③ 陈松长主编:《岳麓书院藏秦简(肆)》,第139—140页。
④ 睡虎地秦墓竹简整理小组:《睡虎地秦墓竹简》,第127页。

啬夫之送〈徙〉见〈视〉它官者，不得除其故官佐、吏以之新官①。（《秦律十八种·置吏律》）

任法（废）官者为吏，赀二甲。②（《秦律杂抄·除吏律》）

从岳麓秦简1272组《置吏律》条文可以得出以下信息：①有秩吏一般任用本县人，若用它县它郡人必须有人作保。②有秩吏一般按照功令任用，也可通过他人保举。③作保者的官秩、地位一定比被保举者高，若要保举县令、都官长，保人肯定是郡守郡尉及以上级别的官吏。县令、都官长可以保举有秩吏及以下官吏。④通过他人作保而为吏者，若被弃保，则无法继续任职。旧有作保人徙官、免官，若有其他衙署主管级别的官员担任新的作保人，则可以继续任职。岳麓秦简1426组《置吏律》主要规定所任有罪时保人依情节严重情况而要连带被罚或获罪。曾经有不良记录，如"战北、夬、故徼外盗不援"等，是不能被保举为吏的。关于作保者是否与被保者处以同等刑罚问题，据《史记·范雎列传》"秦之法，任人而所任不善者，各以其罪罪之"③，保人与被保者同等处罚。然据岳麓秦简《置吏律》："其任有皋刑皋以上，任者赀二甲而废；耐皋、赎皋，任者赀一甲；赀皋，任者弗坐。"④被保举者所犯罪在肉刑以上，作保人赀二甲并罢免官职；被保人犯耐罪、赎罪，作保人赀一甲；被保人犯赀罪，作保人不连坐。此规定与《范雎列传》所载有所不同，或是律令修改的结果。又或者若被保者有重大罪过，作保人不得降等处置，应当与被保人同罪。

被保者与作保人的命运是紧密联系在一起的利益共同体，一损则具损，倘若作保人犯罪，被保人也无法继续任职。"任人为吏及宦皇帝，其谒者有皋，尽去所任，勿令为吏及宦。为吏而置吏于县及都官，其身有皋耐以上及使故徼外不来复令而臣邈（？）者，其所置者皆免之，非计时殴（也），须已计而言免之。""谒者"即担保人，或与"任"连用，《二年律令·史律》"谒任史、卜，上计修法，谒任卜学

---

① 睡虎地秦墓竹简整理小组：《睡虎地秦墓竹简》，第56页；按：个别字词释读据己意改动。
② 睡虎地秦墓竹简整理小组：《睡虎地秦墓竹简》，第79页。
③ 《史记》（点校本二十四史修订本）卷七九《范雎列传》，第2932页。
④ 陈松长主编：《岳麓书院藏秦简（肆）》，第140页。

童,令外学者,许之"①,《为狱等状四种》"绶任谒以补卒史,劾它吏,卑(俾)盗贼不发"②,"任谒课以补卒史,劾它吏"③。"谒者"与"置者"却是不同的概念,虽然这两个角色可能由同一个人充当。比如甲县县令保举某人去乙县做佐史,县令的身份是"谒者",而"置者"为乙县相关部门的主管者。若县令保举一人为自己属下,则县令既是"谒者",又是"置者"。据律文,"所置者"比"所任者"的地位要稳固些,"置者"犯耐罪以上,所置者免职,"谒者有罪,尽去所任",而耐罪以下尚有赀罪等。又,县"所置"之吏,只有郡才有权罢免,故要等到"上计"时将所免状一起奉上,由郡予以免职。

上所引用《法律答问》材料可看作对《置吏律》条文的补充,律文意思比较迂曲,睡虎地秦墓竹简整理小组给出的译文为:"保举他人为丞,丞已免职,事后本人为令,如果原来保举过的那个人有罪,令应否免职?不当免。"④曾所保举过的人已不担任官职,若犯罪,保人不当连坐。

第二节　官吏任用方式

秦代官吏任用方式,主要有守、假、真、行等数种,与此相关的研究成果不少,但仍有探讨的余地。

首先来谈一下守。传统观点大都认为守是一种试用性的任命,试用的周期一般是一年。《汉书·平帝纪》颜师古注引如淳曰:"诸官吏初除,皆试守一岁乃为真,食全俸。"⑤这种观点被《汉书》有关记载多次证实。《汉书·赵广汉传》:"(赵广汉)从军还,复用守京兆尹,满岁为真。"⑥《汉书·薛宣传》:"(薛宣)入守

---

① 张家山二四七号汉墓竹简整理小组:《张家山汉墓竹简(二四七号墓)》(释文修订本),第82页。
② 朱汉民、陈松长主编:《岳麓书院藏秦简(叁)》,第181页。
③ 朱汉民、陈松长主编:《岳麓书院藏秦简(叁)》,第191页。
④ 睡虎地秦墓竹简整理小组:《睡虎地秦墓竹简》,第127页。
⑤ 《汉书》卷一二《平帝纪》,第349页。
⑥ 《汉书》卷七六《赵广汉传》,第3201页。

左冯翊,满岁称职为真。"①《汉书·张敞传》:"(张敞)守太原太守,满岁为真。"②

里耶秦简陆续公布以后,对守的探讨逐渐变多,代表性的观点有如下几种。第一种为"行政长官泛称说",李昭军、陈松长、杨宗兵、邹水杰、李斯等均认为"守"是秦汉时期各级官府机构行政长官的泛称③。第二种为"自谦说",邬文玲认为"守"并非哪一种具体职官,而是公文自谦称谓④。第三种为"临时代理说",这也是传统的观点,支持此说者有陈治国、孙闻博、王伟、秦涛、杨智宇、袁延胜、时军军、琴载元等⑤。

从上面的综述内容可知,对"守"之解读可谓众说纷纭,简直让初学者不知所从。其实在里耶秦简材料刚公布不久时,就有学者提出了比较符合事实的观点。李学勤在研讨 J1(16)9 中的"都乡守嘉""迁陵守丞敦狐"时就指出此处"守"表示"代理"⑥。陈治国认为里耶秦简所见"守""丞"和"守丞",分别指代

---

① 《汉书》卷八三《薛宣传》,第 3387 页。
② 《汉书》卷七六《张敞传》,第 3225 页。
③ 李昭军:《两汉县令、县长制度探微》,《中国史研究》2004 年第 1 期;陈松长:《〈湘西里耶秦代简牍选释〉校读(八则)》,载甘肃省考古研究所、西北师范大学文学院历史系编:《简牍学研究》(第四辑),甘肃人民出版社,2004 年,第 24 页;杨宗兵:《里耶秦简县"守""丞""守丞"同义说》,《北方论丛》2004 年第 6 期;邹水杰:《秦汉县行政主官称为考》,《湖南师范大学学报》2006 年第 2 期;李斯:《里耶秦简所见县主官称谓新考》,《内蒙古农业大学学报》(社会科学版)2009 年第 3 期。
④ 邬文玲:《"守""主"称谓与秦代官文书用语》,《出土文献研究》(第十二辑),中西书局,2013 年,第 152—167 页。
⑤ 陈治国:《里耶秦简之"守"和"守丞"释义及其它》,《中国历史文物》2006 年第 3 期,第 55—60 页;孙闻博:《里耶秦简"守""守丞"新考——兼谈秦汉的守官制度》,《简帛研究二〇一〇》,广西师范大学出版社,2012 年,第 66—75 页;王伟:《秦玺印封泥职官地理研究》,中国社会科学出版社,2014 年,第 293 页、第 296 页;秦涛:《秦律中的"官"释义——兼论里耶秦简"守"的问题》,《西南大学学报》2014 年第 2 期;杨智宇:《里耶秦简牍所见"迁陵守丞"补正》,载武汉大学简帛研究中心编:《简帛》(第十三辑),上海古籍出版社,2016 年,第 129 页;袁延胜、时军军:《再论里耶秦简中的"守"与"守官"》,《古代文明》2019 年第 13 卷第 2 期;〔韩〕琴载元:《里耶秦简所见秦代县吏的调动》,《西北大学学报》(哲学社会科学版)2020 年第 50 卷第 1 期。
⑥ 李学勤:《初读里耶秦简》,《文物》2003 年第 1 期,第 73—81 页。

理县令、县丞和代理县丞①。后出材料能够证明县、乡职官里所见的"守"必为代理无疑：

> 卅四年二月丙申朔己亥,贰春乡守平敢言之:廷令平代乡兹守贰春乡,今兹下之廷而不属平以仓粟米。问之,有(又)不告平以其数。即封仓以私印去。兹繇(徭)使未智(知)远近,而仓封以私印,所用备盗贼粮尽在仓中。节(即)盗贼发,吏不敢蜀(独)发仓,毋以智(知)粟米备不备,有(又)恐乏追者粮食。节(即)兹复环(还)之官,可殹(也);(9-50)不环(还),谒遣令史与平杂料之。谒报,署□发。敢言之。二月甲辰日中时,典辀以来。/壬发。　平手。　　　(9-50背)②

文书开头"贰春乡守平"与正文"廷令平代乡兹守贰春乡"正好可以互相解释,"守"即"代"也。

其实,在里耶秦简出现以前,就有学者根据睡虎地秦简推测秦的守官制度或与汉代不同。张金光敏锐地觉察到秦的"守假"不同于汉代,不具备试用之意,而是一时权宜、临时摄代之官。因原官暂离职,故须除任临时权官,待原官回任后,"守官"亦即撤销。秦这类守官甚多,因为秦的官吏是要从军的。在从军期间其原职庶务应由临时除置的守官来处理。③ 里耶秦简充分证明了张金光的卓识,此批材料中的"守""假"几乎不表试用。陈治国曾指出里耶秦简所见守丞更换极为频繁,尚未见到任期超过一年者,而且也未见由守丞变为丞、守变为令者。④ 考虑到陈治国在撰写此文时所见里耶秦简材料不多,我们有理由质疑其观点的可信性。今遍查已经刊布的里耶秦简材料,以常见的迁陵守丞一职为例,任期超过一年者只有一例,但仍未被正式除为丞,其他守丞任职时间均未超过一年。为了便于了解,兹列里耶秦简所见迁陵县丞、守丞于下:

---

① 陈治国:《里耶秦简之"守"和"守丞"释义及其它》,《中国历史文物》2006 年第 3 期,第 55—60 页;陈治国、农茜:《从出土文献再释秦汉守官》,《陕西师范大学学报》第 36 卷专辑,2007 年 9 月,第 183—172 页。
② 陈伟主编:《里耶秦简牍校释》(第二卷),第 54 页。
③ 张金光:《论秦汉的学吏制度》,《文史哲》1984 年第 1 期。
④ 陈治国:《从里耶秦简看秦的公文制度》,《中国历史文物》2007 年第 1 期。

表一　里耶秦简所见迁陵县丞、守丞一览表①

丞姓名	守丞姓名	任职时间	简号
	迁陵守丞罪	廿六年十一月壬寅	7-1
	迁陵守丞敦狐	廿六年二月辛巳	9-1112
	迁陵守丞敦狐	□年四月□□朔己卯	6-4
	迁陵守丞敦狐	廿六年五月乙酉	9-1861
	迁陵守丞敦狐	廿六年五月	16-9
	迁陵守丞敦狐	廿六年六月壬子	8-138+8-174+8-522+8-523
	迁陵拔、守丞敦狐	廿六年六月癸亥	8-406
	迁陵拔、守丞敦狐	廿六年八月丙子	8-1743+8-2015
	迁陵守丞敦狐	廿六年九月庚辰	8-135
	迁陵守丞敬	廿七年十月庚子	8-63
	迁陵守丞敦狐	廿七年十一月乙亥	9-1408+9-2288
	迁陵守丞敦狐	廿七年十二月丁酉	9-23
	迁陵守丞敦狐	廿七年三月庚戌	16-6
	迁陵守丞敦狐	廿七年三月辛亥	8-1510
欧		廿七年三月丙辰	16-5
欧		廿七年三月戊午	16-6
欧		（廿七年）三月辛酉	9-2283
欧		廿七年六月丁亥	12-849
欧		廿七年八月丙戌	9-2318
	迁陵守丞阵	廿七年八月癸巳	8-133

---

① 表中数据来自陈伟主编《里耶秦简牍校释》（第一、二卷）；陈伟：《秦苍梧、洞庭郡研究的重要资料》，简帛网 2019 年 9 月 10 日；里耶秦简博物馆、出土文献与中国古代文明研究协同创新中心中国人民大学中心编著：《里耶秦简博物馆藏秦简》，中西书局，2016 年；邬文玲《守主称谓与秦代官文书用语》。

续表

丞姓名	守丞姓名	任职时间	简号
	迁陵守丞膻之	廿八年十二月癸未	8-75+8-166+8-485
	迁陵守丞膻之	廿八年三【月】戊辰	9-2346
	迁陵守丞膻之	廿八年七月癸卯	8-1563
	迁陵守丞膻之	廿八年七月壬子	8-75+8-166+8-485
	迁陵守丞膻之	廿八年七月丁卯	9-995
	迁陵守丞膻之	廿八年八月甲戌	8-657
	迁陵【守】丞膻【之】	廿八年	8-60+8-656+8-665+8-748
	迁陵守丞胡	廿八年九月甲辰	8-1463
昌		廿九年正月甲辰	8-1246
昌		廿九年六月庚辰	8-60+8-656+8-665+8-748
昌		廿九年七月丙午	9-33
昌		廿九年七月戊午	8-2191
昌		廿九年九月辛亥	8-1511
昌		卅年七月	9-1089
昌		卅年□月丙申	8-754+8-1007
昌		卅一年十二月乙酉	9-710
昌		卅一年正月	9-2056
昌		卅一年二月丙戌	8-71
昌		卅一年二月辛卯	9-450
昌		卅一年五月乙卯	8-1345+8-2245
昌		卅一年九月丁丑	8-140
昌		卅一年后九月辛巳	8-1560
昌		卅一年后九月乙巳	9-48

续表

丞姓名	守丞姓名	任职时间	简号
昌		卅一年后九月丙午	9-1417+9-1691
昌		卅二年十月甲寅	9-30
昌		卅二年十二月己巳	9-1869
昌		卅二年正月丁酉	8-157
昌		卅二年三月丁丑	8-62
昌		卅二年三月乙酉	9-64
	迁陵守丞色	卅二年四月丙午朔癸丑	8-155
	迁陵守丞色	卅二年四月丙午朔甲寅	8-158
	迁陵守丞色	卅二年四月丙午朔辛未	12-1786+8-2265
	迁陵守丞色	卅二年五月丙子朔甲午	8-904+8-1343
	迁陵守丞都	卅二年八月乙巳朔甲寅	9-756
	迁陵守丞都	卅二年九月甲戌朔朔日	8-664+8-1053+8-2167
	迁陵守丞都	卅三年二月壬寅朔朔日	8-154
	迁陵守丞殷	卅三年五月庚午朔辛卯	9-1871+9-1883+9-1893+9-2469+9-2471
	迁陵守丞有	卅三年六月庚子朔丁未	8-768
	迁陵守【丞】说	卅四年十月戊戌朔辛丑	8-183+8-290+8-530
	迁陵守丞说	卅四年十月戊戌朔甲辰	9-1864
	迁陵守丞䣭	卅四年正月丁卯朔庚午	9-49
	迁陵守丞䣭	卅四年正月丁卯朔辛未	8-197
	迁陵守丞䣭	卅四年二月丙申朔庚戌	8-197
	迁陵守丞䣭	卅四年二月丙申朔乙丑	8-1538
	迁陵守丞衙	卅四年六月甲午朔甲辰	9-757
	迁陵守丞昌	卅四年【六月】甲午朔甲辰	9-885

续表

丞姓名	守丞姓名	任职时间	简号
	迁陵守丞巸	卅四年七月甲子朔乙亥	8-1525
	迁陵守丞兹	卅四年后九月壬戌〈辰〉朔辛酉	8-1449+8-1484
	迁陵守丞绎	卅五年十一月辛卯朔己酉	9-1088+9-1090+9-1113
	迁陵守丞律	卅五年五月己丑朔庚子	8-770
	迁陵守丞衔	卅五年六月戊午朔戊寅	8-1008+8-1461+8-1532
迁		卅五年八月甲申	8-378+8-514
	迁陵守丞成	卅六年十一月壬辰	9-1114
	迁陵守丞固	元年七月庚子朔癸亥	5-1
	迁陵守丞固	元年八月庚午朔朔日	8-653

从上表可知,迁陵守丞更换频繁,从秦始皇二十六年(前221)到秦二世元年(前209),短短13年间就出现了20名迁陵守丞,然这并非全部,从里耶秦简9-728可知,枯、平二人也曾担任过迁陵守丞,简文如下:

守丞枯五十五日—

守丞平五十七日—

守丞固二百卅二日—

令佐获卅四日—

令佐贺一百卅日—

令佐章百八十日—

守加卅四日—

守顾三百一十日—

佐集卅四日—

佐苏三百一十日— （9-728）①

　　枯、平、固三人的视事日数之和为354，获、贺、章，加与顾，集与苏，这三组视事数之和也为354。杨智宇认为，该牍反映的是秦二世元年（前209）迁陵守丞、令佐、守、佐的视事记录。② 杨的判定是合理的。8-653简文曰："元年八月庚午朔朔日，迁陵守丞固"③，"守加""守顾"之"守"当为迁陵守之省。"县名+守"表示临时摄代的县令，岳麓秦简所见有"州陵守"即此种类型。里耶秦简有迁陵守禄：

廿六年十二月癸丑朔庚申，迁陵守禄敢言之：沮守瘳言：课廿四年畜息子得钱殿。沮守周主。为新地吏，令县论言夬（决）。·问之，周不在迁陵。敢言之。·以荆山道丞印行。（8-1516）④

□□年□月己亥，【迁】陵守禄□（9-2395）⑤

　　在拔被正式任命为迁陵县令之前，由禄代理县令之职，就目前所见材料来看，拔从"廿六年六月"至"卅一年八月"，一直担任迁陵县令。

　　从上表还可知，迁陵守丞虽然频繁换人，但并非毫无规律可循，而是遵守置吏制度严格执行。首先，担任守丞的时间一般不超过一年，且集中在某一个时间段内，尚未见到两名以上守丞交叉行使职权的现象。此外，也未见先后两次任守丞之职者。迁陵丞一职常由属吏代理，或是朝廷尚未来得及任命，如廿五年至廿七年三月，迁陵县刚被秦接收，加上秦之领土迅速扩张，可能一时未能找到合适的人选。另一种情况是丞获罪或有其他突发情况，朝廷未能马上任命新丞，只能暂由属吏代理。

　　迁陵长吏长期公干在外，当与战事频繁、徭役繁重有关。我们注意到：大约从卅二年三月至卅五年八月，三年多的时间里未见由迁陵丞办理的文书，而是通过守丞代劳。至迟在廿九年正月就担任迁陵丞的昌，或在卅二年三月以后就被

---

① 陈伟主编：《里耶秦简牍校释》（第二卷），第193页。

② 杨智宇：《里耶秦简所见"迁陵守丞"补正》，载《简帛》第十三辑，上海古籍出版社，2016年。

③ 陈伟主编：《里耶秦简牍校释》（第二卷），第192页。

④ 陈伟主编：《里耶秦简牍校释》（第一卷），第343页。按："夬"原释为"史"，笔者据此种文书体例改释。

⑤ 陈伟主编：《里耶秦简牍校释》（第二卷），第487页。

征调他处。昌这次外放的表现可能不尽如人意,因为昌再一次出现在卅四年六月甲辰日的文书之中时,已经被降为守丞。

迁陵县的守官十分常见,除了迁陵守以外,尚见少内守、田官守、司空守、乡守、仓守、库守等。之所以会出现这种情况,与秦疆域不断扩大,战事绵连,大型工程陆续启动而使得吏员不敷使用等有一定关系。里耶秦简所见某年"迁陵吏志"也能佐证这一点:

迁陵吏志:AⅠ

吏员百三人。AⅡ

令史廿八人,AⅢ

【其十】人繇(徭)使,AⅣ

【今见】十八人。AⅤ

官啬夫十人。BⅠ

其二人缺,BⅡ

三人繇(徭)使,BⅢ

今见五人。BⅣ

校长六人,BⅤ

其四人缺,BⅥ

今见二人。CⅠ

官佐五十三人,CⅡ

其七人缺,CⅢ

廿二人繇(徭)使,CⅣ

今见廿四人。CⅤ

牢监一人。CⅥ

长吏三人,DⅠ

其二人缺,DⅡ

今见一人。DⅢ

凡见吏五十一人。①

从这份"迁陵吏志"可知,县令、丞、尉三长吏竟然只有一人在职,其他两人

---

① 陈伟主编:《里耶秦简牍校释》(第二卷),第167—168页。

尚未被任命。官啬夫十名,亦有二名未到任。相对而言,人数较多的令史、官佐,缺额甚少,但近半徭使在外。迁陵县在编吏员原本为103人,在署服役者只有51人,刚刚过半。里耶秦简8-1137载:"吏凡百四人,缺卅五人。·今见五十人。"①在署服役者尚未过半。缺吏和徭使在外的吏占了一半左右,此必增大在署吏员的工作强度,加之秦法网甚密,官吏动辄得咎,从而使得不少人视入仕为畏途,挂冠而去者亦常有之。关于"避为吏"现象,另有详论,此不赘述。

接着来讨论守丞之本职以及是否有"扶正"的可能。守丞一般由秩级相当的部门主官担任。就目前所见材料,有欧、迁、昌担任过迁陵丞,这预示着守丞有上升的通道,其中欧、迁各出现数次,任职时间只有数月,昌则多次出现在秦始皇廿九年正月到卅二年三月的文书之中。

(廿七年)三月辛酉,迁陵丞欧敢告尉、告乡、司空、仓主:听书从事。(9-2283)②

【廿七】年八月辛丑,迁陵拔、丞欧征讯启。(9-706)③

廿七年【八月丙戌,迁陵拔】讯欧,辞曰:上造,居成固畜☐☐☐

☐狱,欧坐男子毋害诽(诈)伪自☒(8-209)

·鞫欧:失撩(拜)骀奇爵,有它论,赀二甲☐☐☐☒(8-209背)④

廿七年八月丙戌,迁陵拔讯欧。辟(辞)曰:上造,居成固畜园,为迁陵丞,故为启☒

☐狱。欧坐男子毋害诽(诈)伪自爵弗得。狱史角曹。·六月丙子论☒(正)

·鞫:欧失撩(拜)大男子赏横爵。有它论,赀二甲。与此同事相遝。审。☒(9-2318背)⑤

---

① 陈伟主编:《里耶秦简牍校释》(第一卷),第282页。
② 陈伟主编:《里耶秦简牍校释》(第二卷),第448页。
③ 陈伟主编:《里耶秦简牍校释》(第二卷),第183页。按:"廿七"乃笔者增补,详见正文。迁陵拔出现在廿六年至廿八年文书之中,廿六年八月无辛丑日,廿八年八月甲戌朔,辛丑为廿八日,然欧于廿七年八月十三日已被审讯,不太可能再任迁陵丞之职。迁陵守丞垩出现在廿七年八月二十日的文书之中,也可以证明这一点。
④ 陈伟主编:《里耶秦简牍校释》(第一卷),第114页。
⑤ 陈伟主编:《里耶秦简牍校释》(第二卷),第471页。

卅五年八月丁巳朔甲申,迁陵丞迁下辞(辞)少内☐(8－378＋8－514)①

☐☐☐丞迁移酉阳、临沅。/得☐Ⅳ(8－50＋8－422)②

☐☐朔戊午,迁陵丞迁告畜官仆足,令(8－137)③

廿九年正月甲辰,迁陵丞昌讯☐(8－1246)④

卅二年三月丁丑朔乙酉,田守武、史遬、隄(题)迁陵丞昌前☐(9－64)⑤

第2则材料所引9－706木牍首端残泐,"廿七"乃笔者增补。理由如下:迁陵拔出现在廿六年至廿八年文书之中,廿六年八月无辛丑日,廿八年八月甲戌朔,辛丑为廿八日,然欧于廿七年八月十三日已被审讯,其被褫夺县丞之职的时间当更早,不太可能再任迁陵丞之职。迁陵守丞陉出现在廿七年八月二十日的文书之中,也可以证明这一点。不过,陉任守丞的时间应早于八月二十日。欧任迁陵丞的时间不长,不超过五个月,因为误授他人爵位以及其他过失而受被罚赀二甲。欧或被调到他处为官,或被免职,总之未在之后的文书中见到。

迁任迁陵丞的时间当在秦始皇三十五年(前212)八月左右,在此之前,迁陵守丞衔出现在卅五年六月戊寅日的文书中。迁在任的时间约为五个月,迁陵守丞成出现在卅六年十一月壬辰日文书之中。迁很有可能为秦代最后一位迁陵丞。

可以肯定的是,昌从廿九年正月到卅二年三月乙酉,一直在迁陵丞任上。卅二年三月之后,昌离开迁陵,原因不明,或徭使,或任职外地。值得注意的是,在卅四年六月甲辰日文书中又一次见到昌时,官职已变成守丞。而且同一天的文书中还有另外一名迁陵守丞。同时有两位守丞在署并行使职权,的确少见:

更戊辛士五城父城里产,长七尺四寸,黑色,年卅一岁,族☐

卅四年六月甲午朔甲辰,尉探迁陵守丞衔前,令☐(9－757)⑥

---

① 陈伟主编:《里耶秦简牍校释》(第一卷),第140页。
② 陈伟主编:《里耶秦简牍校释》(第一卷),第41页。
③ 陈伟主编:《里耶秦简牍校释》(第一卷),第77页。
④ 陈伟主编:《里耶秦简牍校释》(第一卷),第300页。
⑤ 陈伟主编:《里耶秦简牍校释》(第二卷),第58页。
⑥ 陈伟主编:《里耶秦简牍校释》(第二卷),第199页。

更戍卒城父公士西平贺,长七尺五寸,年廿九岁,族苏☐

卅四年甲午朔甲辰,令佐章探迁陵守丞昌前,令☐(9-885)①

9-885号牍虽漏抄月份,但根据朔日干支可知必为卅四年六月。两份文书不仅产生的日期一样,性质也相同,均是案察核实更戍卒的身份信息的簿籍。或许是需要核实的戍卒数量过多,故需要两名守丞同时参与。我们认为这只是一次意外,且发生在两位守丞办理业务交接之日。一般来说,一天只能有一名守丞在职,否则政出多门,权责无法明确。据9-728牍文,枯、平、固三人的视事日数之和为354,正好是农历平年的天数,也可证明一日只有一个守丞在职。

从秦始皇二十六年(前221)到秦二世元年(前209),先后担任迁陵守丞的有罢、敦狐、敬、陉、膻之、胡、色、都、殷、有、说、䣙、衔、昌、兹、绎、律、戍和固,然没有一人升为迁陵丞。昌从迁陵丞降为守丞,更多的人依旧任原职。

敦狐从廿六年二月至廿七年三月为迁陵守丞,任职时间超过一年,若依照汉制,毫无疑问会除为"真"。然十年之后的文书显示他依然只是个仓守。"元年迁陵隶臣妾积二百四人,毋死亡者。　仓守士五敦狐☐"(9-2267)②。考虑到迁陵县的总人口数,特别是敦狐这一名字的罕见性,出现同名的概率极小。

䣙在卅四年任迁陵守丞,出现在正月、二月、七月的文书之中。䣙于秦始皇二十八年(前219)前后任过少内啬夫(8-60+8-656+8-665+8-748),还任过司空守,任上被赀三甲(8-144+8-489)。䣙在迁陵任职多年,从守啬夫升为啬夫,又代理过守丞,极有希望晋升,然守丞之职成为其仕途的终点。8-896号木牍载:"守丞䣙,上造,居竟陵阳处,免归。"③由于木牍残缺,免归缘由尚不得而知。

据"里耶秦简所见迁陵县丞、守丞一览表",衔前后两次任守丞之职,分别见于卅四年六月甲辰、卅五年六月戊寅文书之中。我们认为,出现在卅五年三月、四月文书中的仓啬夫衔与守丞衔为同一人。由仓啬夫代理县丞之职,符合相关规定。"仓衔"见于以下简牍:

卅五年三月庚寅朔辛亥,仓衔敢言之:疏书吏、徒上事尉府者牍北

---

① 陈伟主编:《里耶秦简牍校释》(第二卷),第220页。
② 陈伟主编:《里耶秦简牍校释》(第二卷),第442页。
③ 陈伟主编:《里耶秦简牍校释》(第一卷),第244页。

(背),食皆尽三月,迁陵田能自食。谒告过所县,以县乡次续食如律。雨留不能投宿赍。当腾腾。来复传。敢言之。Ⅲ(8-1517)①

粟米十三石八斗。　　卅五年四月己未朔庚申,仓衍、佐☐(8-1167+8-1392)②

卅五年六月之后,衍何去何从,目前公布的资料尚无法得知,但没有成为迁陵丞,却是肯定的。

孙闻博曾指出:"秦及西汉初年,县一级机构出现的所谓'守丞',其权且代行县丞职事,并非发生在县丞出缺、上级尚未正式任命之时,而是多在县丞在职但不在署之时,丞归即罢。"③孙之说,可能稍显绝对,以里耶秦简材料观之,县长吏出缺并不罕见。

通过以上个案分析可知,守丞一般由官啬夫吏充任。里耶秦简中尚未见到由守丞直接晋升为丞者,或许正如孙闻博判断的那样,当丞归署时,守官亦要回到原先的职位上④,而迁陵县丞一职可能从未空缺过。然此又与迁陵吏志所记不符。从理论上讲,县长吏亦都有空缺的可能,如迁陵县刚归属秦时、丞欧被拘讯前后,县丞一职必然空缺,只好采取权宜之计,就近迅速委任守丞。因为物色合适的人选以及文书、人员往来均需要时间,而县丞负责日常文书,关系一县,不可一日无之。

除了以丞为代表的长吏,官啬夫吏也常被代理,里耶秦简所见"曹署名+守"即这种情况。关于官啬夫吏的代理原则,《秦律十八种·置吏律》规定:"官啬夫节(即)不存,令君子毋(无)害者若令史守官,毋令官佐、史守。"⑤睡虎地秦墓竹简整理小组认为"君子"可能是指有爵位的人。⑥ 先来看以令史代理官啬夫的实例:

卅四年十一月丁卯朔甲午,仓守壬、佐却出禀【袍四、襻】……☐隶

---

① 陈伟主编:《里耶秦简牍校释》(第一卷),第344页。
② 陈伟主编:《里耶秦简牍校释》(第一卷),第286页。
③ 孙闻博:《里耶秦简"守""守丞"新考》,《简帛研究二〇一〇》,广西师范大学出版社,2012年,第73页。
④ 孙闻博:《里耶秦简"守""守丞"新考》,第75页。
⑤ 陈伟主编:《秦简牍合集》释文注释修订本(壹),第127页。
⑥ 睡虎地秦墓竹简整理小组:《睡虎地秦墓竹简》,第56页。

妾敖等四人。袍一直(值)十五,绔一直(值)七。三人钱各卅,一人卅八。却手。令史连【监】(9-495+9-498)①

卅四年十一月【丁卯朔】甲午,仓守壬、佐却出钱千五百一十八钱,以衣大隶妾婴等廿八人冬衣,人五十五,其二人各【卅】☐ (9-1931+9-2169)②

粟米六斗。 卅四年十一月丁卯朔朔日,仓守就☐
令史壬☐ (9-1173)③

粟米五石。 卅四年十一月丁卯朔朔日,仓守就、☐☐
弩☐☐☐ 令史壬视平。☐ (9-2139)④

卅四年十一月丁卯朔朔日,由仓守就主持粟米的发放工作,令史壬监督。十一月甲午,壬已代理仓啬夫之职,并主持了衣物、钱财的发放。这与《置吏律》要求以"令史守官"相符。又如畸,廿六年五月至廿八年六月似一直担任令史之职,廿八年九月代理贰春乡啬夫一职:

廿六年五月辛巳朔壬辰,酉阳齮敢告迁陵主:……迁陵,论耐它为侯,遣它归,复令令史畸追环(还)它更论。(9-2287)⑤

廿八年六月己巳朔甲午,仓武敢言之:令史敞、彼死共走兴。今彼死次不当得走,令史畸当得未有走。今令畸袭彼死处,与敞共走。仓已定籍。敢言之。(8-1490+8-1518)⑥

廿八年九月戊戌朔癸亥,贰春乡守畸敢言之:廷下平春君居叚(假)舍人南昌平智大夫加讆书曰:各谦(廉)求其界中。得弗得,亟言,薄留日。今谦(廉)求弗得,为薄留一牒下。敢言之。(9-2315)⑦

廿八年九月丙寅,贰春乡守畸徒薄(簿)。

积卅九人。

---

① 陈伟主编:《里耶秦简牍校释》(第二卷),第144页。
② 陈伟主编:《里耶秦简牍校释》(第二卷),第395—396页。
③ 陈伟主编:《里耶秦简牍校释》(第二卷),第272页。
④ 陈伟主编:《里耶秦简牍校释》(第二卷),第424页。
⑤ 陈伟主编:《里耶秦简牍校释》(第二卷),第453页。
⑥ 陈伟主编:《里耶秦简牍校释》(第一卷),第338页。
⑦ 陈伟主编:《里耶秦简牍校释》(第二卷),第470页。

十三人病。

廿六人彻城。(8-1280)①

以"畸"为名者,并不多见,又以为官履历验之,貳春乡守畸与令史畸当为同一人。里耶秦简以令史代理啬夫之职者还有不少,限于篇幅,此不一一例举。

除了县长吏和啬夫以外,县乡行政机构的其他职位,甚至里正、里典都有代理现象。里耶秦简所见者有假令史寏(9-30/9-48)和唐亭假校长壮(9-1112),见于岳麓秦简律文中有"假典":

·繇(徭)律曰:毋敢傳(使)叚(假)典居旬于官府;毋令士五(伍)为吏养、荞马;毋令典、老行书。(1374)②

"典老"与"叚典"同时出现在一则律文之中,"典"为里典无疑。至于斗食吏到里典之代理规范,尚不得而知。

郡一级官府职官代理制度与县同中有异,最明显的区别在于使用"假"而非"守"来表示代理。里耶秦简所见郡级守官有:洞庭假守绎(8-759)、南郡假守(8-974)、巴假守丞(8-61)、洞庭假尉御(9-2456)、洞庭假尉觿(9-1)和洞庭假卒史(8-78),见于岳麓秦简者有"南郡假守贾"(0163-1)、"南阳假尉"(0661)以及"假属"(1886)等。

秦令对郡级官吏的假守原则有较为详细的规范:

·郡尉不存,以守行尉事;泰守不存,令尉为叚(假)守⌐。泰守⌐、尉皆不存,令真吏六百石以上及守吏风(讽)真官(0371)者为叚(假)守及行尉事;尉丞、守丞不存,令吏六百石以上为叚(假)尉丞、守丞⌐。尉丞、守丞皆不存,尉、丞为叚(假)(0484)尉丞,守不与尉同处者,尉节(即)不存,令吏六百石以上为叚(假)尉。御史请。 ·三 (1046)③

令文大意为:郡尉不在署或此职空缺时,由泰守处理郡尉执掌之事;泰守不在署或此职空缺时,由郡尉代理泰守。泰守、郡尉都不存,让六百石以上的真吏或守吏风(讽)真官为假守、代理郡尉之事。尉丞、守丞均不存,令六百石以上吏

---

① 陈伟主编:《里耶秦简牍校释》(第一卷),第305页。
② 陈松长主编:《岳麓书院藏秦简(肆)》,第119页。
③ 《岳麓书院藏秦简(柒)》,待刊。

代理;尉丞、守丞有一在署,可互相代理;泰守与郡尉不在一处办公,若郡尉不存,令六百石以上吏为假尉。

据里耶秦简可知,洞庭郡郡一级官吏常由人假代,先来看郡守被代理的情况:

【廿】六年二月癸丑朔庚申,洞庭叚(假)守高谓县丞:干蕣及菅茅善用殹(也)。且烧草矣,以书到时,令乘城卒及徒隶居赀赎责(债)勉多取、积之,必各足给县用复到干草。唯毋乏。它如律令。新武陵布四道,以次传,别书。书到相报,不报者追之。新【武陵】□书到。署厩曹。以洞庭发弩印行事。(9-1861 正)①

廿七年十一月戊申朔癸亥,洞庭叚(假)守昌谓迁陵丞:迁陵上坐反适(谪)皋(罪)当均输郡中者六十六人,今皆输迁陵。其听书从事,它如律令。・以新武陵印行事。

十二月丁酉迁陵守丞敦狐告司空主:以律令从事/夫手。走郤即行。(9-23)

司。十二月丙申旦,库佐黑以来。/莫邪半。 痏手 (9-23 背)②

卅四年六月甲午朔乙卯,洞庭守礼谓迁陵丞:丞言徒隶不田,奏曰:司空厌等当坐,皆有它罪,(8-755)耐为司寇。有书,书壬手。令曰:吏仆、养、走、工、组织、守府门、勮匠及它急事不可令田,六人予田徒(8-756)四人。徒少及毋徒,薄(簿)移治虏御史,御史以均予。今迁陵廿五年为县,廿九年田廿六年尽廿八年当田,司空厌等(8-757)失弗令田。弗令田即有徒而弗令田且徒少不傅于奏。及苍梧为郡九岁乃往岁田。厌失,当坐论,即(8-758)如前书律令。/七月甲子朔癸酉,洞庭叚(假)守丨绎追迁陵。/歇手。・以沅阳印行事。(8-759)

歇手。(8-755 背)

七月甲子朔庚寅,洞庭【假】守绎追迁陵丞言。/歇手。・以沅阳印行事。/八月癸巳朔癸卯,洞庭叚(假)(8-1523)守绎追迁陵丞,曰

---

① 陈伟主编:《里耶秦简牍校释》(第二卷),第 374 页。
② 陈伟主编:《里耶秦简牍校释》(第二卷),第 35—36 页。

夜上勿留。/卯手。·以沅阳印行事。/九月乙丑旦,邮人曼以来。/齋发。(8-1523背)①

洞庭叚(假)守高发往迁陵县的文书"以洞庭发弩印行事"。洞庭郡守不在署衙或尚未及除任,由高代理郡守。高本职为洞庭发弩,故只能以此官印来处理文书。《二年律令·秩律》:"中发弩、枸(勾)指发弩,中司空、轻车、郡发弩、司空、轻车,秩各八百石,有丞者三百石。"②汉初郡发弩秩八百石,秦代当与之同。

洞庭叚(假)守昌、绎分别使用"新武陵印"和"沅阳印"来处理行政文书。新武陵和沅阳为县名无疑,一般认为是洞庭郡郡治所在,都县县令可以就近代理郡守之职。据《二年律令·秩律》,县令之秩高者可达千石,一般在八百石至六百石,无低于六百石者。

洞庭郡守常由品秩高的郡吏或都县县令代理,这说明郡守、郡尉同时不在署的概率比较高。上列文书形成的时间并非上计之时,只能以郡守、郡尉频繁巡视辖下诸县来解释。岳麓秦简令文曰:"守以下行县,县以传马,吏乘给不足,毋赁黔首马。犯令及乘者,赀二甲,废。(1674)"③张家山汉简《奏谳书》案例十六载"淮阳守行县掾新郪狱"④。

觿本职为郡司马,卅五年四月代理洞庭郡尉一职:

卅五年四月己未朔乙丑,洞庭叚(假)尉觿谓迁陵丞:阳陵卒署迁陵,其以律令从事,报之,当腾腾。/嘉手。·以洞庭司马印行事。(9-1)⑤

据"以洞庭司马印行事"可挖掘出以下信息:觿本职为洞庭司马,代理洞庭郡郡尉之职。至于为何不能使用郡尉之印,大概有以下两种情况:其一,郡尉离开本署,往外地公干时将印信带走,故觿只能使用"洞庭司马"印寄送文书。其二,郡尉之印虽在署衙,但根据相关法规,代理者无权使用。后一种或更符合秦代实情。郡司马品秩应在六百石以上,很可能是八百石。《二年律令·秩律》所见郡司空秩为八百石,郡司马品秩当与其相当。

---

① 陈伟主编:《里耶秦简牍校释》(第一卷),第348页。
② 彭浩、陈伟、[日]工藤元男主编:《二年律令与奏谳书》,第262页。
③ 陈松长主编:《岳麓书院藏秦简(伍)》,第113页。
④ 彭浩、陈伟、[日]工藤元男主编:《二年律令与奏谳书》,第354页。
⑤ 陈伟主编:《里耶秦简牍校释》(第二卷),第1页。

洞庭守丞必有被代理之时,暂未见到,不过巴郡假守丞在里耶秦简中出现过:

☐未朔己未,巴叚(假)守丞敢告洞庭守主:卒人可令县论☐
卒人,卒人已论,它如令。敢告主。不疑手。·以江州印行事。
六月丙午,洞庭守礼谓迁陵啬夫:☐署迁陵丞论言夬(决),署中曹发,它如律令。/和手。(8-61+8-293+8-2012)①

江州县为巴郡郡治所在,由江州令代理巴郡守丞。《汉书·地理志》所载巴郡郡治亦为江州。

综上可知,郡尉两府也常有职官代理现象,为了与县相区别,全部使用"假+职官"形式来表示代理。这种处理方式在当时的确能极好地起到区分的效果,然时过境迁,如今面对这些称谓,若无相关知识储备,就很容易误解。比如,之前就有学者根据零星刊布的里耶秦简、岳麓秦简材料判定迁陵、州陵为秦郡②,理由是简文中出现过"迁陵守""迁陵守丞""州陵守"等信息。"县名+守""县名+守丞"表示代理县令、县丞,"郡名+守"和"郡名+守丞"表正式除任的泰守和守丞,二者原本是泾渭分明的,但后人若不能区别秦代的县名和郡名,又对当时的守官制度缺乏了解,就很容易出错。当然,任何一个领域的研究都不可能一步到位,前贤走过的弯路也有极佳的警示作用。

第三节　秦法对官吏品行的要求及私生活的规范

《睡虎地秦墓竹简·语书》分别概括了"良吏"与"恶吏"的主要特征:

凡良吏明法律令,事无不能殹(也);有(又)廉絜(洁)敦悫而好佐上;以一曹事不足独治殹(也),故有公心;有(又)能自端殹(也),而恶与人辨治,是以不争书。·恶吏不明法律令,不智(知)事,不廉絜

---

① 陈伟主编:《里耶秦简牍校释》(第一卷),第46页。按:"夬"原释为"史",笔者据同类文书体例改释。
② 范毓周将"迁陵守丞"视为郡守丞,陈松长先前也将州陵误判为郡名。范毓周:《关于湖南龙山里耶出土秦代简牍邮书检的几个问题》,简帛研究网2002年8月15日。陈松长:《岳麓书院藏秦简中的郡名考略》,《湖南大学学报》(社会科学版)第23卷第2期,2009年3月。

(洁),毋(无)以佐上,緰(偷)随(惰)疾事,易口舌,不羞辱,轻恶言而易病人,毋(无)公端之心,而有冒抵(抵)之治,是以善斥(诉)事,喜争书。争书,因恙(佯)瞋目扼捾(腕)以视(示)力,訏询疾言以视(示)治,誣訊丑言麃斫以视(示)险,坑阆强肮(伉)以视强,而上犹智之殴(也)。故如此者不可不为罚。①

判断官吏良恶的第一标准是对法律的熟悉程度,"良吏"必须熟知法令条文,并能够用其指导行政实践,反之则为"恶吏"。"事无不能"是技术层面的要求,"良吏"在日常行政中必须能够独立解决一切问题,包括一些比较艰巨的甚至突发性事件。"廉洁""敦悫""自端"均是道德层面的要求,能做到这些的可称为"良吏",反之为"恶吏"。"不智(知)事",即不理政事,尸位素餐。"毋以佐上",不能辅佐上官,既可指"恶吏"能力上的缺陷,也可指品行上的不足。"緰(偷)随(惰)疾事",指偷奸耍滑,厌恶工作。"易口舌,不羞辱,轻恶言而易病人",好搬弄是非,无羞耻感,常以言语伤人,喜欢诉病他人;以上诸方面均是品德恶劣的表现。"毋(无)公端之心,而有冒抵(抵)之治,是以善斥(诉)事,喜争书",没有公正之心,喜欢钻牛角尖,动辄向上级诉苦,喜与人争讼。

岳麓秦简《为吏治官及黔首》分别罗列了官吏的"五善""五失""五过""五则"与"六殆":

  吏有五善:一曰忠信敬上;二曰精廉无旁(谤);三曰举吏审当;四曰喜为善行;五曰龚(恭)敬多让;五者毕至必有天当。

  吏有五失:一曰视黔首渠骜;二曰不安其期;三曰居官善取;四曰受令不僂;五曰安其家忘官府;五者毕至是胃(谓)过主。

  吏有五过:一曰夸而夬;二曰贵而企;三曰亶(擅)折割;四曰犯上不智(知)其害;五曰间(贱)士贵货贝。

  吏有五则:一曰不祭(察)所亲则韦(违)数至;二曰不智(知)所使则以權(权)索利;三曰举事不当则黔首嚻指;四曰喜言隋(惰)行则黔首毋所比;五曰善非其上则身及于死。

  吏有六殆:不审所亲,不祭(察)所使,亲人不固,同某(谋)相去,起

---

① 睡虎地秦墓竹简整理小组:《睡虎地秦墓竹简》,第15页。

居不指,屚(漏)表不审,繫(徽)蚀(识)不齐。①

与《语书》不同,《为吏治官及黔首》并未将"明法律令"视为"良吏"的第一条件,两种文献产生时间相近,秦统一前后在官吏法方面的变更也不明显,这种差异显然是由于文献本身的性质决定的。《语书》是南郡郡守腾向境内吏民发布的一封告示,旨在革除楚地旧俗,有效推行秦政,故特别强调秦法。《为吏治官及黔首》具有"官箴"性质,所涉颇广,因为成为一位好官吏,不仅仅需要某些必备技能,如谙熟法令,更重要的是具有比较高尚的道德。对官吏道德的要求虽然是为了维系统治的需要,但客观上能起到改善民生、促进生产、构建社会和谐的作用。

学者倾向以学派来解析《为吏之道》和《为吏治官及黔首》这一类文献,常根据内容之一部分来判定其是否受儒、道抑或法家影响以及影响之深浅。这自然有一定道理。但实际情况可能并非如此,有一些品行可能同时被几个学派推崇,又或者有些东西具有普世价值,当然不能看作某派所独创。例如"忠信",可能并非儒家所独创独有,法家、墨家也很推崇这点,甚至比儒家来得实在。"吏有五善",第一条就是"忠信敬上","忠"既可以解读为做好自己的本职工作,也可解读为忠于上级、忠于百姓等等。"信"既可指做人方面要讲信用,也可指行政方面要"信赏必罚"。

"精廉无旁(谤)","精"即精神专一,《管子·心术下》:"形不正者德不来,中不精者心不治"②,《淮南子·修务训》:"官御不厉,心意不精"。③"廉"指廉洁。"旁",整理者读为"谤","无旁"指不诽谤。笔者认为,"旁"可读为本字,"无旁"正好与"精"相呼应。"无旁"又可看作对"廉"的进一步补充,"无旁"指没有其他非法收入。"旁钱"见于岳麓秦简律令条文,指非法所得钱财。

"举吏审当",保举官吏时能使其才能与职位相匹配,做到人尽其才。"天当"不能成词,当为"大赏"之讹,《为吏之道》此句作"五者毕至,必有大赏"④,"当""赏"形近易讹,《列子·周穆王篇》"妙当",一本作"妙赏"。"天""大"形

---

① 朱汉民、陈松长主编:《岳麓书院藏秦简(壹)》,第121—135页。
② 黎翔凤撰:《管子校注》卷第十三《心术下》,中华书局,2004年,第778页。
③ 刘文典撰:《淮南鸿烈集解》卷十九《修务训》,中华书局,1989年,第653页。
④ 陈伟主编:《秦简牍合集》释文注释修订本(壹),第304页。

近易讹,古书常见混用之例。

"渠骜"可读为"倨傲",傲慢,不逊。"视黔首渠骜",对待百姓态度傲慢。"期"一般指约定,期限,"不安其期"或指为吏者不能守约,也可理解为迫不及待地想越级提拔。"居官善取",为吏善于强取豪夺,攫取非法收入。"偻",恭敬之貌,《左传》昭公七年:"一命而偻。"①《战国策·燕策》:"偻行见荆轲。"②"受令不偻",接受上级政令时不恭敬。"过"通"祸",《为吏之道》"过去福存"③,"过"亦"祸"之假借。"过主"犹言"祸主",人主之祸害。

  吏有五过:一曰夸而夬;二曰贵而企;三曰亶(擅)折割;四曰犯上不智(知)其害;五曰间(贱)士贵货贝。

《逸周书·谥法》:"华言无实曰夸。"④"贵而企",《为吏之道》作"贵以大(泰)",《老子》:"企者不立,跨者不行。"⑤企,本指踮起脚,简文中有趾高气扬的意思⑥。"亶(擅)折割",尚未见较好解释。"折割"大概是损公肥私之意。《荀子·修身》:"良贾不为折阅不市。"杨倞注:"折,损也。"⑦《汉书·食货志》:"均官以考检厥实,用本贾取之,毋令折钱。"⑧折钱即损失钱财。《汉书·扬雄传》:"司马长卿窃訾于卓氏,东方朔割(名)[炙]于细君",颜师古注:"割,损也。言以肉归遗细君,是损割其名。"⑨

"不祭(察)所亲"与"不审所亲"均会带来不良后果,强调官吏要有识人之明。"不智(知)所使",对派遣给下属的任务没有清晰的认识,就容易被蒙蔽,下属会趁机谋取非法利益。"举事不当则黔首罷指,四曰喜言隋(惰)行则黔首毋所比",官吏要做好表率,否则黔首无将所适从。

---

① 王守谦、金秀珍、王凤春译注:《左传全译》,贵州人民出版社,1990 年,第 1182 页。
② 范祥雍:《战国策笺证·燕策三》,上海古籍出版社,2006 年,第 1788 页。
③ 陈伟主编:《秦简牍合集》释文注释修订本(壹),第 300 页。
④ 黄怀信、张懋镕、田旭东撰:《逸周书汇校集注》(修订本)卷六《谥法解》第五十四,上海古籍出版社,2007 年,第 698 页。
⑤ 楼宇烈:《老子道德经注校释》,中华书局,2008 年,第 60 页。
⑥ 朱汉民、陈松长主编:《岳麓书院藏秦简(壹)》,第 128 页。
⑦ 王先谦:《荀子集解》卷第一《修身篇》,中华书局,1988 年,第 27 页。
⑧ 《汉书》卷二四《食货志下》,第 1181 页。
⑨ 《汉书》卷八七《扬雄传》,第 3573—3574 页。

从《为吏之道》《为吏治官及黔首》等出土官箴文献可知，秦时对为吏者的品行都有相当高的要求。值得注意的是，岳麓秦简律令条文中对秦吏的私生活也有所规范，这是之前文献所未见的，比如官吏婚配方面的规定：

　　·狱史、令史、有秩吏及属、尉佐以上，二岁以来新为人赘壻(壻)者免之。其以二岁前为人赘壻(壻)而(0559)能去妻室者勿免，其弗能行者免之 ╚。二岁以来家不居其所为吏之郡县，而为舍室即取(娶)妻 𡚸(0359)官，免之。家不居咸阳而取(娶)妻咸阳及前取(娶)妻它县而后为吏焉，不用此令。(0353)①

狱史、令史、有秩吏、属、尉佐等均不可由赘婿充当。又规定除咸阳以外，在异地为官者，不得在当地购置房舍、不得娶当地女子为妻，否则免官。此项规定也是为了防止官吏与地方势力勾结在一起，从而影响政令之畅通，侵蚀县官之利益。此外，岳麓秦简中还有禁止官吏从事第二职业以盈利的令文：

　　·禁毋敢为旁钱，为旁[钱]者，赀二甲而废。(1782)②

"旁钱"或可解释为从事第二职业所得收入，但是需要指出的是，这仅仅针对官吏个人而言。官营园池、手工作坊、租赁官徒隶所得，因其上交国库，不视为旁钱。禁止官吏"为旁钱"的规定在《秦律杂抄》中也有类似条文："吏自佐、史以上负从马、守书私卒，令市取钱焉，皆罨(迁)"。③

秦律注重整顿官吏私生活的另外一个表现就是"严男女之防"，官吏"以其乘车载女子，可(何)论？赀二甲"④，这里强调"女子"，可能并非仅仅是出于某种忌讳。《二年律令》规定官吏和奸一律以强奸论处，秦简中未见此规定，但秦代的处置犯奸罪者的方式似有独特之处：

　　啬夫不以官为事，以奸为事，论可(何)殹(也)？当罨(迁)。罨(迁)者妻当包不包？不当包。⑤

　　·诸相与奸乱而罨(迁)者，皆别罨(迁)之，勿令同郡。其女子当罨

---

① 陈松长主编：《岳麓书院藏秦简(肆)》，第205—206页。
② 陈松长主编：《岳麓书院藏秦简(伍)》，第138页。
③ 睡虎地秦墓竹简整理小组：《睡虎地秦墓竹简》，第82页。
④ 睡虎地秦墓竹简整理小组：《睡虎地秦墓竹简》，第134页。
⑤ 睡虎地秦墓竹简整理小组：《睡虎地秦墓竹简》，第107页。

（迁）者﹂、东郡﹂、参川﹂、河内﹂、颍（颍）川﹂、请（清）河、(0864)河间﹂、蜀巴﹂、汉中﹂、□☒(2193)乱，不从令者，赀二甲。

·十七　(0865)①

据《为狱等状四种》两起奸案可知，秦统一前，犯和奸罪者一律耐为隶臣妾。但综合以上两则材料来看，犯奸罪者或被迁徙到边郡，统一之后法制当有变更。罨（迁）者妻不允许跟随其夫一起前往迁徙之地，与"相与奸乱而罨（迁）者，皆别罨（迁）之，勿令同郡"，立法意图颇为一致。官吏犯奸罪，罚以迁刑，秦统一前后当无变化。

第四节　作为仕途起点的佐史

佐史作为基层小吏，在传世文献中出现的频次并不高，然出土文献却屡屡见之。佐史乃多数为吏者入仕之起点。然县乡所见之佐、史究竟有无区别，学界有不同看法。兹借助新出的简牍资料，对此旧问题重新审视一番。为便于探讨，谨选取相关材料如下：

> 都官之佐、史冗者，十人，养一人；十五人，车牛一两（辆），见牛者一人；不盈十人者，各与其官长共养、车牛，都官佐、史不盈十五人者，七人以上鼠（予）车牛、仆，不盈七人者，三人以上鼠（予）养一人；小官毋（无）啬夫者，以此鼠（予）仆、车牛。②（《秦律十八种·金布律》）

> 啬夫之送〈徙〉见（视）它官者，不得除其故官佐、吏以之新官。③（《秦律十八种·置吏律》）

> 官啬夫节（即）不存，令君子毋（无）害者若令史守官，毋令官佐、史守。④（《秦律十八种·置吏律》）

> 实官佐、史被免、徙，官啬夫必与去者效代者。⑤（《秦律十八种·

---

① 陈松长主编：《岳麓书院藏秦简（伍）》，第66页。
② 睡虎地秦墓竹简整理小组：《睡虎地秦墓竹简》，第37页。
③ 睡虎地秦墓竹简整理小组：《睡虎地秦墓竹简》，第56页。
④ 睡虎地秦墓竹简整理小组：《睡虎地秦墓竹简》，第56页。
⑤ 睡虎地秦墓竹简整理小组：《睡虎地秦墓竹简》，第57页。

效律》)

　　上造以下到官佐、史毋(无)爵者,及卜、史、司御、寺、府,糲(粝)米一斗,有采(菜)羹,盐廿二分升二。①(《秦律十八种·传食律》)

　　睡虎地秦墓竹简整理小组将以上"佐""史"视为二职,故以顿号隔开,陈伟主编的《秦简牍合集》亦如是。② 魏德胜认为佐史应该连读。③ 魏的意见可从。佐史就是官佐,或称佐,或称史,或称佐史,其实一也。佐史连用时无需以顿号隔开,否则会给人造成二者有别的错觉。

　　据迁陵吏志,令史之下的佐史统称为官佐。官佐自然包括乡佐、仓佐、少内佐、田官佐、司空佐、库佐等在内,但诸如狱史、尉史、乡小史之类,虽不以佐命名,显然不能归于令史,只能归入官佐。称佐还是史,只是习惯问题。岳麓秦简0569简"官啬夫、令史、佐史佐肄识(试),皆期足"④,令文依次列出官啬夫、令史和佐史,三者的界线很清楚。令文又规定:"·狱史、令史、有秩吏、及属、尉佐以上,二岁以来新为人赘壻(婿)者免之。(0559)"⑤狱史和令史不同,但都非有秩吏。属、尉佐乃郡级官吏,岳麓秦简中常见。

　　那么整理小组如此句读的依据是什么?笔者猜测出自以下简文:

　　　　入禾,万【石一积而】比黎之为户,籍之曰:"其脣禾若干石,仓啬夫某、佐某、史某、稟人某。"是县入之,县啬夫若丞及仓、乡相杂以封印之,而遗仓啬夫及离邑仓佐主稟者各一户,以氣(饩)人。其出禾,有(又)书其出者,如入禾然。⑥

　　简文将"佐某""史某"分列,显然是二物。然此处之史乃令史之省。里耶秦简所见出稟记录可证之:

　　　　丙脣粟米二石。　　　令史扁视平。卅一年十月乙酉,仓守妃、佐富、稟人援出稟屯戍士五(伍)屖陵咸阴敝臣。富手。(8-1545)

　　　　径脣粟米一石二斗半斗。卅一年二月己丑,仓守武、史感、稟人堂

---

① 睡虎地秦墓竹简整理小组:《睡虎地秦墓竹简》,第60页。
② 陈伟主编:《秦简牍合集》释文注释修订本,第87页、第126页、第127页。
③ 魏德胜:《〈睡虎地秦墓竹简〉词汇研究》,华夏出版社,2003年,第238页。
④ 《岳麓书院藏秦简(柒)》,待刊。
⑤ 陈松长主编:《岳麓书院藏秦简(肆)》,第205页。
⑥ 陈伟主编:《秦简牍合集》释文注释修订本,第129页。

出稟隶妾援。

令史犴视平。　　感手。(8-2249)

廿九年九月壬辰朔辛亥,迁陵丞昌敢言之:令令史感上水火败亡者课一牒。有不定者,谒令感定。敢言之。(8-1511巳)

九月辛亥水下九刻,感行。　　感手。(8-1511背)①

里耶秦简所见出稟记录绝大多数遵照以上的程序,部门主官、佐、稟人、令史都要在场,并录其名,尤其是令史,必会在场"视平"或"监"。8-2249"史感"与8-1511"令史感"当为同一人。

需要注意的是,有时"机构+史""机构+佐"看似有别,其实是一回事。比如司空曹负责文书工作的史官一般称为司空佐,见于里耶秦简者有司空佐貳(8-163)、司空佐友(8-1352)、司空佐田(8-1515)、司空佐瘳(9-226)等。但9-1861有"司空史郤",岳麓秦简0687载:"(爽)廿四年十二月丁丑,初为司空史。"《秦律杂抄》:"县司空、司空佐史、士吏将者弗得,赀一甲。"看来司空既有佐,又有史,二者区别何在?抑或仅仅是异称而已?"司空史郤"出现在廿六年六月的文书之中,考虑到郤为非常用名,与之同名者当甚少,郤又见于以下文书:

廿八年六月丙戌,司空长、佐郤符发弩守攀探迁陵拔前,以为洞庭▢(8-985)②

卅一年六月壬午朔丁亥,田官守敬、佐郤、稟人婢出賫罚戍簪裹坏(褱)德中里悍。

令史逐视平。　　郤手。(8-781+8-1102)③

▢癸卯,少内守就段(假)令史郤,郤以市(8-802)④

钱二千六百八十八。

卅四年后九月壬辰朔丁酉,空守痤受少内守就　瘳手(8-838+9-68)⑤

郤在廿八年为司空佐、卅一年为田官佐、卅四年左右才成为令史,故廿六年

---

① 陈伟主编:《里耶秦简牍校释》(第一卷),第354页、第451页、第341页。
② 陈伟主编:《里耶秦简牍校释》(第一卷),第256页。
③ 陈伟主编:《里耶秦简牍校释》(第一卷),第226页。
④ 陈伟主编:《里耶秦简牍校释》(第一卷),第229页。
⑤ 陈伟主编:《里耶秦简牍校释》(第二卷),第59页。

文书所见"司空史郃"之"史"很可能指佐史,而非令史。又,岳麓秦简所见"爽"之为官履历如下:

> 廿四年十二月丁丑,初为司空史。(0687)
>
> 廿五年十一月壬子,徙为令史。(0625)①

"徙"仅表示官职变动,升降和平级调动,都能用它来表示。如里耶秦简:

> 卅二年,启陵乡守夫当坐。上造,居梓潼武昌。今徙为临沅司空啬夫。时毋吏。(8-1445)②
>
> 都乡啬夫徙为贰春乡。(9-1584)③

夫从启陵乡守啬夫徙为临沅司空啬夫,从代理乡啬夫成为正式的县司空啬夫,谈不上贬谪,甚至有点升职的意味。从都乡啬夫到贰春乡啬夫,属于平级调动。

综上所论,秦代县乡一级行政机构所见的佐史并无实质区别,律令中常将二者并称,文书中或称佐,或称史,或称官佐,然所指并无不同。

从有限的几份较为详细的可以反映秦吏仕途历程的资料可见,"史"均为其仕途之起点,例如:

> 资中令史阳里釦伐阅:AⅠ
>
> 十一年九月隃为史。AⅡ
>
> 为乡史九岁一日。AⅢ
>
> 为田部史四岁三月十一日。AⅣ
>
> 为令史二月。AⅤ
>
> □计。BⅠ
>
> 年卅六。BⅡ
>
> 户计。CⅠ
>
> 可直司空曹。DⅠ(8-269)④

---

① 《岳麓书院藏秦简(柒)》,待刊。
② 陈伟主编:《里耶秦简牍校释》(第一卷),第327页。
③ 陈伟主编:《里耶秦简牍校释》(第二卷),第332页.
④ 陈伟主编:《里耶秦简牍校释》(第一卷),第125—126页。

三年,卷军。八月,喜揄史。
【四年】,□军。十一月,喜除安陆□史。
五年
六年,四月,为安陆令史。
七年,正月甲寅,鄢令史。①

廿四年十二月丁丑,初为司空史。(0687)
廿五年十一月壬子,徙为令史。(0625)
爽初书年十三岁,尽廿六年,年廿三岁。(0552)
卅年十一月爽盈五岁。(0415)②

凡□□□
为官佐六岁。
为县令佐一岁十二日。
为县斗食四岁五月廿四日。
为县司空有秩乘车三岁八月廿二日。
守迁陵丞六月廿七日。
凡十五岁九月廿五日。凡功三∟三岁九月廿五日。(10-15)③

冗佐上造临汉都里曰援,库佐冗佐。AⅠ
为无阳众阳乡佐三月十二日,AⅡ
凡为官佐三月十二日。AⅢ
年卅七岁。BⅠ
族王氏。BⅡ
为县买工用,端月行。CⅠ(8-1555)

---

① 陈伟主编:《秦简牍合集·叶书》释文注释修订本(壹),第11页。
② 《岳麓书院藏秦简(柒)》,待刊。
③ 里耶秦简博物馆、出土文献与中国古代文明研究协同创新中心中国人民大学中心编著:《里耶秦简博物馆藏秦简》,第54页。

库六人。(8-1555背)①

钘、喜、爽和援的仕途履历均从"史"开始记载,以此可知"史"位居秦职官系统最底端,一般的文官均是从"史"做起。虽然起点相同,但成为吏员的途径却不尽相同,主要有以下几种:一是先入学室,通过国家统一组织的考核后被任为吏;二是被保举为吏;三是先以从者或舍人的身份追随某个官吏,获得实际行政经验,然后被擢选为吏。

李斯入咸阳前,曾为"郡小吏",《史记索引》注为"乡小史","至秦,会庄襄王卒,李斯乃求为秦相文信侯吕不韦舍人;不韦贤之,任以为郎"②。李斯的仕途起点当为"乡小史",后成为丞相吕不韦的舍人,之后被保举成为郎官,效力于秦始皇身边,逐渐升迁至客卿、廷尉,最后登上丞相之位。

乡小史之职又见于里耶秦简:

  小史夷吾以来。／朝半。 尚手。(8-136背+8-144背)③

  廿八年七月戊戌朔乙巳,启陵乡赵敢言之:令令启陵捕献鸟,得明渠雌一。以鸟及书属尉史文,令输。文不胥(肯)受,即发鸟送书,削去其名,以予小史适。适弗敢受。即署适。已有(又)道船中出操柎〈枻〉以走赵,敻詢署赵。谒上狱治,当论论。敢言之。令史上见其署赵。(8-1562)④

我们说史为大多数秦吏的仕途起点,但史以下尚有"下吏""舍人"之类。"下吏"出现在睡虎地秦简之中,似是一种地位低于佐史的贱职:

  下吏能书者,毋敢从史之事。 内史杂⑤

  侯(候)、司寇及群下吏毋敢为官府佐、史及禁苑宪盗。 内史杂⑥

  隶臣、下吏、城旦与工从事者冬作,为矢程,赋之三日而当夏二日。

---

① 陈伟主编:《里耶秦简牍校释》(第一卷),第357页。
② 《史记》卷八七《李斯列传》,中华书局,1982年,第2539—2540页。
③ 陈伟主编:《里耶秦简牍校释》(第一卷),第76页。
④ 陈伟主编:《里耶秦简牍校释》(第一卷),第359—360页。
⑤ 睡虎地秦墓竹简整理小组:《睡虎地秦墓竹简》,第63页。
⑥ 睡虎地秦墓竹简整理小组:《睡虎地秦墓竹简》,第63页。

工人程①

　　鬼薪白粲,群下吏毋耐者,人奴妾居赎赀责(债)于城旦,皆赤其衣,勿枸椟欙杕,将司之;其或亡之,有罪。②(《秦律十八种·司空律》)

"下吏"当指仍留在官府服役的罪吏,常与刑徒一起劳作,衣食与刑徒无异,但仍保留吏之身份。秦统一后,犯罪的官吏或"以官戍新地四岁",以官吏身份戍边四年,期满后彻底免去官吏身份。

岳麓秦简令条规定"学书吏所年未盈十五岁者不为舍人"③,学书者乃众学童之一种,见于秦汉简中的学童尚有史学童、卜学童和祝学童等,均为各类职官的储备力量。学书者不仅要掌握一定数量的文字,官文书的撰写也应为重要训练内容。舍人、下吏、冗吏之性质有相同之处,均非正式任用,而是作为助手广泛充斥于各个官府,亦是一支不可忽视的基层行政力量。舍人经过锻炼后,积累了足够的行政经验,会被推择、保举为正式的官吏。

秦统一之初,随着疆域空前辽阔,急需大量的基层官吏,尤以佐史为甚。岳麓秦简《徭律》曰:"史子未傅先觉(学)觉(学)室。"(1236)④秦令曰:"中县史学童今兹会试者凡八百卌一人。"⑤中县一次参加考核的史学童就有841人,可见史学童的规模甚大。秦令又规定:"学书吏所,年未盈十五岁者不为舍人"⑥"书"指文字、文书,《二年律令·史律》:"试史学童以十五篇,能风(讽)书五千字以上,乃得为史。"⑦

里耶秦简中有数件木牍记载了秦代县学和学童的相关情况:

　　廿六年七月庚辰朔乙未,迁陵拔谓学佴:学童拾有鞫,遣狱史畸往执,其亡,不得。上奔牒而定名事里,它坐,亡年日月,论云何,[何]皋赦,或覆问之毋(无)有。遣狱史畸以律封守上牒。以书言。勿留。

---

① 睡虎地秦墓竹简整理小组:《睡虎地秦墓竹简》,第45页。
② 睡虎地秦墓竹简整理小组:《睡虎地秦墓竹简》,第51页。
③ 陈松长主编:《岳麓书院藏秦简(伍)》,第52页。
④ 陈松长主编:《岳麓书院藏秦简(肆)》,第120页。
⑤ 陈松长主编:《岳麓书院藏秦简(陆)》,第179页。
⑥ 陈松长主编:《岳麓书院藏秦简(伍)》,第52页。
⑦ 彭浩、陈伟、[日]工藤元男主编:《二年律令与奏谳书》,第297页。

（正面）　　七月乙未牢臣分戠以来。/亭手。畸手。（14-18背）①
廿六年七月庚辰朔乙未,学佴亭敢言之:令曰童拾☒
史畸执定言。今问之,毋学童拾。敢言之。☒　（15-172）②
☒直学佴,令教以甲子、算马、大杂。（15-146）③
□之,如学佴,勿敢【私事】,私事者赀二甲。　　十六（15-154）④

从里耶秦简 14-18 号木牍可知,最迟在秦始皇二十六年(前 221)七月,迁陵县就设置了学佴,而秦正式控制迁陵则在秦王政二十五年(前 222)。可见,秦几乎在对迁陵进行有效统治的同时就创办了县学,任用了学吏。里耶秦简 15-146 记载了县学童子日常所习课程。"甲子"可能是指天干地支或干支纪年法之类的知识。"算马"怀疑指算术知识,里耶秦简有两块木牍上书有乘法口诀表。"大杂"不可考,应该也是应用类知识。学佴为县学官之一,负责日常教学和学童管理工作。上海博物馆藏秦铜印中有"学佴"半通日字格印⑤。岳麓秦简 1774 号简"以次为置守、学佴"⑥,按照功劳次任用守和学佴。"次"即"功劳次"之省称,岳麓秦简 1886 号载:"以攻(功)劳次除以为叚(假)廷史。"⑦《二年律令·史律》:"史、卜、祝学童学三岁,学佴将诣大史、大卜、大祝。"⑧与"学佴"并列的"守"当是学官的总负责人,而非郡守。里耶秦简 15-154"勿敢私事",犹言不敢私下授受学问,此正是对韩非子、李斯提倡的"以吏为师"学说的贯彻。

---

① 张春龙:《里耶秦简中迁陵县学官和相关记录》,载《出土文献》(第一辑),中西书局出版社,2010 年,第 232 页。按:"遣"字张春龙原来释为"与","往"原释为"征",不辞,笔者据睡虎地秦简《封诊式》"有鞫"篇文例及岳麓秦简相关内容改之。句读也有数处不同于张文。

② 张春龙:《里耶秦简中迁陵县学官和相关记录》,第 232 页。

③ 张春龙:《里耶秦简中迁陵县学官和相关记录》,第 232 页。。

④ 张春龙:《里耶秦简中迁陵县学官和相关记录》,第 232 页。按:"【】"内"私事"二字,乃笔者据简文补出。

⑤《上海博物馆藏印》卷三,第 8 页。转引自张春龙《里耶秦简中迁陵县学官和相关记录》。

⑥ 陈松长主编:《岳麓书院藏秦简(伍)》,第 188 页。

⑦ 陈松长主编:《岳麓书院藏秦简(伍)》,第 192 页。

⑧ 张家山二四七号汉墓竹简整理小组:《张家山汉墓竹简(二四七号)》(释文修订本),第 80 页。

基层吏员是勾连高深庙堂和偏远江湖的纽带,他们上承朝廷旨意,下与百姓密切接触,举凡户籍管理、赋税征收、徭役征派、律令及政策发布与解说等事务均要依靠基层官吏来推行。广大基层吏员乃国家治理的基石。然统一之初,秦的确面临吏员不足的局面,为了迅速扭转这一局面,秦采取了一些措施。首先是创办学校,尤其注重史学童的培养,"史子未傅先觉(学)觉(学)室"[①]。史学童的规模比较可观,"中县史学童今兹会试者凡八百卌一人"[②],中县一次参与考试的史学童就达到841人。史学童考核合格以后即授予佐史之职。从里耶秦简一份保存完整的吏志可知,迁陵县共有大小官吏103人,其中令史28人、官佐53人[③],佐史占比约为78.6%。很显然,大力培养史学童是为了满足基层行政的需要。

---

① 陈松长主编:《岳麓书院藏秦简(肆)》,第120页。
② 陈松长主编:《岳麓书院藏秦简(陆)》,第179页。
③ 陈伟主编:《里耶秦简牍校释》(第二卷),第167—168页。

第二章 考核法

官吏政绩优劣、功劳认定均要通过考核这一环节。秦代的考核法已经相当完备,主要由上计法和考课法两部分构成。《牛羊课》《中劳律》《功令》《迁吏令》等均可视为考核法规。此外,散布在其他律令篇下的条文和行政文书之中也有不少相关内容,故能对秦考核法进行较为系统的研讨。

第一节 上计法

《商君书·禁使篇》:"夫吏专制绝事于千里之外,十二月而计书以定事,以一岁别计而主以一听见所疑焉,不可,弊员不足。"①《商君书》所收之文,一般认为出自商鞅及其后学之手。《禁使篇》所反映的上计制度,当不晚于秦孝公时期。可见秦上计制度由来甚远。但从《商君书》无法了解上计究竟包括哪些内容。上计一般在年末进行,《禁使篇》言"十二月计书以定",当时所用历法当以正月为岁首。至迟从秦王嬴政开始,一直到汉武帝颁布太初历为止,这段时间采用颛顼历,以十月为岁首,故一般在八月就已收拢上计时所需各类材料。秦前后使用的历法不同,故上计时间有别。

若仅依据零星的传世资料,难以了解秦上计制度的详情。通过秦简牍,尤其是律令简所载上计法规,我们得以对秦的上计时间、内容、程序、功用以及参与上计者吏员构成等信息有更清楚的了解。

---

① 蒋礼鸿:《商君书锥指》卷五《禁使第二十四》,中华书局,1986 年,第 133 页。

一、上计与受计时间

《后汉书·百官五》注引卢植《礼注》:"(汉制)计断九月,因秦以十月为正故。"①卢植所言当是汉初制度。汉初沿用秦历,以十月为岁首,直到武帝太初元年(前104)又改为以正月为岁首。但之后,甚至到东汉倾覆时,上计仍以"九月为断"。卢植的解说容易让人相信秦代上计也以九月为断。而实际情况并非如此。

上计是一项系统工程,所涉颇广,尤其在秦疆域不断扩张之后,各地农作物收获时间有异,从边郡将上计文书和随同的物什人员送达咸阳,亦需要较长时间。故"计断九月"在现实层面无法操作。"计断八月",将九月需要统计的项目移到下一年,则更为合理。以下材料,也证实了这种论断:

> 官相输者,以书告其出计之年,受者以入计之。八月、九月中其有输,计其输所远近,不能逮其输所之计,□□□□□□【移】计其后年。计毋相缪。工献输官者,皆深以其年计之。②(《秦律十八种·金布律》)

> 小隶臣妾以八月傅为大隶臣妾,以十月益食。③(《秦律十八种·仓律》)

> 雨为澍(澍),及诱(秀)粟,辄以书言澍(澍)稼,诱(秀)粟及豤(垦)田𣇄毋(无)稼者顷数。稼已生后而雨,亦辄言雨少多,所利顷数。早〈旱〉及暴风雨、水潦、螽(蚤)蚰、群它物伤稼者,亦辄言其顷数。近县令轻足行其书,远县令邮行之,尽八月□□之。④(《秦律十八种·田律》)

> 官作居赀赎责(债)而远其计所官者,尽八月各以其作日及衣数告其计所官,毋过九月而廥(毕)到其官;官相紵(近)者,尽九月而告其计所官,计之其作年。百姓有赀赎责(债)而有一臣若一妾,有一马若一

---

① 《后汉书·志》卷二八《百官五》,中华书局,2000年,第3622页。
② 陈伟主编:《秦简牍合集》释文注释修订本(壹),第86页。
③ 陈伟主编:《秦简牍合集》释文注释修订本(壹),第78页。
④ 陈伟主编:《秦简牍合集》释文注释修订本(壹),第40页。

牛,而欲居者,许。①(《秦律十八种·司空律》)

【凡】不能自衣者,县官衣之,令居其衣如律然。其日未备而柀入钱者,许之。以日当刑而不能自衣食(J30)者,亦衣食而令居之。官作居赀赎责(债)└而远其计所官者,尽八月各以其作日及衣数告其计所官,毋过(1240)【九月】而䍃(毕)到其官,官相近者,尽九月而告其计所官,计之其作年。黔首为隶臣、城旦、城旦司寇、鬼薪(薪)妻而内〈冗〉作(1362)者,皆勿稟食。黔首有赀赎责(债)而有一奴若一婢,有一马若一牛,而欲居者,许之。(J28)②(《岳麓秦简·司空律》)

官各以二尺牒疏书一岁马、牛它物用荔数,余见刍稾数,上内史,恒会八月望。③(《二年律令·田律》)

恒以八月令乡部啬夫、吏、令史相杂案户籍,副臧(藏)其廷。其移徙者,辄移户及年籍爵细徙所,并封。留弗移,移不并封,及实不徙数盈十日,皆罚金四两;数在所正、典弗告,与同罪。乡部啬夫、吏主及案户者弗得,罚金各一两。④(《二年律令·户律》)

为人妻者不得为户。民欲别为户者皆以八月户时,非户时勿许。⑤(《二年律令·户律》)

史、卜子年十七岁学。史、卜、祝学童学三岁,学佴将诣大(太)史、大(太)卜、大(太)祝,郡史学童诣其守,皆会八月朔日试之。⑥(《二年律令·史律》)

官府之间付受物品,双方都要用文书记录出入时间,若在八九月,可计入下一年的账中。小隶臣妾傅籍为大隶臣妾、核查户籍、单独立户和史学童入试的时间,都定在八月。官府牛马消耗的刍稾数、自然灾害引起庄稼减产的田亩数、在官府居作者的工作日数以及为其提供衣物的数量,都要在八月上报到计所官或内史。一般认为,《二年律令》抄写年代在吕后二年(前186),所载律令绝大多数

---

① 陈伟主编:《秦简牍合集》释文注释修订本(壹),第112—113页。
② 陈松长主编:《岳麓书院藏秦简(肆)》,第155—156页。
③ 彭浩、陈伟、〔日〕工藤元男主编:《二年律令与奏谳书》,第193页。
④ 彭浩、陈伟、〔日〕工藤元男主编:《二年律令与奏谳书》,第222页。
⑤ 彭浩、陈伟、〔日〕工藤元男主编:《二年律令与奏谳书》,第227页。
⑥ 彭浩、陈伟、〔日〕工藤元男主编:《二年律令与奏谳书》,第296页。

承袭秦代,故与上计相关条文也能间接反映秦代的情况。八月当是各项上计数据统计的截止日期。当然,内史或附近郡县的情况或有例外。考虑到秦统一后,除去内史以外,尚有三十余郡,内史之外的郡县上计当是以八月为断的。

上录《岳麓秦简·司空律》内容几乎与《秦律十八种》一样,之所以不避其繁,是想让大家知晓,秦统一后在上计时间方面没有根本性的改变。

将上一年的账目移至下一年呈报,除了上边所引,秦简尚可见到:

> 繇(徭)律曰:发繇(徭),自不更以下繇(徭)戍,自一日以上尽券书,及署于牒,将阳倍(背)事者亦署之,不从令及繇(徭)不当(1305)券书,券书之,赀乡啬夫、吏主者各一甲,丞、令、令史各一盾。繇(徭)多员少员,颓(隤)计后年繇(徭)戍数。(1355)①(《岳麓秦简》)

> 稻后禾孰(熟),计稻后年。已获上数,别粲、穤(糯)秙(黏)稻。别粲、穤(糯)之襄(酿),岁异积之,勿增积,以给客,到十月牒书数,上内〖史〗。②(《秦律十八种·仓律》)

《徭律》规定,徭戍超过或没有达到应服役的天数,都应该记载在券书上,把账目移到下一年度,或抵消,或补足。汉初与之同,《二年律令·徭律》曰:"戍有余及少者,隤后年。"③《仓律》规定"计稻后年",是因为农历八月时稻子尚未收获,无法统计到上计数据之中。

"隤计后年"似乎有次数限制,不能超过一次,岳麓秦简"内史官共令第戊册一"云:"□□毋敢过壹,䦆田过者,令、丞以下均行,詐(诈)避者皆为新地吏二岁。"④而且,多数账目不能转移到下一年度办理,必须当年了结。"令曰:县官相付受,道远不能以付受之,岁计而隤计者,属所执法辄劾穷问,以留乏发征律论坐者。"⑤由此看来,同等条件下,不能以路途遥远作为上计失期的理由。此外,废黜官吏时,必须要上计活动完成后才让其离职:

> 为吏而置吏于县及都官,其身有皋耐以上及使(1352)故徼外不来

---

① 陈松长主编:《岳麓书院藏秦简(肆)》,第152页。
② 陈伟主编:《秦简牍合集》释文注释修订本(壹),第63页。
③ 彭浩、陈伟、〔日〕工藤元男主编:《二年律令与奏谳书》,第248页。
④ 陈松长主编:《岳麓书院藏秦简(伍)》,第186页。
⑤ 陈松长主编:《岳麓书院藏秦简(伍)》,第197页。

复令而臣遗(?)者,其所置者皆免之,非计时殹(也),须已计而言免之。(0991)①

某吏有罪或投敌,其所置之吏均要被免职,若非上计之时,则等到上计完成之后再免除其职。

关于秦代受计时间,似乎先前尚未有学者探讨过。岳麓秦简所载一段令文或可提供一点线索,"上计最、志、郡(群)课、徒隶员簿,会十月望。""十月望"当是受计时间。上文已论叙秦代上计数据只统计到八月,九月为各郡往内史输送上计材料的时间,上计吏到达咸阳后,应当会在邸舍停留一段时间,以随时应对朝廷的盘问。上计材料经中央官吏审核之后才能进呈皇帝,"十月望"当是皇帝接受郡县所上计簿的时间。皇帝受计时会亲自宣布考课结果,得殿者罚之,最者赏之。当然,这只是一则孤立的材料,是否一定如此,还有待检验。

二、上计吏

论及上计吏,就会想到汉代丞相张苍因善于会计而被称为"计相",以至于后世学者认为张苍仅晓会计之事,这当然是误解。不过也由此可知,丞相一般不善于处理这种技术性较强的事务。不过,秦代的上计工作,中央是由执法来统筹。地方上则有专门负责上计事宜的上计丞,令史和官啬夫在上计工作中也发挥了重要作用。先来看一则秦令:

・县官上计执法,执法上计冣(最)皇帝所,皆用筭橐□,告蘦(篇)已,复环(还)筭橐,令报计县官。计□□□(0561)□其不能者,皆免之。上攻(功)当守六百石以上,及五百石以下有当令者,亦免除。攻(功)劳皆令自占,自占囷(0592)实,完为城旦。以尺牒牒书当免者,人一牒,署当免状,各上,上攻(功)所执法,执法上其日,史以上牒丞(0523)【相】、御史,御史免之,属、尉佐、有秩吏,执法免之,而上牒御史、丞相╚,后上之恒与上攻(功)皆(偕)╚,狱史、令史、县(0520)官,恒令令史、官吏各一人上攻(功)劳、吏员,会八月五日。上计冣(最)、志、郡〈群〉课、徒隶员簿,会十月望。同期,(2148)一县用吏十〈七〉人,小官一人,凡用令史三百八人,用吏三百五十七人,上计冣(最)者,被兼

---

① 陈松长主编:《岳麓书院藏秦简(肆)》,第140页。

上志」,群课、徒隶(0813)员簿。・议:独令令史上计寂(最)、志、群课、徒隶员簿,用令史四百八十五人,而尽岁官吏上攻者(0805)①

"县官上计执法"之"县官"恐不能理解为县级官府,可能包括各级官府,郡、县、都官均应含括在内。总之,各地呈上的上计簿首先要送到执法手中,再由执法转呈皇帝。当然,到皇帝手中的应该是已核定统计的总账目,或许"殿""最"也已定好。由于有阙文,"其不能者,皆免之",可能是针对上计簿中提及的某些不称职的官吏而言。

令文规定上计最时"一县用吏十〈七〉人,小官一人"。小官见于《秦墓十八种・金布律》:"小官毋(无)啬夫者,以此鼠(予)仆、车牛。"睡虎地秦墓竹简整理小组将"小官"翻译成"不设啬夫的小机构"②。岳麓秦简1773号:"盗书、弃书丞、令印以上,耐;之〈小〉官印,赀二甲。"③《二年律令・贼律》:"伪写彻侯印,弃市;小官印,完为城旦舂▢。"④刘绍刚已指出二百石及二百石以下小官吏,则佩戴半通印⑤,甚确。半通印即小官印。小官当指秩级在二百石及以下的配有半通印的有秩吏,比如乡啬夫、乡有秩、司空啬夫和仓啬夫之类。

"用吏七人",整理小组依照字形释为"十人",然据后文"用吏三百五十七人",非十之整数倍,而为七之倍数,故知"十"必为"七"之讹。"凡用令史三百八人"之"八"很可能是"六"之讹。据此还可推算出制定此令时秦县数为五十一,应是当时内史所辖县之总数。

"用令史四百八十五人",10以内能被485整除的只有5,若平均每县安排5名令史上计,则此令修订时秦内史县数已增加到97个,恐与事实不符。其实每县所派参与上计的令史,在数量上未必统一,大县政务繁多,自然要多派些。

里耶秦简出现"将计叚(假)丞",可能不是固定的职官名,而是临时指派负责上计的官员。相关简文如下:

---

① 陈松长主编:《岳麓书院藏秦简(肆)》,第209—211页。按:部分句读、残断认定不同于整理报告。
② 睡虎地秦墓竹简整理小组:《睡虎地秦墓竹简》,第38页。
③ 陈松长主编:《岳麓书院藏秦简(陆)》,第191页。
④ 彭浩、陈伟、〔日〕工藤元男主编:《二年律令与奏谳书》,第94页。
⑤ 刘少刚:《汉律伪写玺印罪与西汉的政治斗争》,载中国文物研究所编:《出土文献研究》第六辑,上海古籍出版社,2004年,第230页。

卅一年十月己酉朔癸酉，迁陵将计段（假）丞枯敢言之：仆马一匹，以卅一年死。·今为楬一牒上，谒除籍。敢言之。（9-651+9-2470）

十月癸酉，佐见行。尚手。（9-651背+9-2470背）①

☐☐年后九月辛酉朔丁亥，少内武敢言之：上计☐Ⅰ

☐☐而后论者狱校廿一牒，谒告迁陵将计丞☐Ⅱ上校。敢言之。☐Ⅲ（8-164+8-1475）

☐九月丁亥水十一刻刻下三，佐欣行廷。　欣手。☐（8-164背+8-1475背）②

里耶秦简 9-533 廿六年后九月文书中出现"启陵乡守枯"，9-643 廿七年十一月文书中出现"畜官枯"，9-728 二世元年视事记录中有"守丞枯"。枯是非常用人名，而迁陵县的官吏数额有限，故我们认为以上名为枯者为同一人。枯之常职当为官啬夫，卅一年临时担任"将计段（假）丞"。"将计丞"这一职官不见于迁陵吏志，当非常设，很可能是为应对上计事宜临时指派某个官啬夫担任。汉代有上计丞，《汉旧仪》："大夫见孝廉、上计丞、长史，皆于宫司马门外。"③上计丞与秦之将计丞，性质应当相似。

除了上计时临时征调的官吏外，平常也有官吏专门负责"计录"物资出入，并形成簿籍文书，以便核查和上计时使用：

廿六年三月壬午朔癸卯，左公田丁敢言之：佐州里烦故为公田吏，徙属。事笞不备，分Ⅰ负各十五石少半斗，直钱三百一十四。烦冗佐署迁陵。今上责校券二，谒告迁陵Ⅱ令官计者定，以钱三百一十四受旬阳左公田钱计，问可（何）计付，署计年为报。敢言之。Ⅲ三月辛亥，旬阳丞滂敢告迁陵丞主：写移，移券，可为报。敢告主。/兼手。Ⅳ

廿七年十月庚子，迁陵守丞敬告司空主，以律令从事言。/廄手。即走申行司空。Ⅴ（8-63）　十月辛卯旦，朐忍索秦士五（伍）状以来。/庆半。　　兵手。（8-63背）④

---

① 陈伟主编：《里耶秦简牍校释》（第二卷），第171页。
② 陈伟主编：《里耶秦简牍校释》（第一卷），第100页。
③ [清]孙星衍等辑：《汉官六种》，中华书局，1990年，第73页。
④ 陈伟主编：《里耶秦简牍校释》（第一卷），第48页。

"官计者"与 8-1773"廷主计"是一回事,可理解为负责计簿的官吏。每一笔财物出入,均要按照程序登记造册,以备核查,并为上计准备材料。

三、上计所含事项

岳麓秦简令文规定"上计寙者,被兼上志,群课、徒隶员簿","寙"指总账,《汉书·严助传》:"陛下不忍加诛,愿奉三年计最。"颜师古注引晋灼曰:"最,凡要也。"里耶秦简 8-1559:"上五月作徒簿及寙(最)卅牒。"①寙即总账,连同每日一牒的分账共三十牒。"被"在秦简中一般可解释为部分,部分志、群课和徒隶员簿要连同计最一起上呈。不仅如此,上计时一些实物或人员也要一起进呈,即文献所谓"与计偕"者。计簿、簿最、志、群课和徒隶员簿,在里耶秦简中均可见到,下文将分门别类对秦代上计事项逐一加以介绍。

(一) 计最簿

岳麓秦简令文规定,上计时必须呈交的一种文书为"计最",其他如志、群课和徒隶员簿都是择取所需而上呈。"计最"实则包括计簿和最簿,前为分账,后为总账,配合使用,缺一不可。《史记·孝武本纪》载,因柏梁被烧,武帝曾"朝受计甘泉",甘泉为宫殿名,在云阳,《史记正义》引颜师古注"受郡国计簿"。颜师古所言"计簿"当然也包括最簿,以及上计时一同携来的物资和人员,即"与计偕"所含物什。据尹湾汉简《集簿》,西汉末年上计时需要提交的数据有:县、邑、侯国、都官、乡、里、亭、三老、孝弟力田、邮、里正、邮人和士卒的数量、郡域面积、吏员、提封、垦田数、人口、种树以及钱谷出入情况。②《集簿》介绍以上各项仅用了六百多字,可谓言简意赅。这份《集簿》应该就是上计时所提交"最簿"之副本。尹湾汉简又见《东汉郡吏员簿》《东汉郡下辖长吏名籍》《东海郡下辖长吏不在署、未到官者名籍》《东海郡属吏设置簿》和《武库永史四年兵车器集簿》,均为配合最簿使用的计簿。上计时间虽定在年末,为了应付上计,实则每日都要准备计类文书。

秦法规定凡涉及人员和物资往来,均要出计,故里耶秦简频见各类簿籍,有按照曹署分类标明子项的"计录"目,也有与计相关的各类文书,或称簿,或

---

① 陈伟主编:《里耶秦简牍校释》(第一卷),第 358 页。
② 张显成、周群丽撰:《尹湾汉墓简牍校理》,天津古籍出版社,2011 年,第 3—6 页。

称计。

目前所见诸曹"计录"有"户曹计录""金布计录""仓曹计录""司空曹计录"。剔除已在计录之内的,以"计"命名的文书尚有"金钱计""户计""户隶计""田车计""狱计"等。

先来看"户曹计录":

  户曹计录:AⅠ

  乡户计,AⅡ

  繇(徭)计,AⅢ

  器计,AⅣ

  租质计,AⅤ

  田提封计,BⅠ

  蘩计,BⅡ

  鞫计。BⅢ

  ·凡七计。BⅣ(8-488)①

这份"计录"使得我们对户曹的职权范围有了新的认识。"田提封计""蘩计""鞫计"出现在"户曹计录"中,表明县内已授田和新垦田数、蘩树种植情况和狱案统计都由户曹负责。迁陵设有田官,田官或许只管理与县官田相关的事务。户曹一个重要职能就是收取田租,必然要知晓编户所拥有的田亩数量。迁陵狱曹分东南,治狱一般由长吏和狱史等共同承担,狱簿由佐史制作、存于狱曹。秦代文书贮藏处也有称为狱的。狱曹一年之内办理多少狱案,需要户曹报告。户曹管人口,除了人口总数,人口结构、迁徙流亡和犯罪情况也是上计时必须汇报的内容。因此,狱曹需与户曹分享狱计数据。

"乡户计"当是统计各乡户数人口的计簿,里耶秦简8-731有"【贰】春乡户计"②,8-269所载釦伐阅,年龄信息下一行书有"户计"二字③,或是标明釦年龄数据之来源。里耶秦简中有疑似"乡户计"一类的簿籍:

  今见一邑二里:大夫七户,大夫寡二户,大夫子三户,不更五户,

---

① 陈伟主编:《里耶秦简牍校释》(第一卷),第167页。
② 陈伟主编:《里耶秦简牍校释》(第一卷),第211页。
③ 陈伟主编:《里耶秦简牍校释》(第一卷),第125页。

□□四户,上造十二户,公士二户,从廿六户。□(8 - 1236 + 8 - 1791)①

　　□□二户。AⅠ

　　大夫一户。AⅡ

　　大夫寡三户。AⅢ

　　不更一户。AⅣ

　　小上造三户。AⅤ

　　小公士一户。AⅥ

　　士五(伍)七户。□BⅠ

　　司寇一【户】。□BⅡ

　　小男子□□BⅢ

　　大女子□□BⅣ

　　·凡廿五□BⅤ(8 - 19)②

　　卅四年贰春乡见【户】□

　　见户六十户,当出茧廿【二】□(9 - 661)③

　　十三户,上造寡一户,公士四户,从百四户。元年入不更一户,上造六户,从十二□(8 - 2231 + 9 - 2335)④

8 - 1236 + 8 - 1791 所记户数情况或出自都乡,8 - 19 出自何乡不得而知。一般认为,邑与里之区别在于是否有防御工事,迁陵县治所在的都乡应有城墙,后来的考古材料也证实了这一点。两份户计均详细记载了户主之爵位及同一爵位者的户数之和,之所以重视这一点,是因为徭役征发与爵位关系密切。不更以上爵者可免徭役。"卅五年九月丁亥朔乙卯,贰春乡守辨敢言Ⅰ之:上不更以下繇(徭)计二牒。敢言之。"(8 - 1539)⑤"户曹计录"之下的"徭计"数据由诸乡提供。"租质计"之"租"指田租,"质"指官府在贸易中收取的税金,据岳麓秦简《金布律》,"质"乃大宗物品交易过程中必须履行的手续,买卖双方各缴纳二十

---

① 陈伟主编:《里耶秦简牍校释》(第一卷),第297页。
② 陈伟主编:《里耶秦简牍校释》(第一卷),第32—33页。
③ 陈伟主编:《里耶秦简牍校释》(第二卷),第173页。
④ 陈伟主编:《里耶秦简牍校释》(第二卷),第475页。
⑤ 陈伟主编:《里耶秦简牍校释》(第一卷),第353页。

二钱予市亭,相关官吏与买卖双方共同见证"质"文书的生成。里耶秦简 8 -
1519 记录了迁陵县垦田数、税田和田租:

> 迁陵卅五年貇(垦)田舆五十二顷九十五亩,税田四顷□□Ⅰ
>
> 户百五十二,租六百七十七石。衞(率)之,亩一石五;Ⅱ
>
> 户嬰四石四斗五升,奇不衞(率)六斗。Ⅲ(8 - 1519)
>
> 启田九顷十亩,租九十七石六斗。AⅠ
>
> 都田十七顷五十一亩,租二百卅一石。AⅡ
>
> 贰田廿六顷卅四亩,租三百卅九石三。AⅢ
>
> 凡田七十顷卅二亩。·租凡九百一十。AⅣ
>
> 六百七十七石。B(8 - 1519 背)①

木牍 8 - 1519 极似上计簿籍之副本,同类文书在未公布的同批简牍中仍有希望见到。"器计"应是对官府器物出入存废情况的记录,又见于"金布计录""仓曹计录"和"司空曹计录"之下。

司空负责土木工程建设,常需调用大量徒隶和居赀赎债者,船只也归其调配。"司空曹计录"也充分体现了这一机构的职能:

> 司空曹计录:AⅠ
>
> 船计,AⅡ
>
> 器计,AⅢ
>
> 赎计,BⅠ
>
> 赀责计,BⅡ
>
> 徒计。BⅢ
>
> 凡五计。CⅠ
>
> 史尚主。CⅡ(8 - 480)②

仓曹是县廷中颇为重要的部门,主管粮食收藏与发放,官吏、徒隶和戍卒均与其有交集。睡虎地秦简和岳麓秦简中有《仓律》,岳麓秦简中另有《内史仓曹令》,里耶秦简中有大量的出稟计录,均与仓曹的执掌有关。仓曹负责官徒隶的分配,且与田官、畜官关系密切,这是之前无从得知的。先来看一份"仓曹计

---

① 陈伟主编:《里耶秦简牍校释》(第一卷),第 345—346 页。
② 陈伟主编:《里耶秦简牍校释》(第一卷),第 164 页。

录":

  仓曹计录：ⅠA

  禾稼计，ⅡA

  贷计，ⅢA

  畜计，ⅣA

  器计，ⅠB

  钱计，ⅡB

  徒计；ⅢB

  畜官牛计，ⅣB

  马计，ⅠC

  羊计；ⅡC

  田官计。ⅢC

  凡十计。ⅣC

  史尚主。ⅤC (8-481)①

"禾稼计"是记录粮食出入的簿籍，《秦律十八种·仓律》规定："入禾稼、刍稾，辄为廥籍，上内史。"②"廥籍"就是"禾稼计"之一种。秦设郡后，各郡入禾稼和刍稿时也应制作"廥籍"。《秦律十八种·仓律》还规定：

  稻后禾孰(熟)，计稻后年。已获上数，别粲、稬(糯)秙(黏)稻。别粲、稬(糯)之襄(酿)，岁异积之，勿增积，以给客，到十月牒书数，上内〖史〗。③

  县上食者籍及它费大(太)仓，与计偕。都官以计时雠食者籍。④

禾稻收获之后，收成如何，要按时上报。诸县要向太仓上报领取粮食人员的名籍及其他费用。都官应在每年上计时核对领取粮食人员的名籍。

  钱粮作为最重要的物资，每一笔出入，都有详细记录，领取时且至少需要三名官吏同时在场见证。这一点，秦律条文和里耶簿籍文书高度契合：

---

① 陈伟主编:《里耶秦简牍校释》(第一卷)，第164页。
② 陈伟主编:《秦简牍合集》释文注释修订本(壹)，第61页。
③ 陈伟主编:《秦简牍合集》释文注释修订本(壹)，第63页。
④ 陈伟主编:《秦简牍合集》释文注释修订本(壹)，第64页。

·仓律曰：县官县料出入必平，稟禾美恶相杂└，大输令丞视，令史、官啬夫视平└，稍稟，令令史视平，不(1251)从令，赀一甲。(1254)①

粮食称量时要做到公平，质好质次的粟米要搭配在一起发放，数量大时，县丞要来现场，让令史和官啬夫监督，以保证公平，数额小，让令史监督，不按此令执行者，赀罚一甲。秦简出稟记录正好与之相符：

粟米一石二斗半斗。　　·卅一年三月癸丑，仓守武、史感、稟人援出稟大隶妾并。　　令史狋视平。感手。(8-763)②

径禀粟米一石九斗少半斗。卅一年正月甲寅朔丙辰，田官守敬、佐壬、稟人显出稟赘贳士五(伍)巫中陵免将。　　令史扁视平。　　壬手。(8-764)③

粟米三石七斗少半斗。卅二年八月乙巳朔壬戌，贰春乡守福、佐敢、稟人秋出，以稟隶臣周十月、六月廿六日食。　　令史兼视平。敢手。(8-2247)④

元年八月庚午朔辛未，库平、佐狐、工奖。令佐义监。▢

出中縢牛革一牧，以鞼车二乘之轅寇寇厄(軛)丽衡，付其车计前。一斤五两。▢(9-2058)⑤

锦缯一丈五尺八寸。　　卅五年九月丁亥朔朔日，少内守绕出以为【献】▢Ⅰ

令佐俱监。▢Ⅱ(8-1751+8-2207)⑥

【元】年八月庚午朔戊戌，少内壬入阳里寡妇变赘钱▢

令佐赣监。▢　(9-720)⑦

田刍稿钱千一百卅四。元年二月癸酉朔辛巳，少内守疵受右田

---

① 陈松长主编：《岳麓书院藏秦简(肆)》，第122页。
② 陈伟主编：《里耶秦简牍校释》(第一卷)，第219页。
③ 陈伟主编：《里耶秦简牍校释》(第一卷)，第219页。
④ 陈伟主编：《里耶秦简牍校释》(第一卷)，第451页。
⑤ 陈伟主编：《里耶秦简牍校释》(第二卷)，第412页。
⑥ 陈伟主编：《里耶秦简牍校释》(第一卷)，第386页。
⑦ 陈伟主编：《里耶秦简牍校释》(第二卷)，第191页。

守□。

　　令佐丁监。　　(9-743)①

以上均为钱物出入记录簿籍,里耶秦简中此类记录最为常见,因为几乎每天都会有钱物出入。粮食出入时,由令史视平;钱财和布匹、车辆、皮革等实物出入时,常由令佐监。视平强调称量时要保证公平,当然也有监督的成分在其中。令史和令佐,我们认为是一职两称。令佐视平、令史监的情况,里耶秦简也不少见,此不再举证。这些簿籍是最原始可靠的资料,也是上计簿形成的依据。至于诸如此类的钱物出入簿籍,上计时是否会移送到郡府,再由郡府上呈中央,尚不可知。我们推测,由于此类文书数量巨大,若每一份都移送,耗费的人力财力过大,不太可能实现。以粮食出入为例,各县在上计时会统计好一年来收入和消耗的粮食总量,再附以各部门的细目。当然,若上级政府对某项数据存疑,可派遣官吏下来复核,或者由下级部门提供相关材料。

钱物出入记录,一般会按照部门分别存放在大竹笥中,并将木楬悬系在竹笥上。里耶秦简可见此类木楬:

　　卅三年当计券出入笥具此中。(8-1200)②

　　仓曹廿九年当计出入券甲笥。(8-1201)③

　　卅年四月尽九月,仓曹当计禾稼出入券。

　　已计及县相付受廷。　　第甲。(8-776)④

钱物出入簿籍又被称为出入券,因为出入双方要立下券书,各持一份,或有同时制作三份者,即叁辨券:

　　·金布律曰:官府为作务、市受钱,及受赍、租、质、它稍入钱,皆官为缿,谨为缿空(孔),毁(须)毋令钱(1411)能出,以令若丞印封缿而入,与入钱者叁辨券之,辄入钱缿中,令入钱者见其入。月壹输(1399)缿钱,及上券中辨其县廷,月未尽而缿盈者,辄输之,不如律└,赀一甲(1403)⑤

---

① 陈伟主编:《里耶秦简牍校释》(第二卷),第196页。
② 陈伟主编:《里耶秦简牍校释》(第一卷),第291页。
③ 陈伟主编:《里耶秦简牍校释》(第一卷),第291页。
④ 陈伟主编:《里耶秦简牍校释》(第一卷),第224页。
⑤ 陈松长主编:《岳麓书院藏秦简(肆)》,第108页。

叁辨券,每一辨内容均完全一样,出入方分别持有左右辨,中辨存于官府作为凭证。

"贷计"以粮食借贷为主,但应不限于此,里耶秦简中粮食借贷记录亦不少,借贷者多为戍卒和在官府居作者:

> 卅一年六月壬午朔丁亥,田官守敬、佐郃、稟人娙出貣罚戍簪裛坏(裛)德中里悍。令史逐视平。　郃手。(8-781+8-1102)①
>
> 廿六年七月庚戌,貓舍守宣、佐秦出稻粟米二斗以贷居貣(贷)士五巫濡留利,积六日,日少半斗。令史庆监。☐(9-1903+9-2068)②

戍卒又分为好几类,有更戍、罚戍、谪戍、屯戍和冗募群戍等,官府以借贷的方式供应戍卒的口粮。官府居作者每日可得八钱,可用工钱偿还所借贷的粮食。

仓还畜养一些家禽和牲畜,如鸡、狗、猪等,除了供本机构食用,还可以用来出售,《秦律十八种·仓律》:"畜鸡离仓。用犬者,畜犬期足。猪、鸡之息子不用者,买(卖)之,别计其钱。"③因此,"仓曹计录"中有"畜计"和"钱计"。

仓曹和司空曹均有大量徒隶,"诸徒隶当为吏仆养者皆属仓"(8-130+8-190+8-193),诸官府的仆、养和走大多由徒隶充任,由仓统一分配。岳麓秦简《仓律》有更为细致的规定:

> ·仓律曰:毋以隶妾为吏仆、养、官【守】府└,隶臣少,不足以给仆、养,以居赀责(债)给之;及且令以隶妾为吏仆、(1370)养、官守府,有隶臣,辄伐〈代〉之└,仓厨守府如故。(1382)④

《仓律》要求尽量以隶臣为吏仆、养、官守府,而不要使用隶妾,若隶臣不敷使用,就以居赀赎债者充当,隶妾可为临时应急之用。

畜官牛、马、羊计统属在"仓曹计录"之下,或与饲料发放有关。田官需要仓曹分拨徒隶和粮食,故有必要向仓曹提供某些计录。

《汉书·萧望之传》注:"金布者,令篇名也,其上有府库金钱布帛之事,因以名篇。"睡虎地秦墓竹简整理小组认为"金布律"是关于货币、财物方面的法律。⑤

---

① 陈伟主编:《里耶秦简牍校释》(第一卷),第226页。
② 陈伟主编:《里耶秦简牍校释》(第二卷),第391页。
③ 陈伟主编:《秦简牍合集》释文注释修订本(壹),第83页。
④ 陈松长主编:《岳麓书院藏秦简(肆)》,第122—123页。
⑤ 睡虎地秦墓竹简整理小组:《睡虎地秦墓竹简》,第36页。

根据秦《金布律》条文也可大致推测金布这一机构主管货币流通、官府钱财出入、市场贸易、车马使用以及县官器用等方面事宜。里耶秦简所见"金布计录"正好与律文涉及的范围一致：

金布计录：AⅠ

库兵计，AⅡ

车计，AⅢ

工用计，BⅠ

工用器计，BⅡ

少内器计，BⅢ

【金】钱计。CⅠ

凡六计。CⅡ（8-493）①

若单看以上"金布计录"，确能得出库与少内为其下属机构的结论。但在秦简中未见金布啬夫、金布守或金布主之类的称谓，相反，库啬夫、库守、库主、少内守、少内主却常见。可知，金布虽为县诸曹之一，但不设金布啬夫，而是由库啬夫和少内啬夫共理金布曹之事。

（二）徒隶员簿

里耶秦简8-481"仓曹计录"之下有"徒计"，"徒"特指官徒隶，具体包括司寇、隶臣妾、鬼薪白粲和城旦舂。官徒隶在秦经济、军事诸方面都发挥了相当大的作用，实在是不容忽视的一大社会群体。以秦代迁陵县为例，黔首和司寇户数总和从来就没有超过200户，以平均一户6人计，也不过1200人。卅二年十月乙亥这一天，仅迁陵司空驱使的徒隶数就高达125人。迁陵县徒隶总数当大于编户齐民。举凡修路筑城、文书传递、除道通食、放牛牧马、委输传送、守府看囚和具狱上计等，都能见到官徒隶的身影，此外，充斥各个官府的杂役仆、养、走，作坊里的技工，官田中的耕种者，也大多由官徒隶担任。故官徒隶被视为官府重要资产，在利用方面颇能做到物尽其用，且已注重可持续性利用问题。

岳麓秦简"内史仓曹令"规定，官徒隶当日劳作情况必须记录在簿籍上，县廷按照日期依次编次在一起，每月末再据明细制作总括性的最文书。

·令曰：县官□□窎（？）作徒隶及徒隶免复属官作□□徒隶者自

---

① 陈伟主编：《里耶秦简牍校释》（第一卷），第169页。

一以上及居隐除者,黔首居☐(2142)及诸作官府者,皆日券薄(簿)之,上其廷,廷日校案次编,月尽为冣(最),固臧(藏),令可案殹(也)。不从令,丞、令、令史、官啬夫吏(1854)主者,赀各一甲。稗官去其廷过廿里到百里者,日薄(簿)之,而月壹上廷,恒会朔日。过百里者,上居所县廷,县廷案之,(1925)薄(簿)有不以实者而弗得,坐如其稗官令。

· 内史仓曹令甲卅(1921)①

仓曹令规定必须按日统计徒隶劳作情况,里耶秦简所见"作徒簿"即为此类统计之成果。"作徒簿"是各官记录徒隶每一天劳作情况的簿籍,包括徒隶姓名、从事何种劳作、记录人、记录时间等。每月末还要制作一份簿最,对一个月以来役使徒隶总数加以统计,并报送到县廷。兹列举两份如下:

卅二年五月丙子朔庚子,库武作徒薄:受司空城旦九人、鬼薪一人、舂三人;受仓隶臣二人。·凡十五人。

其十二人为薁:奖、庆忌、敫、敫、船、何、冣、交、頡、徐、娃、聚;

一人絉:窜。

二人捕羽:亥、罗。(8-1069+8-1434+8-1520)

卅二年五月丙子朔庚子,库武敢言之:疏书作徒日薄(簿)一牒。敢言之。横手。

五月庚子日中时,佐横以来。/囧发。(8-1069背+8-1434背+8-1520背)②

卅四年十二月,仓徒薄(簿)冣:

大隶臣积九百九十人,

小隶臣积五百一十人,

大隶妾积二千八百七十六,

凡积四千三百七十六。

其男四百廿人吏养,

男廿六人与库武上省,

男七十二人牢司寇,

---

① 陈松长主编:《岳麓书院藏秦简(伍)》,第181—182页。
② 陈伟主编:《里耶秦简牍校释》(第一卷),第272—273页。

男卅人输铁官未报，
男十六人与吏上计，
男四人守囚，
男十人养牛，
男卅人廷守府，
男卅人会逮它县，
男卅人与吏男具狱，
男百五十人居赀司空，
男九十人毄(系)城旦，
男卅人为除道通食，
男十八人行书守府，
男卅四人库工。
·小男三百卅人吏走，
男卅人廷走，
男九十人亡，
男卅人付司空，
男卅人与史谢具狱，
·女五百一十人付田官，
女六百六十人助门浅，
女卅四人助田官获，
女百卅五人毄(系)舂，
女三百六十人付司空，
女三百七十人居赀司空，
女六十人行书廷，
女九十人求菌，
女六十人会逮它县，
女六十人□人它县，
女九十人居赀临沅，
女十六人输服(箙)弓，
女卅四人市工用，

女卅三人作务，

女卅四人付贰春，

女六人取薪，

女廿九人与少内段买徒衣，

女卅人与库佐午取桼，

女卅六人付畜官，

女卅九人与史武输乌，

女六十人付启陵，

女卅人牧鴈，

女卅人为除道通食，

女卅人居赀无阳，

女廿三人与吏上计，

女七人行书酉阳，

女卅人守船，

女卅人付库。(10－1170)①

上面所引作徒簿和簿最各一份。诸官作徒簿由官啬夫一日一报，此为"作徒日簿"，如"卅二年五月丙子朔庚子，库武敢言之：疏书作徒日薄（簿）一牒"（8－1069＋8－1434＋8－1520）②。月末则要附上一份作徒簿最，如"上五月作徒薄及冣（最）卅牒"（8－1559）③。簿最统计一月以来所用徒隶总数，即所谓"积徒数"，"积徒数"乃将每日役使徒隶之数相加而成。以卅四年十二月仓徒薄（簿）冣为例，"凡积四千三百七十六"，四千三百七十六并非徒隶数量，而是人次。

"徒隶员簿"是上计时必须要提供的材料。官徒隶由中央统一分配，朝廷有治房御史，专司此事，"徒少及毋徒，薄（簿）移治房御史，御史以均予"（8－757）④。治房御史通过上计知晓郡县徒隶存量及需求量，然后才能调剂盈缺。

---

① 里耶秦简博物馆、出土文献与中国古代文明研究协同创新中心中国人民大学中心编著：《里耶博物馆藏秦简》，第56页。

② 陈伟主编：《里耶秦简牍校释》（第一卷），第272页。

③ 陈伟主编：《里耶秦简牍校释》（第一卷），第358页。

④ 陈伟主编：《里耶秦简牍校释》（第一卷），第217页。

官徒隶的来源,除了朝廷统一分配,各郡县也能按需购买,只是秦令要求所买徒隶需要逐级上报:

卅三年二月壬寅朔朔日,迁陵守丞都敢言之:令曰恒以朔日上所买徒隶数。·问之,毋当令者,敢言之。(8-154)

二月壬寅水十一刻刻下二,邮人得行。　☐手。(8-154背)①

卅二年九月甲戌朔朔日,迁陵守丞都敢☐

以朔日上所买徒隶数守府。·问☐

敢言之。☐Ⅲ(8-664+8-1053+8-2167)

九月甲戌旦食时,邮人辰行。☐(8-664背+8-1053背+8-2167背)②

廿九年少内☐

买徒隶用钱三万三千☐☐

少内根、佐之主。　☐　(9-1406)③

"恒以朔日上所买徒隶数",则所报必为上月购买徒隶的数量。或许徒隶通过申请未能获得时,抑或出现减员(比如死、亡),需要当地官府自行补充。我们推测,地方政府所购徒隶的一大来源是私人奴婢。有一块残牍,似是记载贰春乡购买奴婢情况的:

卅一年十月乙酉朔朔日,贰春乡守☐

大奴一人直(值)钱四千三百。☐

小奴一人直(值)钱二千五百。☐

·凡直(值)钱六千八百。☐(8-1287)④

私人奴婢与徒隶虽然均非自由人,但身份却有别。徒隶大多是触犯律法者,一旦沦为徒隶,再成为庶人的机会极小。奴婢犯法,死罪以下,待行刑完毕要退还主人,奴婢只是一件比较特殊的私产而已。

(三)志

秦令明确规定,上计时需要将一种名为"志"的文书进呈。志作为一种新见

---

① 陈伟主编:《里耶秦简牍校释》(第一卷),第93页。
② 陈伟主编:《里耶秦简牍校释》(第一卷),第197页。
③ 陈伟主编:《里耶秦简牍校释》(第二卷),第300页。
④ 陈伟主编:《里耶秦简牍校释》(第一卷),第306—307页。

的文书种类,少有学者关注,《秦汉简牍文书分类辑解》一书中也未有涉及①。《二年律令·置吏律》:"官各有辨,非其官事勿敢为,非所听勿敢听。诸使而传不名取卒、甲兵、禾稼志者,勿敢擅予。"②"卒志""甲兵志""禾稼志"当为汉初通行的文书种类。秦代"志"又可指代一切文书,与被称作"书"的典籍相对:

· 郡守、尉以隶臣有父母若妻子者为守府,守府有盗书志亡故塞徼外蛮夷者,守、尉、尉丞、卒吏主者,赀(0660)一甲。　　· 廿五(0572)③

郡守府和郡尉府必藏有大量文书,令文所言"书志"之"志"应指各类文书。颜师古将"律历志"之"志"解释为"记也,积记其事也"④。志类文书也是分门别类记录某一事项。秦简可见者有"吏志""禾稼租志""狱志""要志""乡课志""畜官课志""仓课志""田官课志""司空课志""尉课志""刍稿志""户志""户赋志""橘官橘志"和"贰春乡枝(枳)枸志"等。

现可见完整迁陵吏志一份(9-633),具体年份不详,在编官吏103名,包括令史28人、官啬夫10人、校长6人、官佐53人、牢监1人、长吏3人。⑤吏员之和为101,比所记少2人,在署者51人。里耶秦简8-1137载:"吏凡百四人,缺卅五人。·今见五十人。"⑥比较两份吏志可知,迁陵在编吏员在100人左右,未到任和徭使在外者约占一半。

迁陵吏志与尹湾汉墓所出西汉晚期的"东海郡吏员簿"同中有异,均首先记录一县吏员总数,然后按照官职分列并写明员数。"东海郡吏员簿"更为详明,标记诸吏之品秩,并将亭长统计在内,又将官佐和乡佐分列。秦代乡佐、官佐在统计时无别。

冗佐上造临汉都里曰援,库佐冗佐。

为无阳众阳乡佐三月十二日,

凡为官佐三月十二日。

―――――――
① 李均明:《秦汉简牍文书分类辑解》,文物出版社,2009年。
② 彭浩、陈伟、〔日〕工藤元男主编:《二年律令与奏谳书》,第176页。
③ 《岳麓书院藏秦简(柒)》,待刊。
④ 《汉书》卷二一《律历志上》,第955页。
⑤ 陈伟主编:《里耶秦简牍校释》(第二卷),第167—168页。
⑥ 陈伟主编:《里耶秦简牍校释》(第一卷),第282页。

年卅七岁。

族王氏。

为县买工用,端月行。(8-1555)

库六人。(8-1555背)①

援在任库佐以前只任过乡佐,阀阅簿记录为"为官佐三月十二日",因为秦代乡被视为诸官之一,乡啬夫和仓啬夫、库啬夫等地位相当,乡佐自然可归为官佐。秦代迁陵县境内可确定的亭至少有贰春和唐亭,史书也明确记载刘邦在秦代任过泗水亭长。秦设亭长是无可置疑的。只是亭长在当时并非正式的吏员,求盗亦如此:

小男子说。今尉征说以为求盗。☐(8-2027)

员吏勿。☐(8-2027背)②

"员吏勿"似可理解为求盗不入吏员簿,不是正式官吏。

"狱志""要志"见于岳麓秦简,简文曰"狱志与要志偕"(0893)。狱志大概是记录断狱情况的簿籍,当为简报,以统计大小狱案之数量为主。"要志"或是狱案之摘要。秦代治狱,设狱簿:

男子皇梃狱薄(簿)。☐ Ⅰ

廿六年六月癸亥,迁陵拔、守丞敦狐、史畸治☐ Ⅱ(8-406)③

丞昌、史义治逐等狱薄(簿)。 ☐

廿九年正月辛亥初治,即具已。 ☐(9-348)④

狱簿会详细记载案件发生经过、如何审讯、判决结果、判决所依据的律令,疑难案子还会记录奏谳情况。张家山汉简《奏谳书》抄录了秦始皇二十七年(前220)产生的一份狱簿,即"南郡卒史盖庐、挚、朔、叚(假)卒史鵰复攸庫狱簿"⑤。上计时所呈送的应非狱簿,而是一种被称为"狱计"的文书:

郡岁以计时☐☐狱计,独写其瀸(谳)不当律令瀸(谳)者计籍。

---

① 陈伟主编:《里耶秦简牍校释》(第一卷),第357页。
② 陈伟主编:《里耶秦简牍校释》(第一卷),第420页。
③ 陈伟主编:《里耶秦简牍校释》(第一卷),第144页。
④ 陈伟主编:《里耶秦简牍校释》(第二卷),第112页。
⑤ 彭浩、陈伟、〔日〕工藤元男主编:《二年律令与奏谳书》,第363页。

(1101)①

　　・廷岁以郡狱计冣(最)人数,衛(率)瀸(谳)及奏移廷者人数,课移多者为殿,取殿者(1625)②

　　・治皋及诸有告劾而不当论者,皆具传告劾辞论夬(决),上属所执法,与计偕。・执法案揉其论(2025)当不当。当上夬(决),匿弗上,令、丞、史主者,皆耐。其非匿之殴(也),赀各二甲。・廿 ——(2168)③

上计时,需逐级向上报送那些论决不当、奏谳不当的狱案,由监御史或廷尉核查、重新判决。奏谳数量、涉案人数是考课的主要依据,向上奏谳的狱案和治下涉案人数越多,考课成绩就越差。

"×课志"的确是志类文书,但与考课关系密切,志下所记即某一机构考课之细目。岳麓秦简令文要求上计时兼上"志"和"群课"。"×课志"既是志,又可视为"群课"。下面笔者依次对"畜官课志""仓课志""田官课志""司空课志"和"尉课志"略加解析。

笔者认为,畜官不属于迁陵十官之列,其主官为斗食啬夫,而非有秩啬夫。畜官主要负责畜养马牛羊等牲畜。完整的"畜官课志"目前仅能见到一件:

畜官课志:ＡⅠ

徒隶牧畜死负、剥卖课,ＡⅡ

徒隶牧畜畜死不请课,ＡⅢ

马产子课,ＡⅣ

畜牛死亡课,ＢⅠ

畜牛产子课,ＢⅡ

畜羊死亡课,ＢⅢ

畜羊产子课。ＢⅣ

---

① 《岳麓书院藏秦简(柒)》,待刊。
② 《岳麓书院藏秦简(柒)》,待刊。
③ 陈松长主编:《岳麓书院藏秦简(伍)》,第68页、第210页。案:此二简由王伟编连到一起,今从之。王伟:《岳麓书院藏秦简札记(四则)》,简帛网2020年4月27日。又"史"乃"狱史"之省,而非"吏"之讹。

・凡八课。BⅤ(8-490+8-501)①

上牍列举了畜官考课时必须提交的八项细目,"徒隶牧畜死负、剥卖课"是指牲畜死后赔偿和分割出卖的情况②。《秦律十八种·厩苑律》《二年律令·金布律》有相关规定。牲畜死亡,需及时向官府报告,合理处理遗体,能卖则卖之,尽量减少损失。徒隶、主官官吏当按律赔偿。关于牛羊产子,一年必须达到一定比率,《秦律杂抄·牛羊课》有规定,在考课法一节有论述。

"仓课志"可与"仓曹计录"并观。"仓曹计录"(8-481)共十计:禾稼计、贷计、畜计、器计、钱计、徒计、畜官牛计、畜官马计、畜官羊计和田官计。"仓课志"中的畜彘鸡狗产子课、畜彘鸡狗死亡课、畜鸼死亡课和畜鸼产子课可与畜计相对应,徒隶死亡课、徒隶产子课、徒隶行繇(徭)课可与徒计对应,作务产钱课可对应钱计。不难看出,"仓课志"下的条目都含括在"仓曹计录"之内。不过二者各有偏重,"计录"或重在统计物品之数量,"课志"重在考课核查。

所见"尉课志"含"卒死亡课""司寇田课""卒田课"三课。"卒"种类繁多,里耶秦简所见有乘城卒、更戍卒、冗募群戍卒、屯卒和罚戍卒等。课均有程序,"卒死亡课"之程序通过里耶秦简8-132+8-334可知其大概:

☐冗募群戍卒百卌三人。AⅠ

☐廿六人。・死一人。AⅡ

☐六百廿六人而死者一人。AⅢ

尉守狐课。BⅠ

十一月己酉视事,尽十二月辛未。BⅡ(8-132+8-334)③

上引"卒死亡课"虽有残缺,但其程序易知。考课对象为冗募群戍卒及其他卒,事项为死亡情况,考课主持者是尉守狐,考课时间从十一月己酉到十二月辛未。

"贰春乡枝(枳)枸志"比较特殊,乃地方特产志,枳枸或作为土产进献给朝廷。以下两牍记载了卅四年贰春乡枳枸未结果实之情形:

卅四年八月癸巳朔丙申,贰春乡守平敢言之:Ⅰ贰春乡树枝(枳)

---

① 陈伟主编:《里耶秦简牍校释》(第一卷),第168页。
② 陈伟主编:《里耶秦简牍校释》(第一卷),第168页。
③ 陈伟主编:《里耶秦简牍校释》(第一卷),第70页。

枸卅四年不实。敢言之。Ⅱ(8-1527)

平手。(8-1527背)

贰春乡枝(枳)枸志。AⅠ

枝(枳)枸三木。AⅡ☐下广一亩，AⅢ格广半亩，高丈二尺。BⅠ

去乡七里。BⅡ卅四年不实。BⅢ(8-455)①

笔者认为，这两块牍是一个整体，8-455乃8-1527之附件，同时从贰春乡送到迁陵县廷。枳枸乃贰春特产，每年都会以志文书报告其挂果情况，若有，还需明记产量。"橘官橘志"撰写程式当与枳枸志相近，橘亦为楚地特产。

"禾稼志"和"禾稼计"或为一种簿籍，均计录禾稼出入情况。"禾稼租志"可理解为田租志。"刍稿志"应是刍稿税方面的计录，关于刍稿征收，秦《田律》条文有具体规定。

除了上面列举的簿籍门类，上计时还需将辖区内出现的陌生人统计出来上呈到咸阳，此举旨在打击流亡者和逃犯：

咸阳及郡都县恒以计时上不仁邑里及官者数狱属所执法，县道官别之，(1973)且令都吏时覆治之，以论失者，覆治之而即言请(情)者，以自出律论之。(2060)【匿】亡不仁邑里、【官】者，赀二甲。(2083)②

"不仁"又见于《睡虎地秦墓竹简》，《金布律》言："亡不仁其主及官者，衣如隶臣妾。"睡虎地秦墓竹简整理小组将"不仁"解释为"不忠实对待，此处即所谓犯上。不仁其主疑指私人奴婢而言。"③。《法律答问》："将上不仁邑里者而纵之，可(何)论？当毄(系)作如其所纵，以须其得；有爵，作官府。"睡虎地秦墓竹简整理小组将"不仁邑里"解释为"在乡里作恶的人"④，栗劲先生将其解释为"那些破坏社会秩序而又没有触犯刑律的捣乱分子"⑤。现在看来，以上观点均将"仁"读为本字，是不太切合简文的。根据岳麓秦简，"仁"可通"认"：

"田与市和奸案"：夏阳吏不治(笞)谅(掠)，田、市仁(认)奸。今

---

① 陈伟主编：《里耶秦简牍校释》(第一卷)，第153页。
② 陈松长主编：《岳麓书院藏秦简(肆)》，第47—48页。
③ 睡虎地秦墓竹简整理小组：《睡虎地秦墓竹简》，第42页。
④ 睡虎地秦墓竹简整理小组：《睡虎地秦墓竹简》，第108页。
⑤ 栗劲：《秦律通论》，第401页。

覆吏讯市,市言如故狱。田云未奸,可(何)解?①

·廿六年十二月戊寅以来,禁毋敢谓母之后夫叚(假)父,不同父者,毋敢相仁(认)为兄、姊、弟└。(1025)②

以上两处,无论如何"仁"均不能读作本字,而读为"认"则文从字顺。岳麓秦简1978:"亡不仁邑里,官,毋(无)以智(知)何人殹(也)。""毋(无)以智(知)何人殹(也)"乃是对"不仁"的解释。故不仁就是不认识的意思。"亡不仁邑里"指亡人未能被所在邑里的人认识,一般会发生在远距离逃亡者身上。睡虎地秦简《金布律》言:"亡不仁其主及官者,衣如隶臣妾。"是针对徒隶而言,徒隶逃亡被抓获,而无主人或官府来认领,依律当系城旦舂,由官府比照隶臣妾提供衣物。

第二节 考课法

考课又称考绩、考核、考功,即依照相关法令对各级官吏进行考察,根据其表现奖罚罢黜。《尚书·舜典》:"三载考绩。三考黜陟幽明,庶绩咸熙。"③司马迁在《史记·五帝本纪》将其转述为"三岁一考功,三考绌陟"④。《汉书·京房传》载,京房曾"奏考功课吏法"⑤。目前所知秦考课方面的律令集中分布在《牛羊课》《中劳律》和《功令》等篇下,此外,《秦律杂抄》《秦律十八种·厩苑律》和岳麓秦简部分律令中也有关于考课的规定。《为狱等状四种》和里耶秦简行政文书中则保留了不少考课实例。

秦每年都要对官员进行考课,与《尚书》所载三年一考核的古法不同。考核所涉亦极广,官吏一年内经手的行政事务均在考核之内。考核官吏的时间应在岁末,依据为郡县进呈的各类上计簿籍、志和群课。

里耶秦简保留的"课志",便于我们了解诸官日常考课之细目:

---

① 朱汉民、陈松长主编:《岳麓书院藏秦简(叁)》,第209页。
② 陈松长主编:《岳麓书院藏秦简(伍)》,第39页。
③ 陈戍国:《尚书校注》,岳麓书社,2004年,第11页。
④ 《史记》(点校本二十四史修订本)卷一《五帝本纪》,第46页。
⑤ 《汉书》卷七五《京房传》,第3161页。

田课志。АⅠ

橐园课。АⅡ

·凡一课。ВⅠ(8-383+8-484)①

田官课志。Ⅰ

田□□课。Ⅱ

·凡一课。Ⅲ(8-479)②

【尉】课志:АⅠ

卒死亡课,АⅡ

司寇田课,АⅢ

卒田课。ВⅠ

·凡三课。ВⅡ(8-482)③

乡课志:АⅠ

□□□;АⅡ

□食口□课;АⅢ

黔首历课;ВⅠ

寡子课、子课;ВⅡ

·凡四课。ВⅢ(8-483)④

畜官课志:АⅠ

徒隶牧畜死负、剥卖课,АⅡ

徒隶牧畜畜死不请课,АⅢ

马产子课,АⅣ

---

① 陈伟主编:《里耶秦简牍校释》(第一卷),第141页。
② 陈伟主编:《里耶秦简牍校释》(第一卷),第163页。
③ 陈伟主编:《里耶秦简牍校释》(第一卷),第165页。
④ 陈伟主编:《里耶秦简牍校释》(第一卷),第165页。

畜牛死亡课,BⅠ

畜羊死亡课,BⅢ

畜羊产子课。BⅣ

・凡八课。BⅤ(8-490+8-501)①

课上金布副。AⅠ

桼课。AⅡ

作务。AⅢ

畴竹。AⅣ

池课。AⅤ

园粟。BⅠ

采铁 。BⅡ

市课。BⅢ

作务徒死亡。BⅣ

所不能自给而求输。BⅤ

县官有买用钱。/铸段(锻)。CⅠ

竹箭。CⅡ

水火所败亡。/园课。采金。CⅢ

赀、赎、责(债)毋不收课。CⅣ(8-454)②

仓课志:AⅠ

畜彘鸡狗产子课,AⅡ

畜彘鸡狗死亡课,AⅢ

徒隶死亡课,AⅣ

徒隶产子课,AⅤ

作务产钱课,BⅠ

徒隶行繇(徭)课,BⅡ

---

① 陈伟主编:《里耶秦简牍校释》(第一卷),第168页。
② 陈伟主编:《里耶秦简牍校释》(第一卷),第152—153页。

畜鹰死亡课，BⅢ

畜鹰产子课。BⅣ

・凡□C(8-495)①

以上所见仅为秦代诸官考课部分细目，已足见其繁复细致。从所列考课条目易知，秦十分注重官有资产的增损存亡。

"畜官课志"下有"畜牛产子课"和"畜羊产子课"，据此可知畜官所牧养的牛羊，繁衍生息必须达到一定数量。但达标数是多少，不得而知。不过依据睡虎地秦简《牛羊课》，我们可略知相关考课标准：

牛大牝十，其六毋(无)子，赀啬夫、佐各一盾。・羊牝十，其四毋(无)子，赀啬夫、佐各一盾。・牛羊课。②

大母牛有五分之三未产子、母羊五分之二未产子，官啬夫、官佐罚赀一盾。一般而言，成年母牛每年或两年生产一胎，母羊一年产两胎，若非如此，多半是没有饲养好，故要追究主事官员的责任。

里耶秦简载有一份文书，也与畜产子考课有关：

廿六年十二月癸丑朔庚申，迁陵守禄敢言之：沮守瘳言：课廿四年畜息子得钱殿。沮守周主。为新地吏，令县论、言夬(决)。・问之，周不在迁陵。敢言之。・以荆山道丞印行。(8-1516)

丙寅水下三刻，启陵乘城卒秭归□里士五(伍)顺行旁。　壬手。(8-1516背)③

"以荆山道丞印行"，表明禄本职为荆山道丞，代理迁陵县令。沮县代理县令周在秦王政二十四年(前223)畜息子得钱的考课中，得了最后一名。如今，周在新地为吏，但不知其究竟在何处，故只好逐个县问，并请当地官府以律论处，将处置结果告知沮县。然周不在迁陵。笔者推测，周很可能在去往新地的路途中逃亡了，所以才需如此大费周章挨个县问其所在。岳麓秦简一则《县官田令》也记录了对考课得殿者的处罚情况：

・囤圂言：佐角坐县官田殿，赀二甲，贫不能入⌐，角择除为符离

---

① 陈伟主编：《里耶秦简牍校释》(第一卷)，第169页。
② 陈伟主编：《秦简牍合集》释文注释校订本(壹)，第170—171页。
③ 陈伟主编：《里耶秦简牍校释》(第一卷)，第343页。按："夬"原释为"史"。

冗佐,调移角赍署所,署所令先居之,延陵(1858)不求赏(偿)钱以糴。
有等比。·曰:可。 ·县官田令囚一(1860)①

延陵田官佐角在考评中垫底,当罚二甲,家贫无法付清罚款,如今角已被除为符离冗佐,延陵县希望角在符离任职时还请罚款,可先让他在官府居作,延陵不需要符离还钱用来购买谷米。里耶秦简中见到不少冗佐,冗佐当是被罚到新地为佐者。

由上文可知,官吏考课得殿,一般会被罚赀甲盾,当然不是直接缴纳实物,而是折算为钱再缴纳。

里耶秦简8-454金布课下有"水火所败亡",指因水灾、火灾造成财物亡损。"水火败亡课"乃上计时必须呈交的材料,如里耶秦简9-1740,首列了"廿九年迁陵见户百六十六户",下一行交代"水火毋败所亡者"。②乡官和其他官署要按时向县报告"水火败亡"情况,正如县向郡报告的那样:

廿九年九月壬辰朔辛亥,贰春乡守根敢言之:牒书水火败亡课一牒上。敢言之。(8-645)九月辛亥旦,史邞以来。/感半。　邞手。(8-645背)③

廿九年九月壬辰朔辛亥,迁陵丞昌敢言之:令令史感上水火败亡者课一牒。有不定者,谒令感定。敢言之。(8-1511巳)。九月辛亥水下九刻,感行。　感手。(8-1511背)④

以上两封文书发文时间相同,我们推测当迁陵县接到贰春乡上呈的记录"水火败亡"情况的牒书以后,马上将县内一年来发生的此类事件汇为一编,再上报到洞庭郡。由此也可见秦代基层政府执行力强、行政效率高。贰春乡的文书,当天天刚亮时就能送到迁陵县治所在的都乡,则文书完成的时间必在凌晨。当然,也可以将其解读成:官吏为了免遭秦法惩处,不得不勤于政事。

政令之畅通与邮驿传递的效率关系密切。为了保证文书按时传达,县廷每日均要对过境的邮书加以考课,发现滞留、过期的文书就要按律论处相关责

---

① 陈松长主编:《岳麓书院藏秦简(陆)》,第177—178页。按:个别句读有变动。
② 陈伟主编:《里耶秦简牍校释》(第二卷),第350页。
③ 陈伟主编:《里耶秦简牍校释》(第一卷),第189页。
④ 陈伟主编:《里耶秦简牍校释》(第一卷),第341页。

任人：

> ·邮书过县廷，县廷各课其昑(界)中，留者辄却论，署徼〈檄〉曰某县官课之。已却囦☐(1152-1)①

考课过往邮书时要将主考县官之名记载在板檄(或封检)上。若有超期文书，还需查明滞留原因，追究相关责任人罪责。岳麓秦简《行书律》和《卒令丙》有十分详明的规定：

> ·行书律曰：传行书，署急辄行，不辄行，赀二甲。不急者，日觱(毕)。留三日，赀一盾；四日【以】上，赀一甲。(1250)②

> ·令曰：邮人行书，留半日，赀一盾；一日，赀一甲；二日，赀二甲；三日，赎耐；过三日以上，耐。 ·卒令丙五十(1805)③

上引《卒令丙》是针对邮人传送文书出现滞留时的处罚，《行书律》似是针对官府未能将文书及时发出的处罚。需要立即传递、快速传递的文书，里耶秦简常特意标出，若有滞留，必追问缘由：

> 书卅二年三月辛巳到田官，即起，不留。 (9-500)④

> 书以廿八年三月丁未到启陵乡，戊申起，留一日，问治而【留】。(9-963)⑤

> 书廿八年六月乙未到，丙申起，留一日，具问而留。 (9-748)⑥

> 廿九年十二月丙寅朔己卯，司空色敢言之：廷令隶臣☐行书十六封，曰传言。今已传者，敢言之。(8-1524)己卯，水下六刻，隶妾畜以来。/绰半。 郤手。(8-1524背)⑦

> 卅一年七月辛亥朔甲子，司空守☐敢言之：今以初为县卒 死及传槽书案致，毋廳(应)此人名者。上真书。书癸亥到，甲子起，留一日。

---

① 陈松长主编：《岳麓书院藏秦简(陆)》，第167页。
② 陈松长主编：《岳麓书院藏秦简(肆)》，第131页。
③ 陈松长主编：《岳麓书院藏秦简(伍)》，第112页。
④ 陈伟主编：《里耶秦简牍校释》(第二卷)，第145页。
⑤ 陈伟主编：《里耶秦简牍校释》(第二卷)，第231页。
⑥ 陈伟主编：《里耶秦简牍校释》(第二卷)，第197页。
⑦ 陈伟主编：《里耶秦简牍校释》(第一卷)，第348页。

案致问治而留。敢言之。(8-648)①

9-500、9-963、9-748当是各机构向迁陵县报告文书传递概况的记录,格式颇为统一,应有一定程序。"不留"即文书立刻发出了,没有出现滞留;"具问而留""问治而【留】",追问滞留原因。8-648则是对文书滞留缘由做了交代,"案致问治而留",因为调查走访需要时间,故耽搁了一天。

里耶秦简又见"上貇(垦)田课",即将已耕种的田亩数上报到县廷,这既是当时法律明文规定,也是每年上计必须呈报的项目:

律曰:已貇(垦)田,辄上其数及户数,户婴之。(9-40)②

元年八月庚午朔庚寅,田官守濯敢言之:上貇(垦)田课一牒。敢言之。☐(9-1865)

八月庚寅日入,濯以来。/援发。玃手(9-1865背)③

迁陵卅五年貇(垦)田舆五十二顷九十五亩,税田四顷☐☐ Ⅰ

户百五十二,租六百七十七石。衛(率)之,亩一石五; Ⅱ

户婴四石四斗五升,奇不衛(率)六斗。Ⅲ(8-1519)

启田九顷十亩,租九十七石六斗。AⅠ

都田十七顷五十一亩,租二百卅一石。AⅡ

貳田廿六顷卅四亩,租三百卅九石三。AⅢ

凡田七十顷卅二亩。·租凡九百一十。AⅣ

六百七十七石。B(8-1519背)④

☐当貇(垦)田十六亩。Ⅰ

☐已貇(垦)田十九亩。Ⅱ(8-1763)⑤

☐群不可貇(垦)廿七万七【千】☐ (9-2016)⑥

秦律规定必须将每户耕种的田亩数上报,按户排列,并附以签牌标明概要。田官要向县廷报告田地耕种情况,县廷每年向郡府报告田地耕种情况。原有的

---

① 陈伟主编:《里耶秦简牍校释》(第一卷),第190页。
② 陈伟主编:《里耶秦简牍校释》(第二卷),第49页。
③ 陈伟主编:《里耶秦简牍校释》(第二卷),第377页。
④ 陈伟主编:《里耶秦简牍校释》(第一卷),第345—346页。
⑤ 陈伟主编:《里耶秦简牍校释》(第一卷),第388页。
⑥ 陈伟主编:《里耶秦简牍校释》(第二卷),第405页。

县官田,以及国家授予黔首、司寇的田地,属于"当垦田",一般情况下不允许抛荒。此外,民间开荒造田,官府是鼓励的,不过也需要及时报请:

卅三年六月庚子朔丁巳,【田】守武爰书:高里士五(伍)吾武【自】言:谒狠(垦)草田六亩武门外,能恒藉以为田。典缦占。(9-2344)

六月丁巳,田守武敢言之:上黔首狠(垦)草一牒。敢言之。/衔手。

【六】月丁巳日水十一刻下四,佐衔以来。/□发(背) (9-2344背)①

卅五年三月庚寅朔丙辰,贰春乡兹爰书:南里寡妇憋自言:谒狠(垦)草田故桼(桑)弟百廿步,在故步北,恒以为桼(桑)田。三月丙辰贰春乡兹敢言之。上。敢言之。/诎手。9-15 四月壬戌日入,戍卒寄以来。/瞫发。 诎手。(9-15背)②

以上为田官守啬夫和乡啬夫向迁陵县上报黔首垦荒详情的文书。"草田"即荒地,迁陵县地广人稀,有秦一代,户口数一直在 170 户左右,从未超过 200 户,而中原地区已出现数万户的大县。迁陵每年都有荒地被开垦出来,故会出现"已垦田"多于"当垦田"的情况。

里耶秦简又有"虏课",一般认为"虏"指在战争中被俘获的敌人,虏是官徒隶的主要来源之一。不过"虏课"中的虏或是徒隶的异称。"虏课"见于里耶秦简 8-1677 残牍,为作徒簿,据簿所记,其中"一人与佐带上虏课新武陵","佐"很可能是司空佐,徒隶一般归司空管理分配;"新武陵"当是郡治所在。秦令又规定每月朔日上报所买徒隶数:

卅二年九月甲戌朔朔日,迁陵守丞都敢▱

以朔日上所买徒隶数守府。·问▱

敢言之。▱(8-664+8-1053+8-2167)

九月甲戌旦食时,邮人辰行。▱(8-664背+8-1053背+8-2167背)③

卅三年二月壬寅朔朔日,迁陵守丞都敢言之:令曰恒以朔日上所买徒隶数。·问之,毋当令者,敢言之。(8-154)

---

① 陈伟主编:《里耶秦简牍校释》(第二卷),第 477 页。
② 陈伟主编:《里耶秦简牍校释》(第二卷),第 21 页。
③ 陈伟主编:《里耶秦简牍校释》(第一卷),第 197 页。

二月壬寅水十一刻刻下二,邮人得行。　　　围手。(8-154背)①

迁陵县每月朔日都会将县内所买徒隶数向郡府报,"毋当令者"意味着近一月来迁陵境内未发生徒隶买卖的现象。官府使用的徒隶一般是统一分配的,"徒少及毋徒,薄(簿)移治房御史,御史以均予"②。朝廷有专门负责统管全国徒隶分配的御史,各郡县徒隶不敷使用时可申请下拨。

狱案多少以及是否依法判决,也是考课的项目之一。从秦令可知各级官府课狱的大致情形:

・监御史下劾郡守〢,县官已论,言夬(决)郡守,郡守谨案致之,不具者,辄却,道近易具,具者,郡守辄移(0963)御史,以盬(盐)使及有事咸阳者,御史掾平之如令,有不具不平者,御史却郡而岁郡课,郡所移(2059)并筭而以夬(决)具到御史者,狱数衡(率)之,嬰筭多者为殿,十郡取殿一郡,奇不盈十到六亦取一郡。【郡】(2097)亦各课县〢,御史课中县官,取殿数如郡。殿者,赀守、守丞、卒史、令、丞各二甲,而令狱史均新地(0831)

缺简

　□□如此其熱狱不□有少费。　　・廿五(0910)③

以上令文颇为费解,大意为:监御史负责监察郡内一切行政事务,也包括郡县所决之狱案。凡是各县已经论决的狱案,要将其上呈郡府,先由郡守仔细复核推辟,以便监御史复核。未成之狱案,退还县官。离郡治较近的县,狱案容易完结,完结者由郡守移送到监御史处。吏因公或有它事前往咸阳者,亦可将狱案卷宗交呈御史掾,御史掾依照法令核定其判决是否得当。凡是卷宗不完备或判决不当者,退还郡府,由郡守考课。郡每年上呈御史的狱案,按照总数多少评定殿最,数量多者为殿,每十郡取一为殿,所余不足十郡但以达到六郡者,也取一郡为殿。郡考课县,御史考课中县、都官,取殿方式与郡相同。考课得殿者,赀罚泰守、守丞、卒史、县令、县丞各二甲,负责办理案件的狱史贬谪到新地为吏。

---

① 陈伟主编:《里耶秦简牍校释》(第一卷),第93页。
② 陈伟主编:《里耶秦简牍校释》(第一卷),第217页。
③ 陈松长主编:《岳麓书院藏秦简(伍)》,第54—56页。按:部分释字、句读与整理者不同,参照了陈伟:《〈岳麓书院藏秦简(伍)〉校读》,简帛网2018年3月9日。

监御史复核狱案的实例在《为狱等状四种》中可以见到:

  五月甲辰,州陵守绾、丞越、史获论令癸、琐等各赎黥。癸、行戍衡山郡各三岁,以当灋(法);先备赎。不论沛等。

  监御史康劾以为:不当,钱不处,当更论。更论及论失者言夬(决)。①

监御史认为州陵县的判决不当,狱案应当重新论处,并追究治狱者的责任。

以上所举,仅为秦代考课部分项目,限于材料和篇幅,不少领域尚无法深究。此外,官吏为了规避惩罚,不惜在考课时作弊,即所谓"诈课",这一问题已在罚罪法一章讨论,此不赘述。

---

① 朱汉民、陈松长主编:《岳麓书院藏秦简(叁)》,第99页。

第三章　罚罪法

第一节　赃罪

岳麓书院藏秦简中,有一则由数十枚简构成的令文是针对治狱者及其亲属的受贿行为而制定,目的是为了防止官吏以权谋私、受赃枉法。这些律令条文又可分成两组,两组条文内容几乎一样,字体有别,分属不同卷册。岳麓书院藏秦简整理小组将其中一组收入第五卷,另一组收入第六卷,本文重点对前者加以探讨,并顺便论及后者。

收入第五卷者计有 25 枚(22 支),可见两道编痕,编痕处无字,字体比较方正,内容围绕一个中心而展开。我们根据相关信息将这 25 枚简编连在一起,但此组条文依旧不完整。为了便于讨论,兹将条文移录于下:

自今以来,治狱以所治之故,受人财及有卖买焉而故少及多其贾(价),虽毋(无)枉殹(也),以所受财及其贵贱贾(价),与【盗】(1605＋1617)【同】法└。叚(假)└、貣贷〈钱〉金它物其所治、所治之亲、所智(知),【虽毋枉殹(也),以所】叚(假)赁费貣贷〈钱〉金它物其息之数,与盗同法└。叚(假)貣(1603－1＋1603－3)钱金它物其所治,所治之室人、所治之室【人】父母、妻、子、同产,虽毋(无)枉殹(也),以所叚(假)赁费貣钱金它物其息之数,与盗(1597)【同】法。吏治狱,其同居或以狱事故受人财及有卖买焉故少及多其贾(价),以告治者,治【者】毋【言吏,受者、治】(1146)者以所受财及其贵贱贾(价),与盗同法└。叚(假)貣钱金它物【其所治、所治之亲、所智(知)】,为告治者,治【者】为枉事,以所叚(假)赁费貣钱金它物(1167)其息之数,受者、【治者】与盗同法。不告治者└,受者独坐,与盗同法└。叚(假)貣钱金【它物其所治之室人、室人父】(1164)母、妻、子、同产,以告治者,治者虽弗为枉事,以所叚(假)赁费貣钱金它物其息之数,受者、治者与盗同法。不(1098)【告】治者└,受者独坐,与盗同法。告治者,治者即自言吏,毋辠└。受者其及〈父〉毋〈母〉殴(也),以告子治?▨(1086)

(缺简)

▨以所受财及其贵钱〈贱〉贾(价),与盗同(1750)法。为请治者,〖治者〗为·枉事,得,皆耐,其辠重于耐者,以重者论└,〖以〗盗律论受者。其告治者,治者弗为枉事,治者(1695)毋(无)辠。治狱者亲及所智(知)弗与同居,以狱事故受人财及有卖买焉【而故少及多其贾,弗为请而谩】(1783)谓已为请└,受者赀二甲。不告治者及弗谩,毋辠。治狱以所治故受人酒▨(1793+1801)

(缺简)

以枉事及其同居或以狱事故受人酒肉食,以告治者,治者为枉事,治者、受者皆与盗同法。受人酒肉食,弗(1697)以枉事,以盗律论└。同居受人酒肉食,以告治者,治者弗为枉事,治者赀二甲,受者以盗律论。不告治者,受(1711)者独坐,与盗同法。治狱者亲及所智(知)弗与同居,以狱事故受人酒肉食,弗为请而谩谓已为请,以盗律(1710)【论】,不告治者,受者独坐,与盗同法。治狱者亲及所智(知)弗与同居,以狱事故受人酒肉食,弗为请而谩(1717)▨已为请,以盗律论└,为请治者,治者为枉事,得,皆耐,其辠重于耐者,以重者论,以盗律论受者,其告(0833)治者,治者弗为枉事,受者赀二甲;不告治者及弗谩,毋辠└。治狱受人财酒肉食,叚(假)貣人钱金它物及有卖(1732)▨焉而故少及多其贾(价),以其故论狱不直,不直辠重,以不直律论之。不直辠轻,以臧(赃)论之。有狱论,有狱论(1723)亲、所智(知)以狱事故,以财酒肉食遗及以钱金它物叚(假)贷治狱、治狱者亲、所智(知)及有卖买焉而故少及多(1815)【其】贾(价),已受之而得,予者毋(无)辠。有狱者,有狱者亲、所智(知)以财酒肉食遗治狱者、治狱者亲、所智(知)└,弗受而告吏,以盗(1847)▨论遗者,以臧(赃)赐告者,臧(赃)过四千钱者,购钱四千,勿予,臧(赃)入县官。予人者,即能捕所予及它人或能

捕之(1851)①

(缺简)

以上简文之系联,缺字之补释②,主要依据另一组字体迥异、内容相同的条文,两组不能对读之处,则依据文意将其置于相应位置。故以上系联方案或与原简册有一定出入,这是需要事先交代的。因为可作为编连重要参照的简背划痕、反印文等信息,在此组简中十分有限。

仅从条文内容本身,不易分辨"受财枉事"组条文究竟是律文还是令文。但是通过其他信息,可以证明这确是一则令文。因为与之内容雷同、字体迥异的那组条文属于"郡二千石官共令第甲"(岳麓秦简2076号),令篇名是单独书写在一枚简上的。又,"郡二千石官共令第甲"卷册中的令文与第五卷简尾标注"廷甲"的条文内容雷同者不少,有十则以上。据此可基本判定"受财枉事"组条文属于"郡二千石官共令"。

条文冗长,但远非全部,所缺失的简牍不少。又,初读之,或疑其反复啰嗦,然仔细研读后发现,整则律令条文除了一处因为大意而抄写重复之外,实际上均有细微区别。这也是秦律细密谨严的表征。下面将逐简分析此则令文,着眼于写本形态、语词蕴义、立法精神等方面的考察。

一、令条文本形态的复原及"他本"的重要校勘价值

由于有"它本"可资对勘,可以有效地校正文本的讹误,并为令文的系连提供有力的参照。不得不承认,有些脱、讹现象,若无"他本"用以比勘,是极难发现的。又由于缺简较多,反印文、背划线信息过少,律条较长且表述上繁复拖沓,若无可资对校之本,一些简文很难确认其在整则令文中的位置。

(一)讹、衍、脱

起首简由1605与1617左右缀合而成,"自今以来"常作为令文起始标志,然据此四字并不能知晓令文确切制定时间。起首三枚简正好可与另一卷册的三枚

---

① 陈松长主编:《岳麓书院藏秦简(伍)》,第144—151页。按:句读、释文或不同于整理报告。

② "【 】"内之字据文意或另一组内容相同、字体有异的令文补释,"□"内之字据残存笔画释出。

简对读：

·自今以来，治狱以所治之故，·受人财及有卖买焉而故少及多其贾(价)，虽毋枉殴(也)，以所受财及其(0177)贵贱①贾(价)，与盗同法└。叚(假)└、贳钱金它物其所治、所治之亲、【所智(知)】，虽毋以枉殴(也)，以所叚(假)赁费贳钱金它物，其息之数(0181)与盗同法└。叚(假)└、贳钱金它物其所治之室人、所治之室人父母、妻、子、同产，虽毋枉殴(也)，以所叚(假)赁费贳钱金它(2105)②

两组简对读后发现0181简存在漏抄、误抄现象，漏抄"所智"二字，误衍"以"字。1603-1+1603-3简中断残泐，据前后文意可补"虽毋枉殴以所"六字，因三枚简的内容均是针对受贿而枉法的情况。

1086简"其及毋殴"，三个虚词连用，且文义不通，其必有讹误无疑。然仅靠语法知识和本则令文内容，无法订正其讹。而通过与另外一则与之内容相同的令条可知，"及毋"乃"父母"之讹：

母妻子同产，以告治者，治者虽弗为**枉事，以所叚(假)赁费贳钱金它物其息之数，受者、治者与盗同法，不**(1098)【**告**】**治者**└**，受者独坐，与盗同法。告治者，治者即自言吏**③**，毋皋**└**。受者其及**〈父〉**毋**〈母〉**殴(也)，以告子治**☒(1086)

☒【**枉**】**事，以所叚(假)赁费贳钱金它物**(2067)**其息之数，**〚**受者、治者**〛**与盗同法。不告治者**└**，受者独坐，与盗同法。告治者，治**〚**者**〛**即自言吏，毋罪。受者其父母殴(也)，以告**【**子治**】(2119+2110)④

以上所摘录条文均存在残断，但互相比勘之后能校正抄本时代常见的一些讹误⑤。

"衍文"常出现于秦汉律简，衍文数以一二字居多，三五字者也可见，但衍文

---

① 彩色图版有"贵贱"两个字。
② 陈松长主编：《岳麓书院藏秦简(陆)》，第137页。
③ 自言吏：自己向官府报告。张家山汉简《二年律令·盗律》："其叚(假)别在它所，有(又)物故毋道归叚(假)者，自言在所县道官，县道官以书告叚(假)在所县道官收之。"
④ 陈松长主编：《岳麓书院藏秦简(陆)》，第138页。
⑤ 笔者加黑部分为内容相同者，标注下划线者乃"他本"脱文。"【】"内之字，由于竹简残泐不能释读，乃据"他本"补释，"〚〛"内为脱文，"〈〉"内为正字。

字数达四五十字者十分罕见。现将抄写于1717简和0833简的衍文摘录于下：

以枉事,以盗律论└。同居受人酒肉食,以告治者,治者弗为枉事,治者赀二甲,受者以盗律论。不告治者,受(1711)者独坐,与盗同法。治狱者亲及所智(知)弗与同居,以狱事故受人酒肉食,弗为请而谩谓已为请,以盗律(1710)【论】。不告治者,受者独坐,与盗同法。治狱者亲及所智(知)弗与同居,以狱事故受人酒肉食,弗为请而谩(1717)谓已为请,以盗律论└。为请治者,治者为枉事,得,皆耐,其辠重于耐者,以重者论,以盗律论受者,其告(0833)治者,治者弗为枉事,受者赀二甲;不告治者及弗谩,毋辠└。治狱受人财酒肉食,叚(假)貣人钱金它物及有卖(1732)

字体被笔者加黑者为衍文,多达45字,内容与标下划线者完全一样。衍文一般是由于抄写者一时疏忽而多抄写的文字。以上所引衍文的成因,与条文中反复出现相同的术语以及规范对象区别甚微有关。"同居受人酒肉食"为违法行为,但又可区分为"以告治者""不告治者"和"为请治者",三种情况所面临的处罚是有轻重之分的。"不告治者,受者独坐,与盗同法。治狱者亲及所智(知)弗与同居,以狱事故受人酒肉食,弗为请而谩谓已为请"一段文字前后均有"以盗律论"四字,这或许是导致误衍的最为直接的原因。

(二)"内证法"与残简编连

收入岳麓秦简第五卷有关惩治治狱官吏徇私枉法的令条计有22枚,竹简经缀合后完整或基本完整;而另一则可与之对读的令文只有17枚简,且含3枚残断简(10字以下)。很显然,两组令文所蕴藏的信息量是不对等的。在进行竹简文本复原时,当没有"他本"可对照时,只能根据文本的内部结构来开展复原工作。例如1783简残断,而可作为补释参照的"他本"在此处也恰好残断:

☐以所受财及其贵钱〈贱〉贾(价),与盗同(1750)法。为请治者,〖治者〗为·枉事,得,皆耐,其辠重于耐者,以重者论└,〖以〗盗律论受者,其告治者,治者弗为枉事,治者(1695)毋辠。治狱者亲及所智(知)弗与同居,以狱事故受人财及有卖买焉【而故少及多其贾(价),弗为请而谩】(1783)☐已为请└,受者赀二甲。不告治者及弗谩,毋辠。治狱以所治故受人酒☐(1793+1801)

☐治者,治者弗为枉事,治者毋罪,治狱者亲及所智(知)弗与同

居,以狱事故受人财及有卖买焉而故(1963)【少】及多其贾(价)☐(C10-3-7)①

字体加黑者是可以对读的部分。1783简简尾残断部分,可据1963与C10-3-7补释"而故少及多其贾"7字,而后面加上着重号的"弗为请而谩"5字是笔者根据本则令文的叙述逻辑补释的。补释之后发现其正好可与1793+1801简系连,系连依据来自后文:

治狱者亲及所智(知)弗与同居,以狱事故受人酒肉食,弗为请而谩谓已为请,以盗律(1710)【论】。**不告治者,受者独坐,与盗同法**。**治狱者亲及所智(知)弗与同居,以狱事故受人酒肉食,弗为请而谩(1717)谓已为请,以盗律论**┕。为请治者,治者为枉事,得,皆耐,其臬重于耐者,以重者论,以盗律论受者。其告(0833)治者,治者弗为枉事,受者赀二甲;不告治者及弗谩,毋臬┕。(1732)

前文已经提及"不告治者……以盗律论"一段为衍文,兹不予讨论。以上令文是针对"治狱者亲及所智(知)"非法接受涉案者或其亲属酒肉食而制定的,又可细分为"弗为请而谩为已为请""为请治者,治者为枉事""告治者,治者弗为枉事"和"不告治者及弗谩"数种情况,分别面临不同的处置方式。据此叙述顺序,可推测"治狱者亲及所智(知)弗与同居,以狱事故受人财及有卖买焉【而故少及多其贾(价)】"之后也应该接"弗为请而谩已为请"之类的内容。

需要补充的是,1793+1801简"以为请"之后内容为"受者赀二甲",中间似有脱文。因为接受钱财数额和贸易过程中故意超出平价的部分,多少不一,若一律以"赀二甲"论处,不仅有失公允,也与秦法一贯的严谨细密性不符。据此并参照1710简到1732简的叙述程序,可知脱文部分为"以盗律论。为请治者,治者为枉事,得,皆耐,其臬重于耐者,以重者论,以盗律论受者。其告治者,治者弗为枉事",加上两处重文,正好42字,恰为此组令文一枚简所能容纳的字数。当然,这只是笔者根据自己的理解做出的判断,由于没有其他文本作为依据,不可径直将以上文字加入。

---

① 陈松长主编:《岳麓书院藏秦简(陆)》,第141页。

二、令条所见术语释义

所研讨的令条对官吏及其亲属的各类受赃枉法行为做了十分细致的规范,不仅为探究秦官吏法提供了极好的材料,也为重新解释秦汉简牍中常见的某些术语创造契机。

整则条文围绕"受财枉事"而展开,中间又可细分为多个层次。依据受贿对象不同可划分为治狱者、治狱者亲、治狱者所知、治狱者同居和治狱者弗与同居等。依据行贿对象可区分为有狱者、有狱者亲、有狱者所知、有狱者室人、有狱者室人之父母妻子同产等。依据行贿方式不同,可分以钱财行贿、遗以酒肉食、假贷钱金它物、买卖故意贵贱其价等。而治狱者本人是否知晓行贿之事、是否检举非法、受贿后是否枉法,所给予的处罚也各不相同。此外,条文对于告劾、检举"受财枉事"行为者给予奖赏。

条文涉及对象有同居、室人、同产、亲、所知,这几个称谓之间有一定联系,也有比较严格的区分,要完全读懂条文内容,不得不先对它们进行考释。

(一) 所智、室人

"所智"一词见于岳麓秦简1603-1+1603+3,"叚貣贱〈钱〉金它物其所治、所治之亲、所智(知)","所智"乃"所治之所智"之省,"所智"应是与"亲"并列的一种亲属称谓。"叚貣钱金它物其所治",即把钱财、其他物品借给涉狱者。狭义的"亲"特指父亲和母亲,秦汉简或称为"亲父母":

> 欲归爵二级以免亲父母为隶臣妾者一人,及隶臣斩首为公士,谒归公士而免故妻隶妾一人者,许之,免以为庶人。① (《秦律十八种·军爵律》)

> 䌛(徭)发,亲父母、泰父母、妻、子死,遣归葬。已葬,辄聂(蹑)以平其䌛(徭)。② (岳麓秦简《戍律》)

> 殴兄、姊及亲父母之同产,耐为隶臣妾。其奊詢詈之,赎黥。③ (《二年律令·贼律》)

---

① 睡虎地秦墓竹简整理小组:《睡虎地秦墓竹简》,第55页。
② 陈松长主编:《岳麓书院藏秦简(肆)》,第129页。
③ 张家山二四七号汉墓竹简整理小组:《张家山汉墓竹简》,第14页。

> 有赎买其亲者,以为庶人,勿得奴婢。①(《二年律令·金布律》)

需要指出的是,秦汉文献中的"亲"常指父亲、母亲,后代以"亲"代指所有亲属乃词义扩大的结果。

"亲"与"所智"常一起出现,故"亲所智"被误理解为一词。"亲所智(知)"这一称谓在睡虎地秦简、张家山汉简中均出现过:

> "将司人而亡,能自捕及**亲所智**(知)为捕,除毋(无)罪;已刑者处隐官。"②(《法律答问》)

> 奴婢亡,自归主,主**亲所智**(知),及主、主父母、子若同居求自得之,其当论畀主,或欲勿诣吏论者,皆许之。一六〇③(《二年律令·亡律》)

> □□頯畀主。其自出殹(也),若自归主、主**亲所智**(知),皆笞百。一五九④(《二年律令·亡律》)

睡虎地秦简、张家山汉简整理者均将"亲所智(知)"解释为"亲属朋友"⑤。徐世虹认为,"主亲"指"主父母、子若同居","主亲所知"可释作"主人、亲属所知之人"⑥。据岳麓秦简1710号简"治狱者亲及所智(知)",1783号简"治狱者亲及所智(知)弗与同居",可确定"亲"与"所智(知)"所指不同,不宜视为一物。"亲"指父亲、母亲,前文已经论及。那么"所智(知)"究竟包括哪些人呢?

既然确定了"亲"与"所知"为两个不同的概念,则秦汉简中"亲所知"均宜断读为"亲、所知",《二年律令》一六〇简应重新句读如下:

> 奴婢亡,自归主、主亲、所智(知),及主、主父母、子若同居求自得之,其当论畀主,或欲勿诣吏论者,皆许之。(《二年律令·亡律》)

---

① 张家山二四七号汉墓竹简整理小组:《张家山汉墓竹简(二四七号墓)》(释文修订本),第68页。

② 睡虎地秦墓竹简整理小组:《睡虎地秦墓竹简》,第123页。

③ 张家山二四七号汉墓竹简整理小组:《张家山汉墓竹简(二四七号墓)》(释文修订本),第30页。

④ 彭浩、陈伟、〔日〕工藤元男主编:《二年律令与奏谳书》,第155页。

⑤ 睡虎地秦墓竹简整理小组:《睡虎地秦墓竹简》,第123页;彭浩、陈伟、〔日〕工藤元男主编:《二年律令与奏谳书》,第154页。

⑥ 徐世虹:《"主亲所知"释小》,《出土文献研究》(第六辑),上海古籍出版社,2004年。

以上律文主要讲了两层意思,一是奴婢逃亡之后自己回到主人、主人父母或所智(知)那里,二是主、主父母、子或同居抓获了逃亡的奴婢。比较易知"主、主亲、所知"与"主、主父母、子若同居"是一一对应的,则"所智"当包括子与同居。

据《法律答问》"'同居',独户母之谓殹(也)"①,可知"同居"指位于同一户籍之下的兄弟姐妹,且必须是一母所出。然《法律答问》又曰"户为同居"②,即同一户籍。高恒综合两则材料,认为"同居"指同一户籍同母之人③。彭年认为"同居"包括"同籍"与"同财"两项。秦汉时期,父母妻子属于"同居",没有分异的兄弟及兄弟之子亦包括在"同居"之例④。可见,关于"同居",学界尚无统一意见。

关于"室人",至今同样没有统一的看法。《法律答问》解释为"一室,尽当坐罪人之谓殹(也)"⑤,睡虎地秦墓竹简整理小组引用《礼记·昏义》注:"谓女姑女叔诸妇也。"⑥陈玉璟认为指"一家人"⑦。蔡镜浩认为"室人"似指妻子、儿女⑧。高恒认为"室人"即房屋内的人。同一室的人,不一定是亲属,更非"诸妇也"⑨。张世超认为"室人"指"同室而居"之人,亦即"同居"⑩。冨谷至认为"一室尽当坐罪之人"并不是确定缘坐范围的必要条件,奴婢并不包括在内⑪。

据上引岳麓秦简令文可知,"所治之亲""所智"和"所治之室人"三者是并列关系。前文已经确认"亲"指"父母亲","所智"包括子女与同居。又据令文"叚

---

① 睡虎地秦墓竹简整理小组:《睡虎地秦墓竹简》,第141页。
② 陈伟主编:《秦简牍合集》释文注释修订本(壹),第190页。
③ 高恒:《秦简中的私人奴婢问题》,载中华书局编辑部:《云梦秦简研究》,中华书局,1981年。
④ 彭年:《秦汉"同居"考辨》,《社会科学研究》1990年第6期。
⑤ 睡虎地秦墓竹简整理小组:《睡虎地秦墓竹简》,第141页。
⑥ 睡虎地秦墓竹简整理小组:《睡虎地秦墓竹简》,第142页。
⑦ 陈玉璟:《秦简语词札记》,《安徽师范大学学报》(哲学社会科学版)1985年第1期。
⑧ 蔡镜浩:《〈睡虎地秦墓竹简〉注释补正》(二),《文史》第29辑,中华书局,1988年。
⑨ 高恒:《读秦汉简牍札记》,《简牍研究》第1辑,法律出版社,1993年。
⑩ 张世超:《秦简中的"同居"与有关法律》,《东北师范大学学报》(哲学社会科学版)1989年第3期。
⑪ 〔日〕冨谷至著,柴生芳等译:《秦汉刑罚制度研究》,广西师范大学出版社,2006年,第154页。

(假)贳钱金它物其所治之室人、室人父母妻子同产"一段,可知"室人"一般拥有"父、母、妻、子、同产",则"室人"只能指代男性。然此涉案者之"室人"甘冒风险与治狱者进行不正当的借贷往来,以此来影响治狱者的行为,可见"室人"与涉案者必然关系密切,不可能仅仅指在空间上同居一室之人。排除各种可能后,笔者认为"室人"指异户的兄、弟、侄、孙。

又,令文常将"同居"与"亲及所智弗与同居"并列,此"同居"只能当同户解,不能作"独户母"解。既然确定了岳麓秦简中的"同居"确指位于同一户籍之下者,那么与之抄写年代相近的《二年律令》中的"同居"内涵当相同。需要指出的是,父母、子女、兄弟姐妹未必属于"同居",现在看来只有"妻"是始终属于"同居"的。父母、子女、兄弟、姐妹并非理所当然的"同居"者。

从令文"亲所智弗与同居"推测出"亲、所智"可以是"同居",也可能非"同居",而"妻子"是始终属于"同居"行列的,故"所智"不包括妻。又,奴婢虽然为主人的私产,但常出现在户籍簿上,与一般的物什有别。奴婢也是必然的"同居"者,不当在"所智"范围内。

    奴婢亡,自归主、主亲、所智(知),及主、主父母、子若同居求自得之,其当论畀主,或欲勿诣吏论者,皆许之。(《二年律令·亡律》)

秦汉律文中的"主"既可指男主,亦可指女主,如"主奴奸"的记载数见,"主"显然指女主。故知"所智"包括子女(包括异户、出嫁者)和同居(位于同一户籍之下者,妻、奴除外)。

从"治狱者亲及所智弗与同居"可知,"所智"与治狱者可能是同居关系,也可能异户。秦汉简中"亲""所智"常并列,是两个按照血缘关系划分的概念,"所智"与"同居"无必然联系。"所智"指除父母以外的血亲,包括子、孙、兄弟、侄等。"同居"指位于同一户籍之下者,妻和奴婢恒为"同居"者,其他血亲则未必是。

综上可知,"所智"与"同居"划分标准不同,前者以血缘,后者以户籍。所智未必同居,同居也未必是所智。"室人"是一个既考虑血亲又考虑户籍关系的概念,指异户的兄、弟、侄、孙。"所智"包括子女(包括异户、出嫁者)和同居(位于同一户籍之下者,妻、奴除外)。同居指位于同一户籍之下者。

(二)假贷

"假贳钱金它物""假赁费贳钱金它物其息之数"在令文中反复出现,其所指需要加以辨析。

"假"在令文中并非一般意义上的借,而是一种有条件或需要支付一定酬金的租借;"貣"指放贷,以收取利息作为盈利手段。"假"与"貣"虽均以牟利为目的,但二者以勾识号断开,表明它们有所区别。"假"即后文的"假赁","貣"即"费貣"。"假"与"貣"的区别在于:所"假"之物为一般的物品,所"貣"者为金钱。"费貣"实际上应理解为"貣费",即贷款。"假"与"貣"的区别,还可从以下简文看出:

・新地吏及其舍人敢受新黔首钱财酒肉它物,及有卖买叚(假)赁貣于新黔首而故贵赋〈贱〉(0895)其贾(价),皆坐其所受及故为贵赋〈贱〉之臧(赃)、叚(假)赁费貣息,与盗同法。(1113)①

・十三年六月辛丑以来,明告黔首:相贷资缗者,必券书吏㇄,其不券书而讼,乃勿听,如廷律。前此(0630)令不券书讼者,为治其缗,毋治其息,如内史律。(0609)②

从 0895、1113 简可知,新地吏及其舍人不得接受新黔首的馈赠,买卖时不能随意抬高或压低价钱,借贷时不可随意调整利率。"叚赁貣于新黔首"本身不违法,若"故贵贱其贾(价)",则要根据"叚赁费貣息",比照盗赃论处。"貣"为"费貣"之省。

0630 简"相贷资缗"即"貣","相贷"以"资缗"为目的。"缗"在传世文献中常见,《汉书·武帝纪》载"初算缗钱"③,李斐注:"丝,以贯钱也。"简文中的"缗"指本金,与"息"相对。"资"可与"滋"相通,"资缗"即滋长本金。贷款均以获得利息为目的,秦代民间借贷是十分普遍的行为,但借贷行为只有当着官吏之面立下券书,才具有合法性。只有立下券书,今后借贷双方发生经济纠纷对簿公堂时官府才会受理。据以上令文还可知,秦代官吏可以进行放贷行为,只要不故意"贵贱其价",均是合法的。如此看来,秦对民间私自放贷的利率也有所规范。

"其息之数"指租贷所得利息金额,被视为赃款,比照"盗赃"论处。正常的民间租贷行为是允许的,但作为治狱的官吏,秦令禁止其与涉案者及涉案者亲属发生

---

① 陈松长主编:《岳麓书院藏秦简(伍)》,第 51—52 页。
② 陈松长主编:《岳麓书院藏秦简(肆)》,第 194—195 页。
③ 《汉书》卷六《武帝纪》,第 178 页。按:据岳麓秦简"缗"之用法,可知汉武帝"初算缗钱"之"缗"指资产,"算缗钱"即收取资产税。

任何经济往来。秦令此举在于防患于未然,以期阻止权钱交易,保证司法的公正。

(三)受者、治者、所治

"受者"指接受贿赂之人,"治者"指治狱的官吏,"所治"指狱案当事人。"受者"有可能即为"治者",也可能是与"治者"关系密切之人。治狱者没有接受贿赂,且对自己亲属的受贿行为一无所知时,治狱者无罪,受贿者"与盗同法"。治狱者若知晓涉案者或其亲属向自己的亲属行贿,即使没有因此徇私枉法,也会获罪。据秦律,官民均有"告奸"义务,知情不报者会根据情节轻重给予相应惩罚。令文中出现的"有狱论""有狱者",均指犯案者,即"所治"。

治狱者本人受人钱财或在与涉案者及其亲属贸易过程中故意抬高或压低价钱,即使没有因此而出现不公正的审判,亦是违法行为,其所受赃款、贸易超出平价部分均要比照盗赃论处。治狱者接受涉案者及其亲属所赠酒肉食,即使没有因此枉法,亦"以盗律论"。由此可见,负责狱案的官吏,是不允许与涉案者及涉案者亲属发生经济关系的。

治狱者接受贿赂及获得其他不正当收入以后,因此而出现枉法行为,如果情节很严重,将面临更为严厉的处罚:

治狱受人财酒肉食,叚(假)貣人钱金它物及有卖 囡 焉而故少及多其贾(价),以其故论狱不直,不直皋重,以不直律论之。不直皋轻,以臧(赃)论之。

受赇以枉法,及行赇者,皆坐其臧(赃)为盗。罪重于盗者,以重者论之。①(《二年律令·盗律》)

关于"论狱不直",《法律答问》和《二年律令》均有解释:

"皋当重而端轻之,当轻而端重之,是谓'不直'。当论而端弗论,及伤其狱,端令不致,论出之,是谓'纵囚'②。

劾人不审,为失;其轻罪也而故以重罪劾之,为不直。③(《二年律

---

① 张家山二四七号汉墓竹简整理小组:《张家山汉墓竹简(二四七号墓)》(释文修订本),第16页。
② 睡虎地秦墓竹简整理小组:《睡虎地秦墓竹简》,第115页。
③ 张家山二四七号汉墓竹简整理小组:《张家山汉墓竹简(二四七号墓)》释文修订本,第24页。

令·具律》)

相比《二年律令》,《法律答问》对"不直"的解释更为全面。治狱的官吏不按律令从事,故意加重或减轻犯罪嫌疑人罪等,被称作"不直"。应当论罪而故意不论罪,或掩盖犯罪事实,使得犯人够不上判罪标准,于是判他无罪,称为"纵囚"。"不直"常常与"纵囚"连用,但二者有别。里耶秦简行政文书中引用一则秦令中也有关于"不直"和"纵囚"的记录:

丮(讯)敬:令曰:诸有吏治已决而更治(8-1832)者,其罪节(即)重若(8-1418)益轻,吏前治者皆当以纵不直论。今䛅等当赎(8-1133)耐,是即敬等纵弗论殹。何故不以纵论?(8-1132正) 赎(8-1132背)①

通过《法律答问》和里耶秦简,我们已经清楚"不直"的确切含义。官吏犯"不直"罪,究竟当如何处理,《史记·秦始皇本纪》载:"(秦始皇)三十四年,适治狱吏不直者,筑长城及南越地。"②同为"不直"罪,轻重不同,不可能面临相同的惩处,《史记》中所言当针对情节比较恶劣者。汉初抄写的《二年律令》规定:

鞫(鞠)狱故纵、不直,及诊、报、辟故弗穷审者,死罪,斩左止(趾)为城旦,它各以其罪论之。③(《二年律令·具律》)

汉初之制多承秦朝,秦律对官吏"不直"者之惩处当与上面近似,"适治狱吏不直者,筑长城及南越地",当针对罪行比较严重者。需要补充的是,以上规定是在秦始皇三十三年(前214)平定南越、击退匈奴以后,由于王朝疆域空前广阔,需要大量官吏进行管理,只好启用那些政绩有污点的墨吏。岳麓秦简律令条文中频繁出现的"新地吏",其中就包括不少因犯罪而谪往者。将治狱不直之吏发配到新地为吏,既可以弥补新地吏员之不足,又可以充分利用人力资源,毕竟培养一名合格的官吏需要比较漫长的时间。

(四)以臧论

令文中多次出现的"以臧(赃)论""以盗律论"和"与盗同法",实际是一回事,指根据其赃值,比照盗窃财物罪论处。目前所见材料,以《二年律令》对"盗

---

① 陈伟主编:《里耶秦简牍校释》(第一卷),第281页。
② 《史记》(点校本二十四史修订本)卷六《秦始皇本纪》,第323页。
③ 张家山二四七号汉墓竹简整理小组:《张家山汉墓竹简》,第22页。

罪"的规范最为完备：

> 盗臧(赃)直(值)过六百六十钱,黥为城旦舂。六百六十到二百廿钱,完为城旦舂。不盈二百廿到百一十钱,耐为隶臣妾。不盈百一十钱到廿二钱,罚金四两。不盈廿二钱到一钱,罚金一两。① (《二年律令·盗律》)

汉初律条与秦律关系密切,以上规定对探究秦律对"盗罪"的规范有一定参考价值。例如《二年律令》根据赃值多少将盗罪分为五等,与秦代的情形类似。尤其是钱数均是十一的倍数,袭用秦律的痕迹极为明显,《秦律十八种·金布律》规定："钱十一当一布。"此举本是为了钱布兑换的方便,但对秦汉整个刑罚体系的影响极为深远。

睡虎地秦简、龙岗秦简和岳麓秦简中均有关于"盗罪"的惩罚条款,但均不如《二年律令》中所见有体系。即便如此,笔者还是希望综合三批材料所提供的信息,复原秦律中有关"盗罪"的处罚原则。

笔者多次在文章中提及秦律文本是流动多变的,不仅仅表现在条文增减或更替,就是对同一事项,不同时期的规范也可能不一样。具体到"盗罪"的处罚规定也是如此。为了更加直观地看到这种变动,现将有关材料摘引于下：

> 1. 士五(伍)甲盗,以得时直(值)臧(赃),臧(赃)直(值)百一十,吏弗直(值),狱鞫乃直(值)臧(赃),臧(赃)直(值)过六百六十,黥甲为城旦,问甲及吏可(何)论?甲当耐为隶臣,吏为失刑罪。甲有罪,吏智(知)而端重若轻之,论可(何)殹(也)?为不直。②

> 2. 司寇盗百一十钱,先自告,可(何)论?当耐为隶臣,或曰赀二甲。③

> 3. 或盗采人桑叶,臧(赃)不盈一钱,可(何)论?赀繇(徭)三旬。④

> 4. 二百廿钱到百一十钱,耐为隶臣妾;□□(40号)⑤

---

① 张家山二四七号汉墓竹简整理小组:《张家山汉墓竹简(二四七号墓)》释文修订本,第16页。

② 睡虎地秦墓竹简整理小组:《睡虎地秦墓竹简》,第102页。

③ 睡虎地秦墓竹简整理小组:《睡虎地秦墓竹简》,第95页。

④ 睡虎地秦墓竹简整理小组:《睡虎地秦墓竹简》,第95页。

⑤ 陈伟主编:《秦简牍合集(叁)》释文注释修订本,第36页。

5. 赀二甲；不盈廿二钱到一钱，赀一盾；不盈一钱，□□（41号）①

6. 达等叔冢，不与猩、敲谋，【得】衣器告；猩、敲受分，臧（赃）过六百六十钱。得。猩当黥城旦，敲耐鬼薪。（"猩、敲知盗分赃案"）②

7. ·诸物之有程而当入县官者，其恶不如程而请吏入，其受请者及所请，皆坐恶不如程者，（1457）与盗同法，臧（赃）不盈百一十钱者，耐以为司寇。·廿匕（1483）③

8. 工隶臣妾及工当隶臣妾者亡，以日六十钱计之。隶臣妾、宫隶、收人（2002）及诸当隶臣妾者亡，以日六钱计之，及司寇冗作及当践更者亡，皆以其当冗作及当践（1981）更日，日六钱计之，皆与盗同法。（1974）不盈廿二钱者，赀一甲。其自出殹（也），减罪一等 ∟。亡日钱数过六百六十而能以钱数物告（0169）者，购金二两，其不审，如告不审律。六百六十钱以下及不能审钱数而告以为亡，购（0180）金一两，其不审，完为城旦舂到耐罪，赀二甲；赀罪，赀一甲。（2036）④

材料1、2、3均取自睡虎地秦简《法律答问》，其抄写年代当在秦统一之前。从材料1可知，盗赃值百一十钱以上，耐为隶臣妾；盗赃值六百六十钱以上，黥为城旦舂。从材料2可知，盗赃值百一十钱以上，本当耐为隶臣妾，但考虑其有"自告"行为，或有官吏认为当罚二甲。根据秦律的量刑规则，当犯罪人有自首行为时，会减罪一等。这从侧面说明，盗赃不满百一十钱者，赀二甲。

材料4、5来自《龙岗秦简》，一般认为此批律条抄录时代为秦统一以后。任仲赫认为以上两简可以遥缀，推测中间残缺为"不盈百一十钱到廿二钱"诸字⑤，结论可信。秦及汉初量刑的标准数额均为十一钱的倍数，廿二、百一十、二百廿、六百六十是重要的节点。又以龙岗秦简39号简为例，满简的容字数为24字，40号简补释之后正好是24字。与40号简编连的前简一定是以"不盈"结尾，且是

---

① 陈伟主编：《秦简牍合集（叁）》释文注释修订本，第37页。
② 朱汉民、陈松长主编：《岳麓书院藏秦简（叁）》，第124页。
③ 陈松长主编：《岳麓书院藏秦简（陆）》，第62—63页。
④ 陈松长主编：《岳麓书院藏秦简（肆）》，第44—45页。按：2002号简原本漏收，笔者在后续整理过程中发现其当编连在1981简之前。
⑤ 任仲赫：《秦汉律的罚金刑》，《湖南大学学报》（社会科学版）第22卷第3期，2008年5月。

针对"不盈六百六十钱到二百廿钱"以及"六百六十钱以上"之处罚。

材料6、7、8摘自岳麓秦简,其中材料6为秦统一前的狱案卷宗摘录,材料7、8为秦统一后抄录的律令条文。需要指出的是,岳麓秦简中的令文有晚至秦二世时期者。据材料6,盗赃过六百六十钱者,黥为城旦,上造爵以上者,耐为鬼薪。从材料7可知,盗赃值不满百一十钱者,耐为司寇。《法律答问》和《龙岗秦简》中对同等级别的盗罪均是罚赀二甲。这当是秦对盗罪刑等进行调整的结果。"赀二甲"以上尚有"赎耐",可见秦法对盗罪的惩处力度在不断加强。这从材料8也能看出,逃亡者以每日六钱计为盗赃,不盈廿二钱者,赀一甲。比起《龙岗秦简》中的"赀一盾"来,同样重了一个等级。让人疑惑的是,赀一甲与耐为司寇之间,隔了赀二甲、赎耐两个刑等。里耶秦简中有官吏因某种原因被处以耐为司寇之刑者:

卅四年六月甲午朔乙卯,洞庭守礼谓迁陵丞:丞言徒隶不田,奏曰:司空厌等当坐,皆有它罪,(8-755)耐为司寇。有书,书壬手。(8-756)①

为便于比较,现将秦汉简中对盗罪的相应处罚情况制表如下:

表二　秦汉盗罪相应处罚一览表

赃值	睡虎地秦简	岳麓秦简	龙岗秦简	二年律令
X ≥660	黥为城旦舂	黥为城旦舂		黥为城旦舂
660 > X ≥220	完为城旦舂	完为城旦舂		完为城旦舂
220 > X ≥110	耐为隶臣妾	耐为隶臣妾	耐为隶臣妾	耐为隶臣妾
110 > X ≥22	赀二甲	耐为司寇	赀二甲	罚金四两
22 > X ≥1	赀一盾	赀一甲	赀一盾	罚金一两
X < 1	赀徭三旬			

三、秦法处置受贿罪的原则问题

通过上文分析可知,秦代在处置官吏受贿枉法之罪时,总体中遵循以下原则:"不直罪"轻,以盗罪论处;"不直罪"重,以不直论。但在具体处置时,情况远

---

① 陈伟主编:《里耶秦简牍校释》(第一卷),第217页。

比此复杂。"人是一切社会关系的总和",官吏作为社会中一员,与外界必然发生各种联系,与亲属之间的关联尤其重要。秦法制定者在拟定律令条文时,既要防范官吏的亲属利用血亲关系侵蚀公权力,阻碍司法的公正性;又要充分考虑官员的社会属性,不能只让他们感受到冰冷严酷的律条,而没有感受到一丝暖人心房的脉脉温情。"刚柔相济"的原则,在秦代律令条文中表现得十分明显。下面将着重谈谈这一点。

前文已经论述了官吏本人受贿的处罚情况,官吏亲属受贿情况更为复杂些。亲属同居还是异户,处罚措施不同。又,亲属在受贿后是否请托,请托后官吏又是否枉法,均会有不同的处置。

治狱官吏的同居因为狱事的缘故,接受他人钱财或不正当的收入,并将此事告知治狱者,而治狱者没有将此事上报官府,同居与治狱者均要根据具体的赃值,按照盗罪论处。"同居连坐"是秦法中一条比较重要的原则,《法律答问》引秦法曰:"盗及者(诸)它罪,同居所当坐"①。

治狱者同居受人酒肉食,并将此事告知治狱者,治狱者未因此而枉法,同居以盗律论,治狱者赀二甲。治狱者父母兄弟子侄未与同居者,接受人家酒肉食,并将此事告知治狱者,治狱者未因此而枉法,受贿者赀二甲,治狱者无罪。

同居者必共产,同居者受贿所得,计入家庭总财产中,故就此而言,治狱者同居受贿,与治狱者本人接受区别不大。我们姑且称治狱者亲属接受贿赂为"间接受贿",其与治狱者本人直接受贿有别,故秦法对直接受贿与间接受贿分别处理。

亲属受人酒肉食并将此事告知治狱者,治狱者因此而枉法,同居亲属与弗与同居者所面临的惩罚不同,治狱者接受非同居者的请托而枉法,所受到的惩罚更为严厉:

> 以枉事及其同居或以狱事故受人酒肉食,以告治者,治者为枉事,治者、受者皆与盗同法。(1697)

> 治狱者亲及所智(知)弗与同居,以狱事故受人酒肉食……为请治者,治者为枉事,得,皆耐,其罪重于耐者,以重者论,以盗律论受者。(1710-0833)

---

① 睡虎地秦墓竹简整理小组:《睡虎地秦墓竹简》,第98页。

前文已经论及,盗罪按照赃值课刑,最高为黥城旦舂,最低为赀一甲。同居受人酒肉食,"以告治者,治者为枉事,治者、受者皆与盗同法",若以"盗罪"论,最重黥为城旦舂、最轻赀一甲。"治狱者亲及所智(知)弗与同居"受人酒肉食而为涉案者请托,治狱者因此而枉法,"不直"之罪在耐罪以下者,受贿者、治狱者均要以耐罪论。"不直"之罪在耐罪以上者,治狱者以"不直罪"论处,受贿者根据受贿数额以盗罪论处。

不难发现,同居请托,治狱者枉法,治狱者之罪等根据受贿物所值而定;父母、所智非同居者请托,治狱者为枉法,治狱者之罪按照不直罪大小而定,即与涉案者罪等相关联,而与受贿赃值无直接关系。

以上是治狱者因亲属请托而枉法的情况,下面再谈谈虽请托而未枉法的情况:

> 同居受人酒肉食,以告治者,治者弗为枉事,治者赀二甲,受者以盗律论。(1711)

> 治狱者亲及所智(知)弗与同居,以狱事故受人酒肉食……其告治者,治者弗为枉事,受者赀二甲。(1710-1732)

> 母妻子同产,以告治者,治者虽弗为枉事,以所叚(假)赁费貣钱金它物其息之数,受者、治者与盗同法。(1098)

1098简之前有缺文,可推测大致内容是治狱者同居假贷钱金它物给涉案者的亲属,以从中谋利,并为涉案者请托。治狱者即使没有因此枉法,也要与受贿者一道按盗罪论处。同样的情况下,如果同居受贿物品为酒肉食,治狱者将赀二甲,受贿者同样以盗罪论。父母、所智非同居者受人酒肉食而为涉狱者请托,治狱者弗为枉法,受贿者赀二甲,治狱者无罪。

从上可见,治狱者同居无论是受人酒肉食还是通过"假赁费貣"等获得非法收入,只要向治狱者请托,即使治狱者未因此而枉法,受贿者均以盗罪论。

治狱者即使本人没有受贿,也没有枉法,只要知晓亲属受贿而未向官府报告,就会被治罪。只有一种情况例外,亲属非同居者受人酒肉食而为涉狱者请托,弗为枉法,治狱者无罪。令文中提及治狱官吏无罪的情况还有以下几种:

> 不告治者,受者独坐。告治者,治者即自言吏,无辠。(1098、1086)

> 不告治者及弗谩,毋辠。(1732)

治狱者在不知亲属受贿或知情而上报官府的情况下，可以免受处罚。

关于受人酒肉食，岳麓秦简在其他令文中也有规定：

　　·里人令军人得爵受赐者出钱酒肉歓(饮)食之，及予钱酒肉者，皆赀戍各一岁。(0634)①

　　·材官、趋发、发弩、善士敢有相责(债)入舍钱酉(酒)肉及予者，捕者尽如此令，士吏坐之，如乡啬夫。赀丞、令、(0525)☒史、尉、尉史各一甲。丞相下，尉布，御史议，吏敢令后入官者出钱财酒肉，入时共分歓(饮)食及出者，皆【赀】二甲，责费。(0529)②

"军人"当指里人服兵役者，里人获得军功爵，本是可喜可贺之事，秦法却严禁以酒肉钱财道贺，违者罚充为戍卒一岁。旧吏让新入职视事的同事出钱财酒肉或分享其食物，索取者和给予者均罚二甲，并赔偿相应费用。可见，同样是索取钱酒肉食，不同场合，不同目的，所面临的惩罚是不一样的。

整则令文大部分内容是针对受贿者以及治狱者的，只有后半部分对行贿者的处罚问题做了大致规范：

　　有狱论，有狱论(1723)亲、所智(知)以狱事故，以财酒肉食遗及以钱金它物叚(假)贷治狱、治狱者亲、所智(知)及有卖买焉而故少及多(1815)[其]贾(价)，已受之而得，予者毋(无)辠。有狱者，有狱者亲、所智(知)以财酒肉食遗治狱者，治狱者亲、所智(知)└，弗受而告吏，以盗(1847)☒论遗者，以臧(赃)赐告者，臧(赃)过四千钱者，购钱四千，勿予，臧(赃)入县官。予人者，即能捕所予及它人或能捕之(1851)

涉案者、涉案者父母以及其亲属因狱事之故，赠予治狱者、治狱者父母及其亲属钱财酒肉食或借贷钱财物品给他们，买卖时故意抬高压低价钱，对方接受了贿赂，被官府侦破检举后，行贿者均无罪。如果治狱者及其亲属不但没有接受贿赂，而且将行贿者的行为如实上告官府，行贿者据赃值按照盗罪论处。作为奖赏，官府将赃物赐予举报者，但如果赃物所值超过四千钱，赃物充公，将奖赏检举者四千钱。赃物已经送出，本人或他人若能捕获受贿者……

1851之后本当有简与之系连，但已无法找到。据文意当是规范行贿者无罪

---

① 陈松长主编：《岳麓书院藏秦简(肆)》，第220页。
② 陈松长主编：《岳麓书院藏秦简(肆)》，第221页。

的又一种情况,即赃物已经送出,本人或他人若能捕获受贿者,行贿者无罪,以赃物予抓捕者。

通过以上论述,我们对秦代惩治、防范官吏受贿枉法有了更为深入的认识,也更为直观地感受到秦法的严密细致、合乎情理又切于实用,寓灵活性与原则性于一体。

第二节 失职罪

失职罪指官吏玩忽职守,未能干好本职工作。秦代各级官吏承办之事众多,故失职罪所涉范围也十分广泛,本文仅选举文献中常见的数种加以论述。

一、考课不合格

秦代的考课制度十分完善,各级官吏均需要应对不同形式的考核,各个官署有人专门负责考课事宜,甚至有诸如《牛羊课》一类的律篇被制定出来。

里耶秦简8-906号是签牌,上记"卅四年迁陵课笥"①数字,"笥"为竹筐,"课笥"指装有考课记录文书的竹笥。将秦始皇三十四年(前213)的考课文书汇集在一处,显然是为了上计做准备②。秦迁陵县下辖诸曹及都乡、启陵和贰春三乡,而诸曹及乡又分设一些部门管理各项事宜。每个部门都有具体的考课内容,里耶秦简保留了相关文献:

  畜官课志:AⅠ
  徒隶牧畜死负、剥卖课,AⅡ
  徒隶牧畜畜死不请课,AⅢ
  马产子课,AⅣ
  畜牛死亡课,BⅠ
  畜牛产子课,BⅡ
  畜羊死亡课,BⅢ

---

① 陈伟主编:《里耶秦简牍校释》(第一卷),第246页。
② 目前所见当为副本。

畜羊产子课。BⅣ

・凡八课。BⅤ(8-490+8-501)

仓课志:AⅠ
畜彘鸡狗产子课,AⅡ
畜彘鸡狗死亡课,AⅢ
徒隶死亡课,AⅣ
徒隶产子课,AⅤ
作务产钱课,BⅠ
徒隶行繇(徭)课,BⅡ
畜鴈死亡课,BⅢ
畜鴈产子课。BⅣ

・凡□C(8-495)

【厨】课志:AⅠ
卒死亡课,AⅡ
司寇田课,AⅢ
卒田课。BⅠ

・凡三课。BⅡ(8-482)

乡课志:AⅠ
□□;AⅡ
□食口□课;AⅢ
黔首历课;BⅠ
寡子课、子课;BⅡ

・凡四课。BⅢ(8-483)

课上金布副。AⅠ
黍课。AⅡ
作务。AⅢ

畴竹。AⅣ

池课。AⅤ

园粟。BⅠ

采铁 。BⅡ

市课。BⅢ

作务徒死亡。BⅣ

所不能自给而求输。BⅤ

县官有买用钱。/铸段(锻)。CⅠ

竹箭。CⅡ

水火所败亡。/园课。采金。CⅢ

赀、赎、责(债)毋不收课。CⅣ(8-454)

田官课志。Ⅰ

田□□课。Ⅱ

・凡一课。Ⅲ(8-479)①

从以上材料可知,每一个部门均有相应固定的考课细目,有规定生产指标的所谓"程籍",考课合格者称为"中程",否则为"不中程"。

考课不达标时相关的部门负责人会依律受到相应处罚,其中以赀甲盾最为常见,例如:

牛大牝十,其六毋(无)子,赀啬夫、佐各一盾。・羊牝十,其四毋(无)子,赀啬夫、佐各一盾。・牛羊课。②(《秦律杂抄》)

伤乘舆马,夬(决)革一寸,赀一盾;二寸,赀二盾;过二寸,赀一甲。・课驺騄,卒岁六匹以下到一匹,赀一盾。・志马舍乘车马后,毋(勿)敢炊饮,犯令,赀一盾。已驰马不去车,赀一盾。③(《秦律杂抄》)

采山重殿,赀啬夫一甲,佐一盾;三岁比殿,赀啬夫二甲而法(废)。殿而不负费,勿赀。赋岁红(功),未取省而亡之,及弗备,赀其曹长一

---

① 陈伟主编:《里耶秦简牍校释》(第一卷),第163页。
② 陈伟主编:《秦简牍合集 释文注释修订本(壹)》,第170—171页。
③ 陈伟主编《秦简牍合集 释文注释修订本(壹)》,第169页。

盾。大(太)官、右府、左府、右采铁、左采铁课殿,赀啬夫一盾。① (《秦律杂抄》)

当获罪者无法缴纳所赀罚甲盾对应的金钱数时,可以通过去官府居作的方式进行偿还:

· 迧陵言:佐角坐县官田殿,赀二甲,贫不能入⌐,角择(释)除为别离内佐,谒移角赀署所,署所令先居之,延陵(1858)不求赏(偿)钱以糴(籴),有等比。·曰:可。 ·县官田令囷一(1860)②

十二月戊寅,都府守膚敢言之:迁陵丞膻曰:少内昍言冗Ⅰ佐公士僰道西里亭赀三甲,为钱四千卅二。自言家能入。Ⅱ为校□□□谒告僰道受责。有追,追曰计廿八年□Ⅲ责亭妻膚亡。膚亡曰:贫,弗能入。谒令亭居署所。上真书谒环。□□Ⅳ僰道弗受计。亭譓当论,论。敢言之。☐Ⅴ(8-60+8-656+8-665+8-748)③

"角赀署所""亭居署所",均指居赀,不过官吏居赀与黔首、徒隶不同。黔首、徒隶居作一日可抵八钱(官府提供食宿只能抵六钱),官吏则从其薪俸或伙食费中扣除,大多仍旧从事之前的工作。秦统一后,官吏大多不愿前往新地任职,故考课不达标的官吏常常被谪至新地为吏:

·梓潼丞略坐课,以故秩为新地吏二岁,诣潦东,次未得用。略年六十六,不当为吏。议:令略(0382)④

廿六年十二月癸丑朔庚申,迁陵守禄敢言之:沮守瘳言:课廿四年畜Ⅰ息子得钱殿。沮守周主。为新地吏,令县论言夬(决)。·问之,周不在Ⅱ迁陵。敢言之。Ⅲ

·以荆山道丞印行。Ⅳ(8-1516)

丙寅水下三刻,启陵乘城卒秭归□里士五(伍)顺行旁。⑤　　壬手。(8-1516背)

---

① 陈伟主编:《秦简牍合集》释文注释修订本(壹),第167页。
② 陈松长主编:《岳麓书院藏秦简(陆)》,第177—178页。
③ 陈伟主编:《里耶秦简牍校释》(第一卷),第43页。
④ 《岳麓书院藏秦简(柒)》,待刊。
⑤ 陈伟主编:《里耶秦简牍校释》(第一卷),第343页。按:"夬"原释为"决",今改之。

梓潼县丞略、沮守周均因考课不合格而谪为新地吏，仍维持之前的品秩，实际上是换了一个地方为吏而已。《史记·秦始皇本纪》载"三十四年，适治狱吏不直者，筑长城及南越地"，是将犯罪之吏谪往边境戍守或从事剧重劳役，其与徒隶无异。

对于在考课过程中故意弄虚作假的官吏，惩处要严重得多：

　　·定阴〈陶〉忠言：律曰："显大夫有皋当废以上勿擅断，必请之。"今南郡司马庆故为冤句令，誃（诈）课，当(1036)废官，令以故秩为新地吏四岁而勿废，请论庆。制书曰："诸当废而为新地吏勿废者，即非废。(1010)已后此等勿言。"①　　　·廿六(1011)

以上令文不但引用了一则律文、保留了请令程序，而且为了解秦代官吏诉讼程序提供极佳的素材。"誃（诈）课，当废官"，在考课时弄虚作假，将被免职，且永不叙用。"令以故秩为新地吏四岁而勿废"，看似一种从轻的处置，品秩不变，仍可为吏，只是换到新地而已。"诸当废而为新地吏勿废者，即非废"，将失职的官吏派遣到新地任职，而非罢免永不叙用，此乃秦职官制度方面的重要调整，亦是时局之下的必然产物。然在秦吏眼中，此并非恩赐，而是一种变相的重惩，在新地为吏，危险系数比较高，各种反叛势力此起彼伏，忍受思乡之苦的同时又要适应全新的气候与风俗，并非一件美差。秦吏往往惧怕到新地为吏，只好将罪吏发配到新地任职，周期一般是四年，四年期满后，仍然会被免职。

二、失期

失期指未能在规定的时期达成目标。有学者将失期解释为"在军事行动时迟缓不能按事先要求达到指定地点的行为"②，定义过窄。军法上的失期具有特殊性，故处罚很重，《史记·司马穰苴列传》："召军正问曰：'军法期而后至者云何？'对曰：'当斩。'"③《史记·陈涉世家》："会天大雨，道不通，度已失期。失期，法皆斩。"④《史记·卫将军骠骑列传》："将军张骞……后三岁，为将军，出右

---

① 陈松长主编：《岳麓书院藏秦简（伍）》，第56页
② 安作璋、陈乃华：《秦汉官吏法研究》，齐鲁书社，1993年，第273页。
③ 《史记》（点校本二十四史修订本）卷六四《司马穰苴列传》，第2626页。
④ 《史记》（点校本二十四史修订本）卷四八《陈涉世家》，第2368页。

北平,失期,当斩,赎为庶人。"①

军法以外的失期罪,根据具体情况而进行不同的惩处:

・兴律曰:发征及有传送殹(也),及诸有期会而失期,事乏者,赀二甲,废。其非乏事【殹(也),及书已具】(0992)留弗行,盈五日,赀一盾;五日到十日,赀一甲;过十日到廿日,赀二甲;后有盈十日,辄驾(加)一甲。②(0792)(岳麓秦简)

发征及有传送,若诸有期会而失期,乏事,罚金二两。非乏事也,及书已具,留弗行,行书而留过旬,皆盈一日罚金二两。③(《二年律令・行书律》)

上引岳麓秦简《兴律》是针对官吏的,在律文中出现"废",指罢免官职而永不录用。"发征"一般指徭役之征发,"传送"乃"委送传输"之省,传输对象可以是租税、物资等实物,也可指服役人员。"诸有期会而失期",指未能在规定的期限内会合;"乏事",指废事。"乏"或可作"缺"解,《史记・货殖列传》:"《周书》曰:'农不出则乏其食,工不出则乏其事。'"④《二年律令・兴律》:"乏繇(徭)及车牛当繇(徭)而乏之,皆赀日十二钱,有(又)赏(偿)乏繇(徭)日。"⑤上引《二年律令・行书律》极有可能是承袭岳麓秦简《兴律》条文而成,只在个别地方做了修改。

官吏发征失期与黔首服徭失期颇有关联,但二者面临的处罚不同:

御中发征,乏弗行,赀二甲。失期三日到五日,谇;六日到旬,赀一盾;过旬,赀一甲。其得殹(也),及诣。水雨,除兴。⑥(《秦律十八种・徭律》)

▨守及县官各以其事难易〈易〉、道里远近,善为期。有失期及窃去其事者,自一日以到七日,赀二甲;过七日(1182)赎耐;过三月耐为隶臣┕,其病及遇水雨不行者,自言到居所县,县令狱史诊病者令、丞

---

① 《史记》(点校本二十四史修订本)卷一一一《卫将军骠骑列传》,第3561页。
② 陈松长主编:《岳麓书院藏秦简(肆)》,第147页。
③ 彭浩等主编:《二年律令与奏谳书》,第202页。
④ 《史记》(点校本二十四史修订本)卷一二九《货殖列传》,第3951页。
⑤ 彭浩、陈伟、〔日〕工藤元男主编:《二年律令与奏谳书》,第244页。
⑥ 陈伟主编:《秦简牍合集》释文注释修订本(壹),第105页。

☐，瘃宥瘳宜言(1177+C10-3-10)瘳所县，县移其诊牒及病有瘳、雨留日数，告其县官，县官以从事诊之，不病，故☐(1155)①(岳麓秦简)

通过与岳麓秦简《兴律》对读可知，上引《秦律十八种·徭律》的适用对象为官吏，而并非服役的百姓。高敏认为："这种对服役者失期的惩处规定，同《史记·陈涉世家》所说秦末的'失期，法皆斩''亡亦死'的规定显然存在差别，表明《秦律》不是秦始皇时期撰写的秦律。"②高敏认为条款是针对服役者的，与我们的看法不同。

岳麓秦简1182组条文前后均缺，我们先前整理时将其定为秦令，现在看来未必如此。从内容来看，其与服徭役有关，而其字体、竹简形制与之前刊布的《徭律》并无不同，将其视为《徭律》也未尝不可。条文针对服役者失期而制定，失期时间相同，服役者与官吏面临的处罚却不同。服役者失期一日赀一甲，而负责征发徭役的官吏失期十天以上仅赀一甲。当然，这种情况也有可能是律条修订造成的。

三、过失罪

过失罪指因疏忽大意而犯罪。《周礼·秋官·司刺》："壹宥曰不识，再宥曰过失，三宥曰遗忘。"郑玄注："郑司农云：'过失犹今律过失杀人，不坐死。'……过失，若举刃欲斫伐而轶中人者。"③《晋书·刑法志》："不意误犯，谓之过失。"④过失罪与秦律提及的"端犯"（故意犯罪）相对而言。

官吏在处理行政事务中无意所犯之过，秦律中常用"误"来指称。《法律答问》："马牛误职（识）耳，及物之不能相易者，赀官啬夫一盾。"⑤汉初律条也有类似表达，《二年律令·贼律》："诸上书及有言也而谩，完为城旦舂。其误不审，罚金四两。"⑥

"误"有大小之分，"人户、马牛及者（诸）货材（财）直（值）过六百六十钱为

---

① 陈松长主编：《岳麓书院藏秦简（伍）》，第206页。
② 高敏：《云梦秦简初探》，河南人民出版社，1981年，第46页。
③ 李学勤主编：《周礼注疏》（点校本），第946页。
④ 陆心国：《晋书刑法志注释》，群众出版社，1986年，第76页。
⑤ 陈伟主编：《秦简牍合集》释文注释修订本（壹），第150页。
⑥ 彭浩、陈伟、〔日〕工藤元男主编：《二年律令与奏谳书》，第95页。

'大误',其它为小"①。岳麓秦简《贼律》对"大误""小误"的认定与《法律答问》相同,并进一步明确了相应的处罚条款:

> 为券书,少多其实,人户、马、牛以上,羊、犬、彘二以上及诸误而可直(值)者过六百六十钱,皆为(1244)大误;误羊、犬、彘及直(值)不盈六百六十以下及为书而误、脱字为小误。小误,赀一盾;大误,赀一甲。误,毋(无)所害(1246+1395)□□□□殹(也),减臯一等。(1364)②(《贼律》)

> 计脱实及出实多于律程,及不当出而出之,直(值)其贾(价),不盈廿二钱,除;廿二钱以到六百六十钱,赀官啬夫一盾;过六百六十钱以上,赀官啬夫一甲,而复责其出殹(也)。人户、马牛以上为大误。误自重殹(也),减臯(罪)一等。③(《效律》)

睡虎地秦简《效律》与岳麓秦简《贼律》对大、小误的处置标准相同,均是分别赀一甲和赀一盾。然二者所针对的具体事项不同,一个是制作券书时发生讹误,一个是核查失实、出纳官有财物时没有按照固有章程办。据此或可推测,官吏由于疏忽或本身能力有限而失误,只施以相对较轻的赀罚,以示惩戒。

然并非所有"失误"所致的后果都可以用金钱数来衡量,以"治狱"为例,大多数情况下只能制定新的标准。官吏在治狱时失误,《法律答问》中称之为"失刑",是与"不直"相对应的概念:

> 士五(伍)甲盗,以得时直(值)臧(赃),臧(赃)直(值)过六百六十,吏弗直(值),其狱鞫乃直(值)臧(赃),臧(赃)直(值)百一十,以论耐,问甲及吏可(何)论?甲当黥为城旦;吏为失刑臯(罪),或端为,为不直。④(《法律答问》)

> 臯(罪)当重而端轻之,当轻而端重之,是谓"不直"。⑤(《法律答问》)

---

① 陈伟主编:《秦简牍合集 释文注释修订本(壹)》,第262页。
② 陈松长主编:《岳麓书院藏秦简(肆)》,第142—143页。
③ 陈伟主编:《秦简牍合集》释文注释修订本(壹),第154页。
④ 陈伟主编:《秦简牍合集》释文注释修订本(壹),第195页。
⑤ 陈伟主编:《秦简牍合集》释文注释修订本(壹),第217页。

劾人不审,为失;其轻罪也而故以重罪劾之,为不直。①(《二年律令·具律》)

"失刑罪"可以理解为官吏在处理狱案时做出与法律不符的判决,这种偏差并非有意为之。官吏"失刑"究竟会面临何种处罚,目前所见秦律令中尚未见明确规定。唯一可以肯定的是比"不直"会轻。

秦律令中还常用"犯令""不从令"来指称官吏的失职行为:

日食城旦,尽月而以其馀益为后九月稟所。城旦为安事而益其食,以犯令律论吏主者。减舂城旦月不盈之稟。②(《秦律十八种》)

县官毋得过驿乘,所过县以律食马及禾之乚。御史言,令覆狱乘恒马者,日行八十里乚。请,许。如(0698)有所留避,不从令,赀二甲。(0641)③(岳麓秦简)

关于犯令,《法律答问》有解释:"律所谓者,令曰勿为,而为之,是谓'犯令'"④。在解释"犯令"的同时,也对另一个在律令条文中少见的术语"废令"加以解释:"令曰为之,弗为,是谓'法(废)令'。"⑤岳麓秦简中常见的"不从令"实际上可以涵括"犯令"与"废令"两个方面。"犯令"分"大犯令"与"小犯令",目前所见资料中,这两项罪名常施加在官吏身上:

郡县除佐,事它郡县而不视其事者,可(何)论?以小犯令论。⑥(《法律答问》)

·县为候馆市旁,置给吏(事)具,令吏徒守治以舍吏殹(也)。·自今以来,诸吏及都大夫行往来者,皆得舍焉,它(1696)【不】得。·有不当舍而舍焉及舍者,皆以大犯令律论之乚。令、丞弗得,赀各一甲。

·廷甲　　廿(1708)⑦(岳麓秦简)

犯令是一种比"大误"还要严重的过错,《为狱等状四种》其中一个案例载基

---

① 彭浩、陈伟、〔日〕工藤元男主编:《二年律令与奏谳书》,第138页。
② 陈伟主编:《秦简牍合集》释文注释修订本(壹),第81页。
③ 陈松长主编:《岳麓书院藏秦简(肆)》,第198—199页。
④ 陈伟主编:《秦简牍合集》释文注释修订本(壹),第236页。
⑤ 陈伟主编:《秦简牍合集》释文注释修订本(壹),第236页。
⑥ 陈伟主编:《秦简牍合集》释文注释修订本(壹),第237页。
⑦ 陈松长主编:《岳麓书院藏秦简(伍)》,第138—139页。

层小吏暨共遭受八项指控,其中"小犯令二,大误一,坐官、小误五"。① 大误赀一甲,小犯令的处罚一定重于此。

四、亡失官印及其他官物

官吏丢失、损伤官有财物,一般按照原价进行赔偿即可,如无钱偿还,还可以通过逐月扣除其部分俸禄与禀食的方式偿还:

> 吏坐官以负赏(偿),未而死,及有辠(罪)以收,抉出其分。其已分而死,及恒作官府以负责(债),牧将公畜生而杀、亡之,未赏(偿)及居之未备而死,皆出之,毋责妻、同居。②(《秦律十八种·金布律》)

> 官啬夫免,复为啬夫,而坐其故官以赀赏(偿)及有它责(债),贫窭毋(无)以赏(偿)者,稍减其秩、月食以赏(偿)之,弗得居;其免殹(也),令以律居之。③(《秦律十八种·金布律》)

睡虎地秦律中所见官吏赔偿失物的方式兼具公正性与合理性,既不影响日常行政,又不会给官吏造成巨大压力。估算亡失财物的价值,或是一个比较关键的环节:

> 金布律曰:诸亡县官器者,必狱治,臧(赃)不盈百廿钱④,其官自治,勿狱。⑤(1402)(岳麓秦简)

律条没有针对某一特定对象,则对吏民都适用。当亡失县官器物之价值超过百二十(当为百一十之讹)钱时,要由于专门治狱的机构立案处理,显然是视为犯罪了。律文中出现的"臧"也颇值得注意,这一语词常常在描述盗窃罪时出现。"亡县官器"须"狱治",在随后的《二年律令》中并未出现:

> 亡、杀、伤县官畜产,不可复以为畜产,及牧之而疾死,其肉、革腐败毋用,皆令平贾(价)偿。入死、伤县官,贾(价)以减偿。⑥(《二年律令·金布律》)

---

① 朱汉民、陈松长主编:《岳麓书院藏秦简(叁)》,第148页。
② 陈伟主编:《秦简牍合集》释文注释修订本(壹),第92页。
③ 陈伟主编:《秦简牍合集》释文注释修订本(壹),第92页。
④ 按:"百廿"极有可能是"百一十"之讹。
⑤ 陈松长主编:《岳麓书院藏秦简(肆)》,第106页。
⑥ 彭浩、陈伟、〔日〕工藤元男主编:《二年律令与奏谳书》,第255页。

亡、毁、伤县官器财物,令以平贾(价)偿。入毁伤县官,贾(价)以减偿。①(《二年律令·金布律》)

可见《二年律令》中亡损县官器物按照平价赔偿的规定与睡虎地秦律并无二致,"亡县官器"须"狱治"可能只在相当短的一定时间内执行过。从文献中可知,需要"狱治"者,常为比较严重的案件。例如,《汉书·贾谊传》:"人有告勃谋反,逮系长安狱治。"②

当亡失官印、符券、木久等印信凭证时,因无法估算其价值而无法照价赔偿,故只能以赀罚的方式来处置:

【亡】囝、符券及亡入司马门朱〈木〉久,皆赀二甲。·已囗囝,赀一甲。(1693)③(岳麓秦简)

亡书,筹〈符〉券,入门衞〈卫〉木久,寒(塞)门、城门之籥(鑰),罚金各二两。(《二年律令·贼律》)

亡印,罚金四两,而布告县官,毋听亡印。④(《二年律令·贼律》)

从《二年律令》可知,丢失官印比丢失一般官文书和符印面临的处罚要重一等,秦代之情形当与此相同。从刑等推算,秦代丢失官印者将面临赎耐之刑。亡失官印、符券、木久等印信凭证,一旦被论罪,即使日后寻回失物,所定之罪也不可免除。《法律答问》:"亡久书、符券、公玺、衡赢(累),已坐以论,后自得所亡,论当除不当? 不当。"⑤

五、稽留公文书与狱案

一般而言,秦代公文书由专人派送,并规定每日行走路程,不容耽搁,一些紧急的重要文书,需要即刻不间断送达。《秦律十八种·行书律》:"行命书及书署急者,辄行之;不急者,日觱(毕),勿敢留。留者以律论之。"⑥与此则律文内容相似的条文出现在岳麓秦简之中:"·行书律曰:传行书,署急辄行,不辄行,赀二

---

① 彭浩、陈伟、[日]工藤元男主编:《二年律令与奏谳书》,第255页。
② 《汉书》卷四八《贾谊传》,第2260页。
③ 陈松长主编:《岳麓书院藏秦简(陆)》,第191页。
④ 彭浩、陈伟、[日]工藤元男主编:《二年律令与奏谳书》,第110页。
⑤ 陈伟主编:《秦简牍合集》释文注释修订本(壹),第237页。
⑥ 陈伟主编:《秦简牍合集》释文注释修订本(壹),第133页。

甲。不急者,日觱(毕)。留三日,赀一盾;四日【以】上,赀一甲。二千石官书不急者,毋以邮行。"①从里耶秦简行政文书可知,行书之人除了邮人,尚有官员,官员行书而出现文书滞留,当同样适用于以上条款。此外,官府因为各种缘由阻滞文书传递,亦为律法不允:

　　·【律】曰,治书,书已具,留弗行,盈五日到十日,赀一甲;过十日到廿日,赀二甲;后盈【十】日,辄驾(加)一甲。有】。(1893)数书同日偕留,皆犯令殹(也),其当论者,皆不当相遝,罢驾(加)者,亦不当相遝及皆不当与它论相遝。及论(1895)狱失者,其同狱一鞫,有数人者,皆当人囚之,执囚困官所已罪囚,不應(应)律者,皆当更论。请亟令更论、论(1676)失者。·曰:可。　　·廷戊十二(1682)②

"治书"当指所有官文书,当文书治理完毕须立刻差人传递,不得耽搁。因为所有官文书都要署上收发日期,故极易知晓官府是否有稽留文书行为。"数书同日偕留",同一天有数份文书出现滞留,"相遝"是与"累论"相对的法律术语,"相遝"指在量刑时重罪吸收轻罪,"累论"相当于现在的"数罪并罚"。"不当相遝"则应"累论",同一天稽留了数份文书,在进行处罚时,应当累加每份滞留文书的赀罚数。由此可见,秦代颇为重视官文书传递的顺畅性。有时文书出现滞留,哪怕是一天,也要说明原因:

　　卅一年七月辛亥朔甲子,司空守□敢言之:今以初为县卒Ⅰ癃死及传椟书案致,毋應(应)此人名者。上真书。书癸亥Ⅱ到,甲子起,留一日。案致问治而留。敢言之。　　Ⅲ(8-648)　　章手。(8-648背)③

里耶秦简8-648则是对文书滞留缘由做了交代,"案致问治而留",因为调查走访需要时间,故耽搁了一天。"癃死"即病死,"椟书"指与小棺材一起传送的文书,记载死者相关信息,其中最重要的是籍贯信息,以便将棺椟准确无误送达目的地。岳麓秦简一则令文载:

　　·令曰:诸军人、漕卒及黔首、司寇、隶臣妾有县官事不幸死,死所

---

① 陈松长主编:《岳麓书院藏秦简(肆)》,第131—132页。
② 陈松长主编:《岳麓书院藏秦简(陆)》,第181—182页。
③ 陈伟主编:《里耶秦简牍校释》(第一卷),第190页。

令县将吏劾〈刻〉其郡名楬及署送书,(1864)可以毋误失道回留。

·卒令丙卅四(1790)①

里耶秦简8-648所载文书内容可结合以上令文来理解。县卒有不幸病死者,只知其姓名而不明籍贯信息,故要向县内各个官府询问。司空在七月癸亥日收到文书,或是由于核查信息需要一定时间,故没能在当日进行回复,直到第二天才回复。

一种与稽留官文书性质相近的行为是狱案被长久积压而不判决,岳麓秦简中多次提及这种不当行为:

> 制诏御史:闻狱多留或至数岁不决,令无辠者久毄(系)而有辠者久留,甚不善,其举留狱上(1125)之└。御史请:至计,令执法上寂(最)者,各牒书上其余狱不决者,一牒署不决岁月日及毄(系)者人数,为(0968)寂(最),偕上御史,御史奏之,其执法不将计而郡守丞将计者,亦上之。制曰:可。·卅六(0964)②
>
> ·辠人久毄(系)留不决,大费殹(也)。·诸执法、县官所治而当上奏当者:·其辠当耐以下,皆令先决(1034)论之,而上其奏夬(决)。·其都吏及诸它吏所自受诏治而当先决论者,各令其治所县官以法决论(1007)之,乃以其奏夬(决)闻。·其已前上奏当而未报者,亦以其当决论之。·其奏决有物故,却而当论者,以(1006)后却当更论之。·十(0999)③
>
> 及上书言事,得之故而谋求其过辠,以婴絷而强辠之,若毋(无)辠而久毄(系)以苦之,甚非殹(也)。不便。(1812)④
>
> □□下县道官而弗治,毄(系)人而弗治,盈五日,赀一盾;过五日到十日,赀一甲;过十日到廿日,赀二甲,后有盈十日,辄驾(加)一甲。(J14)⑤

1125则令文由御史大夫奏请,得到皇帝认可,规定各郡在上计时由执法或

---

① 陈松长主编:《岳麓书院藏秦简(伍)》,第111页。
② 陈松长主编:《岳麓书院藏秦简(伍)》,第58—59页。
③ 陈松长主编:《岳麓书院藏秦简(伍)》,第65—66页。
④ 陈松长主编:《岳麓书院藏秦简(伍)》,第207页。
⑤ 陈松长主编:《岳麓书院藏秦简(肆)》,第162页。

郡丞将稽留未决的狱案上报给御史,要写明羁押人数和狱案稽留时间。狱案积压原因之一在于某些疑难案件颇难断决,故1034则令文规定了奏谳原则,耐罪以下无需上奏,只需将最后判决结果上呈;都吏或其他官吏奉诏督治之狱,当地官府依法判决后上呈"钦差";先前之奏谳而未得到上级官府回复者,按照原有具狱结果给予处罚;先前判决不当,被上级官府驳回者,要依律令并参照上级意见重判。除了一些客观原因外,官吏人为刁难也严重影响治狱效率,造成狱案积压。故在J14简中出现了相应的惩治措施,但此则法令是否得到贯彻执行,仍旧值得怀疑。

六、其他

《史记》和《汉书》都记载李广之死源于行军途中迷失了道路,卫青"令长史簿责广",结果李广自杀,右将军赵食其罪当死,"赎为庶人"。由此可知,行军过程中失道乃重罪。里耶秦简也记载了一桩官吏失道的事件:

卅年□月丙申,迁陵丞昌,狱史堪【讯】。昌辟(辞)曰:上造,居平□,侍廷,为迁陵丞。□当诣贰春乡,乡【渠、史获误诣它乡,□失】Ⅰ道百六十七里。即与史义论赀渠、获各三甲,不智(知)劾云赀三甲不應(应)律令。故皆毋它坐。它如官书。Ⅱ(8-754+8-1007)

□堪手。(8-754背+8-1007背)①

秦始皇三十年(前217),迁陵丞昌出差贰春乡时被渠、获带偏了路,"失道百七十里",带路人当受罚。迁陵丞昌与狱史堪、义等"论赀渠、获各三甲",此判决颇使人迷惑。在秦律令条文中没有"赀三甲"的条款,一般是赀一甲或赀二甲。参与此案审理的官吏竟然"不智(知)劾云赀三甲不應(应)律令"。一种可能的解释是,律令条文没有明确规定"失道百六十七里"如何论处,因为它不是一百或五十的倍数,我们推测当时失道五十里,赀一甲;失道百里,赀二甲。故迁陵丞和狱史会做出此种不符律令但在他们看来又有一定道理的判决。秦吏处理政务,严格依律行事,里耶秦简文书中"以律令从事""应何律令"一类的语句频繁出现。之所以会出现与律令不符的情况,在排除了徇私这种可能后,或可用因一时疏忽顾此失彼来解释。

---

① 陈伟主编:《里耶秦简牍校释》(第一卷),第216页。

为了减少公职人员在履行公务时迷失道路,法令中有一些强制规定,如:

· 令曰:诸军人、漕卒及黔首、司寇、隶臣妾有县官事不幸死,死所令县将吏劾〈刻〉其郡名楮及署送书,(1864)可以毋误失道回留。①

· 辛令丙卅四(1790)

为了防止运送棺木者迷失道路,送错地方,要求将死者所属郡名以及名籍信息刻在棺木上。

第三节 渎职罪

渎职罪指国家机关工作人员在履行职责或者行使职权过程中不尽职,致使公共财产、国家和百姓利益遭受重大损失的行为。玩忽职守、滥用职权或徇私舞弊均是渎职罪的表现。在秦律中找不到与"渎职罪"涵括范围一样的术语,然如"诈伪""欺谩""纵罪""不直"等均属于渎职范畴,故放在一起探讨。"渎职"与"失职"最大区别在于前者是明知故犯,后者是无心犯错。

一、诈伪罪

诈伪指弄虚作假,《晋书·刑法志》:"背信藏巧谓之诈"②,"贼律有欺谩、诈伪、踰封、矫制,囚律有诈伪生死"。③ 构成诈伪罪的行为不胜枚举,举凡通过巧诈手段损害公家利益以谋取私利者均可归入诈伪罪,兹仅例举常见者。

(一)冒领奖赏

抓获罪犯常会获得一定奖赏,然官吏常不在其列。官吏逐捕罪犯乃本职所在,律文称之为"吏所兴",《为狱等状四种》"尸等捕盗疑购案"引律文曰:"产捕群盗一人,购金十四两","它邦人□□□盗,非吏所兴,毋(无)什伍将长者捕之,购金二两"。④"非吏所兴"可得购赏,言外之意就是吏所兴要另当别论。"吏所

---

① 陈松长主编:《岳麓书院藏秦简(伍)》,第111页。
② 陆心国:《晋书刑法志注释》,第75页。
③ 陆心国:《晋书刑法志注释》,第53页。
④ 朱汉民、陈松长主编:《岳麓书院藏秦简(叁)》,第114—115页。

兴"不能得到奖赏,最为直接的证据来自秦令:

> 吏捕告道徼外来为间及来盗略人、谋反及舍者,皆勿赏。·隶臣捕道徼外来为间者一人,免为司寇,司寇为(1596)庶人。(2151)①

"皆勿赏",表明若赏则是违法行为。同样的情形,汉律却有不同规定:

> 徼外人来入为盗者,要(腰)斩。吏所兴能捕若斩一人,擇(拜)爵一级。不欲拜爵及非吏所兴,购如律。②(《二年律令·盗律》)

吏捕获徼外人来为盗者,秦律无赏,汉律赐爵。秦吝于奖赏而勇于惩罚,故秦人得高爵者寡。正因秦吏捕获罪犯不能得到购赏,故常有冒功现象出现。秦吏将罪犯交予他人,由他们将罪犯扭送到官府领赏,然后按照事先的约定分赃。例如:

> 有秩吏捕阑亡者,以畀乙,令诣,约分购,问吏及乙论可(何)殴(也)?当赀各二甲,勿购。③(《法律答问》)

有秩吏捕获阑亡者不能得到任何奖赏,故将他交给乙以冒领赏钱。这种非法行为,秦律是严厉打击的,《秦律杂抄·捕盗律》:"捕人相移以受爵者,耐。"④"吏所兴"者不能获得购赏,但并不是说没有任何激励措施,《法律答问》载:"'捕亡,亡人操钱,捕得取钱。'所捕耐罪以上得取。"⑤

(二)诈避事

弄虚作假以逃避役使称为"诈避事",常见者有诈病、自残:

> 元朔四年,侯泽之坐诈病不从,不敬,国除。⑥(《史记·惠景间侯者年表》)

> 吴王诈病不朝,就赐几杖。⑦(《史记·孝文本纪》)

> 贼伤人,及自贼伤以避事者,皆黥为城旦舂。⑧(《二年律令·贼

---

① 陈松长主编:《岳麓书院藏秦简(伍)》,第126—127页。
② 彭浩、陈伟、〔日〕工藤元男主编:《二年律令与奏谳书》,第114页。
③ 陈伟主编:《秦简牍合集》释文注释修订本(壹),第236页。
④ 陈伟主编:《秦简牍合集》释文注释修订本(壹),第176页。
⑤ 陈伟主编:《秦简牍合集》释文注释修订本(壹),第233页。
⑥ 《史记》(点校本二十四史修订本)卷一九《惠景间侯者年表》,第1198页。
⑦ 《史记》(点校本二十四史修订本)卷一〇《孝文本纪》,第547页。
⑧ 彭浩、陈伟、〔日〕工藤元男主编:《二年律令与奏谳书》,第100页。

律》)

上引《二年律令》条文中的"避事者"当包括官吏和民众,"避事者"黥为城旦舂,仅次于死刑,可见惩罚之重。"诈避事"带有挑战国家权威的意味,故惩处颇重。比较而言,秦代官吏"诈避事",若没有引发严重后果,处罚相对较轻:

　　□□兔,囷官囷覭【事】若(?)主及曹事有不当及废之、留者,尽坐之,虽有叚(假)代为行之,病者与共坐,皆如身(1867)断治论及存者之皋,唯谒属所吏官长归乃勿坐。詐(诈)避事,所避唯(虽)毋论,赀二甲,废。囡病囡【不视事三】(1869)以上及唯(虽)不盈三,一岁病不视事盈三月以上者,皆免。病有瘳,令为新地吏及戍如吏。有适(谪)过,废,免为新地吏(1865)及戍者。　　　　　　　　　　·迁吏令甲(1791)①

1869 简与 1865 简原本未编连在一块,笔者反复比较以上 4 枚简文,发现彼此形制、字体相同,文意相连,且揭剥号相近,当属同一则令文。据满简容字数并结合内容,1869 简残缺部分可补释"不视事三"四字。"诈避事"者,虽然免于论罪,但要赀罚二甲,并被废除官职,此相对《二年律令》避事者黥为城旦舂要轻得多。

上引岳麓秦简《迁吏令》条文有部分内容出现在《二年律令·具律》中:

　　县道官守丞毋得断狱及灋(谳)。相国、御史及二千石官所置守、叚(假)吏,若丞缺,令一尉为守丞,皆得断狱、灋(谳)。狱事当治论者,其令、长、丞或行乡官视它事,不存,及病,而非出县道界也,及诸都官令、长、丞行离官有它事,而皆其官之事也,及病,非出官在所县道界也,其守丞及令、长若真丞存者所独断治论有不当者,令真令、长、丞不存及**病者皆共坐之,如身断治论及存者之罪。唯谒属所二千石官者,乃勿令坐**。②

黑体字部分与《迁吏令》部分内容相同,二者规范的内容均是代理者、被代理者的职责问题。《二年律令》有承袭《迁吏令》条文的痕迹,故整理者将以上律条归入《具律》或不妥,将其移于《置吏律》下比较合适。《具律》主要规范一些大的原则问题,一般不针对具体事项,而上引律文均是针对官吏代理及其职责的。

---

① 陈松长主编:《岳麓书院藏秦简(伍)》,第 185—186 页、第 190 页。
② 彭浩、陈伟、〔日〕工藤元男主编:《二年律令与奏谳书》,第 133 页。

(三)出纳不如程

举凡收缴刍稿、粮草、钱金它物,贡奉土产物什,发放月食、衣物,秦均有律法程籍,以便各级行政者遵照执行,然或有不按章程办事者,此必遭惩处:

> 计脱实及出实多于律程,及不当出而出之,直(值)其贾(价),不盈廿二钱,除;廿二钱以到六百六十钱,赀官啬夫一盾;过六百六十钱以上,赀官啬夫一甲,而复责其出殹(也)。人户、马牛一以上为大误。误自重殹(也),减罪一等。① (《效律》)

> ·诸物之有程而当入县官者,其恶不如程而请吏入,其受请者及所请,皆坐恶不如程者,(1457)与盗同法,臧(赃)不盈百一十钱者,皆耐以为司寇。·十七 ②(1483)

"计脱实",核计时致误而与实际不符;"出实多于律程",实际发放数额多于应发数,以上行为均给官府财产造成损失。"恶不如程而请吏入",缴纳之物不合格而请托官吏入之,以次充好,同样使得国家财产蒙受损失。二者所造成的后果相当,但处罚的原则却大不一样。上引《效律》条文基本上是按照一般的失职罪论处"出实多于律程"者③,其惩处力度比岳麓秦简令文规定要轻不少,这当是法律修订所致。"坐恶不如程者与盗同法",以次充好之物,估算其值后,比照盗赃论处,这是比较严厉的处罚。为了防止此类事情发生,官府在出纳时常安排长吏或其助手监督:

> ·仓律曰:县官县料出入必平,禀禾美恶相杂└,大输令丞视,令史、官啬夫视平,稍禀,令令史视平,不(1251)从令,赀一甲。(1254)④

有效的监督可以减少出纳过程中弄虚作假,但不能杜绝,倘若监督者与执行者沆瀣一气,依旧不能确保官府财物不受损失。

(四)伪造文书、伪写官印

伪造文书者常常伪造官印,《为狱等状四种》"学为伪书案"中学冒充冯毋择之子,伪造文书并私刻印章。岳麓秦简1773简规定:"盗书、弃书丞、令印以上,

---

① 陈伟主编:《秦简牍合集》释文注释修订本(壹),第154页。
② 陈松长主编:《岳麓书院藏秦简(陆)》,第62—63页。
③ 《二年律令·效律》规定:"出实多于律程及不宜出而出,皆负之",与睡虎地秦简《效律》所持尺度相同。
④ 陈松长主编:《岳麓书院藏秦简(肆)》,第122页。

耐;之〈小〉官印,赀二甲。"①此条文与《二年律令·贼律》一则律文相近:

> 伪写彻侯印,弃市;小官印,完为城旦舂□。②

"伪写"比"盗书"官印面临的处罚要重得多,二者区别在于前者是私自制造官印,后者为私自使用官印。《法律答问》亦有伪写官印的材料:

> "挢(矫)丞令"可(何)殹(也)?为有秩伪写其印为大啬夫。③

> 盗封啬夫可(何)论?廷行事以伪写印。④

"盗封啬夫"即私下使用啬夫的印章,即岳麓秦简1773简提及的盗书印。"挢(矫)丞令",私下篡改丞的命令,此与伪写县令的印信同等论处。此外,官员未能及时发现伪造的文书,亦要被处罚:

> "发伪书,弗智(知),赀二甲。"今咸阳发伪传,弗智(知),即复封传它县,它县亦传其县次,到关而得,今当独咸阳坐以赀,且它县当尽赀?咸阳及它县发弗智(知)者当皆赀。⑤

应当指出的是,"传"不同于一般的官文书,其作为通行凭证,不时被检验,原本容易验其真伪,故未能辨其伪者理应受罚。若换成一般的置于函封之内的文书,所过之处难以验其真伪,另当别论。

(五)诈伪以避为吏

每一个时代都有一些人不愿入仕,个中缘由也不尽相同。就有秦一代而言,传世文献中有关"避为吏"的材料极少,故无法对此问题进行较为深入的研究。近年来所见的简牍材料中有不少相关信息,为我们探讨秦代"避为吏"现象创造了条件。例如岳麓秦简有以下令文就是为有效防止"避为吏"而制定的:

> 诸吏为訑(诈)以免去吏者,卒史、丞、尉以上上御史⌐,属、尉佐及乘车以下上丞相,丞相、御史先予新地远蘩害郡,备,【以】(1866 + J71-3)次予之,皆令从其吏事新地四岁,日备免之,日未备而訑(诈)故为它,赀、废,以免去吏,驾(加)皋一等。·☒☒史□□(1720)☒有赀责

---

① 陈松长主编:《岳麓书院藏秦简(陆)》,第191页。
② 彭浩、陈伟、〔日〕工藤元男主编:《二年律令与奏谳书》,第94页。
③ 陈伟主编:《秦简牍合集》释文注释修订本(壹),第203页。
④ 陈伟主编:《秦简牍合集》释文注释修订本(壹),第204页。
⑤ 陈伟主编:《秦简牍合集》释文注释修订本(壹),第204页。

(债),谒居新地。已瘳(斥)即入之,徙除它官及自言欲为吏,除书已行而谒毋从除,从除不盈卒岁而自言免瘳(斥)及(1798)☐☐詐(诈)兔避为吏者,徙所官不☐官及吏同任为新它(地)吏而皆詐(诈)免避为吏者,及吏欲去其官,自(1799)

(缺简)

　　中县史学童今兹会试者凡八百卌一人⌐,其不入史者百一十一人。·臣闻其不入者泰抵恶为吏而与其(1807)☐,繇(徭)故为詐(诈),不肎(肯)入史,以避为吏⌐。为詐(诈)如此而毋罚,不便。·臣请,令泰史遣以为潦东县官佐四岁,日备免之。(1810)日未备而有罷(迁)皋,因处之潦东⌐。其有耐皋,亦徙之潦东,而皆令其父母、妻子与同居数者从之,以罚其(1871)为詐(诈),使。·臣昧死请。制曰:可。·廿九年四月甲戌到胡阳。　　·史学童詐(诈)不入试令·出廷丙廿七(1859)①

　　诸当为新地吏而詐(诈)伪去亡及为它詐(诈)伪以避毋为新地吏,其罪赎(2046)以下,皆令以卒戍新地远郡四岁,有(又)以其赀赎益戍日,日备,毋以为(0462-2)吏,其前令为詐(诈)伪者,皆以此令论之。(1090)②

以上令文均是关于官吏弄虚作假以逃避仕途的规定。这种现象,在古代并不具普遍性,与儒家所提倡"学而优则仕"的理念尤为相左。秦统一之前的律令里也没有发现类似的规范。

诈避为吏者秩级在乘车以上的,需报呈丞相、御史大夫,一律发配到新地,以吏的身份戍边四岁,四岁后免去其职。戍边期间,若再行诈伪以期被免官废官者,罪加一等。

"中县"为秦故地之代称,如里耶秦简8-355简"☐【黔】首习俗好本事不好末作,其习俗差田岁更,以异中县"。不过1807简中的"中县"理解为内史郡更为合适,中县史学童有841人参加了选拔史官的考试,其中111人未通过考核,超过八分之一的学童未能通过,这是很不正常的。所以有关方面怀疑是有些史

---

① 陈松长主编:《岳麓书院藏秦简(陆)》,第178—180页。
② 《岳麓书院藏秦简(柒)》,待刊。

学童诈考,隐藏了真实的水平,之所以这样是因为不想为吏。中县史学童不愿意为吏的原因在令文中无法知晓,但通过一些材料可知,秦每占领一块区域即设置郡县,委派官吏,被派遣官吏一般是秦故地的,里耶秦简中能够知晓籍贯的官吏,几乎都是关中、巴蜀之地的。史学童不愿意背井离乡去一块刚刚被攻占的局势动荡的"新地"为吏也是情理之中的事。估计对于"诈考"者,秦原先并未有相关的法律条文来处置,"诈考"成为一种引起官府注意的现象大概是秦统一后的事,令文中称"制"不称"命"也可证明这点。臣下针对现实情况考虑到必须重新制定一则防止史学童"诈考"的令文,故需要得到皇帝许可。

秦对史学童诈考的处罚比对诈伪以避为吏者更为严厉。"令其父母、妻子与同居数者从之",同居之父母妻子均要一起迁徙到辽东。秦史官一般是世袭的,史学童可免服徭役和兵役。史学童享受权益而不愿为国效力,这是最高统治者不能接受的。当然,秦代避仕现象产生的原因是多方面的,笔者另有专文研讨,限于篇幅,此不赘述。

二、欺谩

《晋书·刑法志》:"贼律有欺谩、诈伪、踰封、矫制"①,"欺谩"与"诈伪"虽均带有欺骗性,但却不是一回事。"违忠欺上谓之谩,背信藏巧谓之诈","欺谩"似专指糊弄上级:

· 令曰:吏及宦者、群官官属┗、冗募群戍卒及黔首䌛(徭)使、有县官事,未得归,其父母、泰父母不死而(1668)谩吏曰死以求归者,完以为城旦;其妻、子及同产、亲父母之同产不死而谩吏曰死及父母不病而(1665)【谩吏】曰病以求归,皆䙴(迁)之。　· 令辛(1660)②(岳麓秦简)

诸上书及有言也而谩,完为城旦舂。其误不审,罚金四两。③(《二年律令·贼律》)

通过上引律令不难知晓,"谩"是刻意行为,可指口头上说谎,也指文书中有

---

① 陆心国:《晋书刑法志注释》,第53页。
② 陈松长主编:《岳麓书院藏秦简(伍)》,第193—194页。
③ 彭浩、陈伟、〔日〕工藤元男主编:《二年律令与奏谳书》,第95页。

不实。岳麓秦简令辛条文对欺谩行为的处罚轻重根据其推诿缘由而定,是颇值得关注的。无论以何种理由欺谩官府,其造成的结果一样。但法律在定罪时,常需要考虑犯罪行为的整个过程。父母、泰父母,乃至亲尊长,以其死为由骗取假期,实为大不敬,故完为城旦。此则令文的制定,充分考虑了礼制伦常因素,是礼法融合的典型例子。依据远近亲疏来论罪,与同样以此为根据来服丧的丧服制度,可谓殊途同归。

官吏欺谩上级,不配合调查,亦会遭受惩罚:

·令曰:诸有案行县官,县官敢屏匿其所案行事及壅塞止辟(辞)者,皆耐之⌐。所屏匿辠当䙴(迁)若耐以上,以其(1758)所屏匿辠论之,有(又)驾(加)其辠一等。　·廷丁廿一(1923)①

在秦代,作为监察的重要手段,上级官府常派官吏去督察下级官府的日常行政,依法下级官府要无条件配合。"屏匿其所案行事"指刻意掩藏调查对象,"壅塞止辞"指堵塞检举通道。此类欺谩行为十分恶劣,故要加罪一等论处。

三、纵罪

关于"纵罪"的史料相对较多,《史记·秦始皇本纪》:"以古非今者族。吏见知不举者与同罪。"②"吏见知不举"即"纵罪"。"纵罪"似专指官吏不能举劾非法,《史记·平准书》"见知之法"下,裴骃《集解》引张晏注曰:"吏见知不举劾为故纵。"③《汉书·刑法志》:"于是招进张汤、赵禹之属,条定法令,作见知故纵、监临部主之法。"颜师古曰:"见知人犯法不举告为故纵,而所监临部主有罪并连坐也。"④

后代对"纵罪"又有不同的解释,《汉书·景武昭宣元成功臣表》:"(新畤侯赵弟)坐为太常鞫狱不实,入钱百万赎死,而完为城旦。"颜师古注引晋灼曰:"律说出罪为故纵,入罪为故不直。"⑤晋灼将"故纵"与"不直"视为相对的概念,律说所言"纵"指纵囚,与"见知故纵"不同。

---

① 陈松长主编:《岳麓书院藏秦简(伍)》,第140—141页。
② 《史记》(点校本二十四史修订本)卷六《秦始皇本纪》,第326页。
③ 《史记》(点校本二十四史修订本)卷三〇《平准书》,第1718页。
④ 《汉书》卷二三《刑法志》,第1101页。
⑤ 《汉书》卷一七《景武昭宣元成功臣表》,第661页。

秦汉时代的"纵罪",实有广狭义之别,广义指官吏见非法而弗举劾,狭义指治狱时纵囚。出土材料可证明之:

> 谨以道里计之,有失期盈☒☒以上┕,当告奔劾者,智(知)弗告奔☒,皆以所当告☒☒而弗☒【奔】(1356)劾之日数定皋,以纵皋人律论之,所告奔劾者得及自出,而后有(又)□以☒奔劾者,不为·(1431)①

> 有☒☒☒☒……为除☒(假)责(债)者当与同皋,丞、令、令史智(知)而弗☒论,当为纵皋人,其弗智(知)(C5-9-3+0024)②

> ·诸与毄(系)者及囚奸,虽和之,皆以强与人奸律论之而除女子。官啬夫、吏主毄(系)者智(知)其奸而(1456)弗劾,以☒皋人律论之,弗智(知),赀各二甲。·十四③(1484)

> 鞫狱故纵、不直,及诊、报、辟故弗穷审者,死罪,斩左止(趾)为城旦,它各以其罪论之。④(《二年律令·具律》)

从以上材料可知,官吏"见知而弗劾论",即为"纵罪"。"鞫狱故纵"乃"纵罪"之一种,因其在传世文献中频繁出现,故逐渐取代"纵罪"之原本含义,此为词义之缩小。关于"鞫狱故纵"的处罚,"死罪,斩左止(趾)为城旦,它各以其罪论之",与"诬告反坐"处罚原则类似。《史记·酷吏列传》裴骃《集解》引张晏曰:"见知故纵,以其罪罪之。"⑤此"故纵"当指一般意思上的"见知不举",而非"鞫狱故纵"。正因为"故纵"是一种较易触犯的罪过,后代规定二千石官可免受此项指控。《汉书·王嘉传》载:"孝成皇帝悔之,下诏书,二千石不为纵。"颜师古注引孟康曰:"二千石不以故纵为罪,所以优也。"⑥

又,从简牍材料可知,所谓"见知故纵"之法并非出自张汤、赵禹之手,在秦代已有相关法令,汉代乃修订整合而已。

---

① 陈松长主编:《岳麓书院藏秦简(陆)》,第56页。按:个别释文与整理报告不同。
② 陈松长主编:《岳麓书院藏秦简(陆)》,第54页。
③ 陈松长主编:《岳麓书院藏秦简(陆)》,第59页。
④ 彭浩、陈伟、〔日〕工藤元男主编:《二年律令与奏谳书》,128页。
⑤ 《史记》(点校本二十四史修订本)卷一二二《酷吏列传·张汤传》,第3815页。
⑥ 《汉书》卷八六《王嘉传》,第3490—3491页。

四、不直

《法律答问》将"不直"解释为论狱时"皋(罪)当重而端轻之,当轻而端重之"①,很显然此罪名亦是专门针对官员而制定。里耶秦简所见秦令进一步解释了"不直":

> 凡(讯)敬:令曰:诸有吏治已决而更治(8-1832)者,其罪节(即)重若8-1418益轻,吏前治者皆当以纵不直论。今䛊等当赎(8-1133)耐,是即敬等纵弗论殴。何故不以纵论?(8-1132) 赎(8-1132背)②

"更治者"与先前决狱者当并非同一拨人,都吏或上级官府均可过问定谳之案。再次审理时发现先前虽定之"罪节(即)重若益轻",之前治狱之吏以"纵不直"论。其实"纵"与"不直"是两回事,简文中的"纵"乃"纵囚"之省,《法律答问》云:"当论而端弗论,及伤其狱,端令不致,论出之,是谓'纵囚'。"③开脱罪犯,有罪而故意不定罪为"纵囚",与"不直"不同。二者之所以常被并举,在于"纵囚"与"不直"所面临的处罚相同,且与治狱有关。《二年律令·具律》:"鞫狱故纵、不直,及诊、报、辟故弗穷审者,死罪,斩左止(趾)为城旦,它各以其罪论之。"④此为汉初对"不直"罪的惩处,秦代或有不同。岳麓秦简令文曰:

> ·治狱受人财酒肉食叚(假)貣人钱金它物及有卖买⃞,【而故】少及多其贾(价),以其故论狱不直,不直罪(2100+2159)重,以不直律论之⌐。不直罪轻,以臧(赃)论之⌐。⑤(0123)

秦处置不直罪与汉不尽相同,当赃罪重于不直罪时,以赃罪论处。

《史记·秦始皇本纪》:"三十四年,适(谪)治狱吏不直者,筑长城及南越地。"《史记·六国年表》:"(秦始皇三十四年)适治狱不直者筑长城。[取]南方越地。覆狱故失。"⑥同一事件而记载不同,疑《年表》有脱漏。又有学者论证"覆

---

① 陈伟主编:《秦简牍合集》释文注释修订本(壹),第217页。
② 陈伟主编:《里耶秦简牍校释》(第一卷),第281页。
③ 陈伟主编:《秦简牍合集》释文注释修订本(壹),217页。
④ 彭浩、陈伟、[日]工藤元男主编:《二年律令与奏谳书》,第128页。
⑤ 陈松长主编:《岳麓书院藏秦简(陆)》,第141—142页。
⑥ 《史记》(点校本二十四史修订本)卷一五《六国年表》,第758页。

狱故失"四字本为注文,后窜入正文。① "覆狱故失"即治狱时故意失罪人,与"纵囚"的含义相近。故颇疑"不直"之前脱"纵"字。

将"纵不直"之吏遣送到南越,或让其筑长城,当是秦统一后法令变革的结果。岳麓秦简中有大量关于发配罪吏到新地为官的律令条文,此为变相之惩罚,但可以切实解决新地官员不足之难题。

第四节　官吏犯罪处理原则问题

法家提倡"一断于法",秦国自商鞅之后历代统治者都比较注重以法令治天下。秦法的一大特点是重视治吏,所谓"以法为教,以吏为师"。睡虎地秦简《为吏之道》《语书》和岳麓秦简《为吏治官及黔首》都提及官吏要以身奉法。出土的秦律令条文和行政文书也多涉及官吏犯罪问题。从理论上讲,既然以法为圭臬,无论是谁,触犯哪一条律令,直接按照条文执行就行。然实践并非如此。犯罪者身份及其动机的差异往往会造成"同罪异罚"。

一、同罪异罚

犯罪主体不同往往导致"同罪异罚",这又有加减罪之别。一般而言,秦代官吏知法犯法常会罪加一等。《法律答问》中就体现了这一原则:

求盗盗,当刑为城旦,问辠(罪)当驾(加)如害盗不当? 当。②

求盗是基层负责缉捕盗贼的小吏,不能恪尽职守,反知法犯法,故应加罪。汉初对于监守自盗之吏,处罚也相对严厉,此当承秦之风:

令:吏盗,当刑者刑,毋得以爵减、免、赎,以此当恢。③(《奏谳书》)

"吏盗",不能用削爵之法来减罪、免罪,也不能以金钱来赎罪。可见秦汉对官吏监守自盗行为,惩处力度较大。

---

① 邬勖:《"故失"辨微:结合出土文献的研究》,载王沛主编:《出土文献与法律史研究》(第一辑),上海人民出版社,2012 年,第 173 页。
② 陈伟主编:《秦简牍合集》释文注释修订本(壹),第 182 页。
③ 彭浩、陈伟、〔日〕工藤元男主编:《二年律令与奏谳书》,第 353 页。

秦杂戎俗,在惩治性犯罪方面不如汉代严厉,但官吏和奸以强奸论这一点与汉律相同:

  ·诸与毄(系)者及囚奸,虽和之,皆以强与人奸律论之,而除女子。官啬夫、吏主毄(系)者智(知)其奸而(1456)弗劾,以圝皋人律论之,弗智(知),赀各二甲。·十四①(1484)

  诸与人妻和奸,及所与皆完为城旦舂。其吏也,以强奸论之。②
(《二年律令·杂律》)

从《为狱等状四种》所收案例可知,秦代对犯和奸罪者施以耐为隶臣妾之刑,此比汉初"完为城旦舂"要轻一个等级。"诸与系者及囚奸",虽然没有指明主语,但据常识,狱吏最有可能实施此类犯罪。

秦代一定秩位的官吏或有舍人,令史以上级别的官吏都配置了走、养等勤杂人员,这些随从、杂役人员若有违法行为当如何处置,是按照一般的黔首论处,还是比照官吏处罚呢?岳麓秦简令文中也有相关规定:

  ·令曰:诸从者有卖买而绐(诒)人,与盗同法,有(又)驾(加)其皋一等,耐皋以下有(又)䙴(迁)之,从而奸,皆以强与人奸律论之,(1806)耐女子为隶妾。有能捕若诃告一人,为除赀戍若罚戍四岁以下一人,欲以除它人,许之。(1873)③

  ·新地吏及其舍人敢受新黔首钱财酒肉它物,及有卖买叚(假)赁贷于新黔首而故贵赋〈贱〉(0895)其贾(价),皆坐其所受及故为贵赋〈贱〉之臧(赃)、叚(假)赁费、贷息,与盗同法。其赀买新黔首奴婢畜产(1113)及它物盈三月以上而弗予钱者坐所赀贾〈买〉钱数,亦与盗同法。(1037)④

"从者"可理解为官吏的侍从,既包括仆、养、走之类的杂役,也包括家吏、舍人等助手,这些人犯罪,与官吏本人犯罪所秉承的处罚原则一致,均加罪一等论处。0895组令文将"舍人"与"新地吏"并举,尤其能说明这一点。此可见,秦律

---

① 陈松长主编:《岳麓书院秦简(陆)》,第59页。
② 彭浩、陈伟、〔日〕工藤元男主编:《二年律令与奏谳书》,第166页。
③ 陈松长主编:《岳麓书院藏秦简(伍)》,第195页。
④ 陈松长主编:《岳麓书院藏秦简(伍)》,第51—52页。

从严治吏,一般的官吏及其随从犯罪,不但得不到宽宥,而且比普通人处罚更重。当然也有例外,六百石以上官吏及宦者显大夫犯耐罪以上,一般要请示帝王,官府不可擅自处置。

从者犯法,加罪一等,这是参照正式官吏的标准执行,秦法严于治吏,于此可见一斑。

二、议请

中国古代的议请制度由来已久,《周礼》有所谓的"八议"制度,"八议"的对象多为官吏:

> 一曰议亲之辟;二曰议故之辟;三曰议贤之辟;四曰议能之辟;五曰议功之辟;六曰议贵之辟;七曰议勤之辟;八曰议宾之辟。①(《周礼·秋官·司寇》)

以上八种人犯罪,官府不能轻率论处,而需上报以便从轻发落。"议贤""议能""议功""议贵"和"议勤"都直接与官吏有关。从传世文献可知,汉代也有类似的制度,如《汉书·高帝纪》云:"令郎中有罪耐以上,请之。"②《汉书·宣帝纪》:"诏曰:举廉吏,诚欲得其真也。吏六百石位大夫,有罪先请,秩禄上通,足以效其贤材,自今以来毋得举。"③郎中属于宦皇帝者,虽然不在官吏之序,但作为皇帝的护卫,其地位不容小觑,《二年律令·杂律》:"吏六百石以上及宦皇帝,而敢字贷钱财者,免之。"④将"宦皇帝"者与六百石以上官吏并列,足以表明宦皇帝者的地位。故汉代郎中获得与六百石官一样的特权亦是情理之中。实则宦皇帝者及六百石以上官吏犯罪须议请之制在秦代就已经形成,汉承秦制而已。

秦令有数则条文提及六百石以上吏及宦皇帝者犯罪当议请:

> □免之,六百石以上已免,御史以闻。　　·迁吏□⑤(1725)
>
> ·令曰:治狱有逻宦者显大夫若或告之而当征捕者,勿擅征捕,必

---

① 李学勤主编:《十三经注疏·周礼注疏》(点校本),北京大学出版社,1999年,第915—917页。
② 《汉书》卷一《高帝纪》,第63页。
③ 《汉书》卷八《宣帝纪》,第274页。
④ 彭浩、陈伟、〔日〕工藤元男主编:《二年律令与奏谳书》,第163页。
⑤ 陈松长主编:《岳麓书院藏秦简(伍)》,第191页。

具以其遝告闻,有诏乃以诏从事。① (J22)

・定阴〈陶〉忠言:律曰:"显大夫有辠当废以上勿擅断,必请之。"今南郡司马庆故为冤句令,詗(诈)课,当(1036)废官,令以故秩为新地吏四岁而勿废,请论庆。制书曰:"诸当废而为新地吏勿废者,即非废。(1010)已后此等勿言。" ・廿六②(1011)

《法律答问》:"宦及智(知)于王,及六百石吏以上,皆为'显大夫'。"显大夫触罪,官府不可擅自拘捕或定罪,需要请示朝廷,等待诏书的定夺。郡司马品秩为六百石,故地方无权处置,需要请示朝廷。

秦律规定显大夫有罪当废以上,必须请示朝廷给予处理意见。这固然是出于对身份高贵者的尊重,是对《周礼》所言"八议"制度的沿袭。但就秦朝的实际情形而言,更多的时候身份高贵与获得减刑没有必然关联。相反,若是因谋反一类的事件被牵连,官吏品秩越高,面临的处罚反而越重。《史记·秦始皇本纪》:"十二年,文信侯不韦死,窃葬。其舍人临者,晋人也逐出之;秦人六百石以上夺爵,迁;五百石以下,不临,迁,勿夺爵。"③《史记正义》:"若是秦人哭临者,夺其官爵,迁移于房陵","若是秦人不哭临不韦者,不夺官爵,亦迁移于房陵"。④ 泷川龟太郎《史记会注考证》:"亦承舍人,中井积德曰:秦人皆迁之也,但六百石以上,临者夺爵,不临者不夺爵,五百石以下,临不临,皆迁之也。顾炎武曰:五百石以下,秩卑任浅但迁而不夺爵。"⑤韩兆琦认为"不临"二字疑衍文,因数句开始即曰"其舍人临者",至其"不临"者乃与此无涉。⑥ 韩的意见颇有道理。无论哪种解释,都不否定六百石以上官吏所面临的惩处更重。

曾受朝廷赏赐,赏赐之物价值千钱以上者,若犯迁耐以上罪,地方官不可直接论处,而需请示上级。这是新见于岳麓秦简的规定:

及诸上书言事而赐者,其赐皆自一衣以上及赐它物,直(值)其赐,直(值)千钱以上者,其或有辠罷(迁)(1850)耐以上毋擅断,必请之。

---

① 陈松长主编:《岳麓书院藏秦简(伍)》,第199页。
② 陈松长主编:《岳麓书院藏秦简(伍)》,第56—57页。
③ 《史记》(点校本二十四史修订本),第298页。
④ 《史记》(点校本二十四史修订本),第299页。
⑤ 〔日〕泷川龟太郎:《史记会注考证》,唐山出版社,2007年,第108页。
⑥ 韩兆琦:《史记:韩兆琦评注本》,岳麓书社,2009年,第127页。

其皋虽未央(决)及赎皋以下,毄(系)☐(1896)①

三、罪吏自致

"罪吏自致"见于里耶秦简,意思是有罪的官吏自己主动到官府辞职,并汇报相关情况:

  卅五年五月己丑朔庚子,迁陵守丞律告启陵乡啬夫:乡守恬有论事,以旦食遣自致,它有律令。(8-770)

  五月庚子,☐守恬☐☐。　　敬手。(8-770背)②

恬先前代理启陵乡啬夫,今涉狱案,迁陵守丞律给现任乡啬夫发文书,命恬在吃早餐时自行赶到县廷。秦代要求犯罪的官吏自致的做法,被汉人继承:

  ☐☐☐若有事县道官而免斥,事已,属所吏辄致事之。其弗致事,及其人留不自致事,盈廿日,罚金各二两,有(又)以亡律驾(加)论不自致事者。③(《二年律令·置吏律》)

"致"之本义为使某某到,《说文》:"致,送诣也。"④《荀子·解蔽》:"远方莫不致其珍。"⑤《汉书·武帝纪》:"其遣谒者巡行天下,存问致赐。"⑥以上均用致之本义。传世文献中,自致表官吏退休。朱红林认为,《置吏律》之"致事"指述职,即被罢免者要把自己罢免之前所做的工作向有关部门报告。⑦ 朱所论甚确。"不自致事者"就是不主动到官府述职的人。官吏退休时必须要主动到官府述职,故可用"自致"借指退休。但并非所有自致都能当退休来解。"罪吏自致"乃秦汉罚罪法原则之一。

---

 ① 整理小组认为1850与1896之间有缺简,陈伟认为二简可以直接编连,今从陈伟意见。详参陈伟《〈岳麓书院藏秦简[伍]〉校读(续五)》,简帛网2018年4月12日。
 ② 陈伟主编:《里耶秦简牍校释》(第一卷),第223页。
 ③ 彭浩、陈伟、[日]工藤元男主编:《二年律令与奏谳书》,第173页。
 ④ [汉]许慎:《说文解字》,岳麓书社,2006年,第112页。
 ⑤ [清]王先谦:《荀子集解》卷第十五《解蔽篇第二十一》,中华书局,1988年,第389页。
 ⑥ 《汉书》卷六《武帝纪》,第174页。
 ⑦ 朱红林:《张家山汉简〈二年律令〉集释》,社会科学文献出版社,2005年,第142—143页。

第四章　赏功法

赏罚乃治国两大手段,或称为刑德,二者相辅相成,本不可偏废。然以商鞅、韩非为代表的法家过分迷信刑罚而吝于德赏。《商君书·开塞》:"治国刑多而赏少,故王者刑九而赏一,削国赏九而刑一。"[①]"治国"即逐渐变强的国,与"削国"相对,一个强盛的国家必然是刑多赏少,因此能成就王业者刑罚占九分,奖赏占一分,而积弱之国正好相反。同书《勒令》篇云:"重刑少赏,上爱民,民死赏。重赏轻刑,上不爱民,民不死赏。"[②]重刑少赏,被视为君上爱护人民的表现。《说民》:"罚重,爵尊。赏轻,刑威。爵尊,上爱民;刑威,民死上。"[③]刑与赏是相反相成的,刑罚重,爵位才尊贵显赫。赏赐轻,刑罚则更具威严。爵位尊贵不易得,是君上爱民的表现;刑罚威严,百姓为了逃避惩罚,才肯以死报君上。

秦孝公之后,历代秦王都推崇法家的重刑轻赏理念,因而我们在数以千计的秦律令简中很难发现赏功方面的内容,罚罪则触目皆是。当然,稀少并非没有,作为摘录本的秦律令亦不能展现当时赏罚制度之全貌。

我们试着将秦赏功方面的材料收罗在一起,略作解析,旨在对秦赏功法有一初步认识。文中讨论的"功"取其广义,不限于军功。秦赏功的方式据受赏者功绩大小依次有:裂土封侯、赐爵、升官、赐田宅、赐钱财它物和赐日等。

[①] 高亨:《商君书注译》,中华书局,1974年,第78页。
[②] 高亨:《商君书注译》,第108页。
[③] 高亨:《商君书注译》,第55页。

第一节　封君

秦代成型的军功二十等爵,最高一级为彻侯,也称为通侯或列候。彻侯之封邑,一般为一县之地,食其租税,可自行设置官吏。《仪礼·丧服》:"君谓有地者也。"郑玄注:"天子诸侯及卿大夫有地者皆曰君。"[1]秦封君制度由来已久,《史记·秦本纪》载秦武公之子嬴白"封平阳",此乃凭借血统晋封,史书中更为常见的是凭借军功或扶立之功而获封者。秦之封君分两种,一是有封地者,另一种是无封邑,仅食租税。此外,封君又有称君称侯之别。

凭借军功获封且有封地者如商鞅、张仪、樗里子、魏冉、范雎、吕不韦等。《史记·商君列传》:"卫鞅既破魏还,秦封之於、商十五邑,号为商君。"[2]《史记·张仪列传》:"秦惠王封张仪五邑,号曰武信君。"[3]《史记·樗里子列传》载秦惠王二十六年(前312),樗里子嬴疾"助魏章攻楚,败楚将屈丐,取汉中地",秦封樗里子,号为严君。《史记索引》认为樗里子封邑在蜀严道。[4]

据《史记·穰侯列传》,秦昭王能得立,魏冉居功甚伟,后又因举荐白起在伊阙之战中大败韩魏,取楚宛、叶,"乃封魏冉于穰,复益封陶,号曰穰侯"[5]。《史记·范雎列传》载秦昭王四十一年(前266),"封范雎以应,号为应侯"[6]。范雎之功不在攻城野战,而是帮助秦昭王清理了外戚势力。吕不韦苦心经营助子楚登上王位,庄襄王即位后,"以吕不韦为丞相,封为文信侯,食河南雒阳十万户"[7]。

无封邑的封君以武安君白起为代表,《史记·白起列传》载:白起在攻破楚

---

[1] 李学勤主编:《十三经注疏·仪礼注疏》卷第二十九《丧服》,第553页。
[2] 《史记》(点校本二十四史修订本)卷六八《商鞅列传》,第2713页。
[3] 《史记》(点校本二十四史修订本)卷七〇《张仪列传》,第2788页。
[4] 《史记》(点校本二十四史修订本)卷七一《樗里子列传》,第2804页。
[5] 《史记》(点校本二十四史修订本)卷七二《穰侯列传》,第2823页。
[6] 《史记》(点校本二十四史修订本)卷六八《范雎列传》,第2927页。
[7] 《史记》(点校本二十四史修订本)卷八五《吕不韦传》,第3045—3046页。

邯郸后,"迁为武安君"①,但未言及封地和食邑数。

秦统一后围绕是否封建诸侯,君臣之间有过大辩论,武将功臣大多支持分封制,而秦始皇和丞相李斯坚持在境内推行清一色的郡县制。郡县制在秦国全面推行,秦始皇在政权的控制力方面超越先前的君王。其实,自从嬴政正式掌权之后,就在有意识地取缔封君制度。或许是吕不韦和嫪毐事件给他造成极大的压迫感。按理说,秦在翦灭东方六国过程中,应该通过封建诸侯来提升高级将领的作战积极性,然嬴政一朝似乎并没有裂土分疆的功臣。王翦在出征楚国前多次向秦王请求良田美池,还说了这样一段略带酸楚的话:

> 为大王将,有功终不得封侯,故及大王之向臣,臣亦及时以请园池为子孙业耳。②

连战功卓著的王翦,包括始皇极为信任同样功高的蒙恬、蒙毅均不能封侯,遑论其他。但在秦始皇二十八年(前219)琅琊石刻中同时出现列侯和伦侯,依照《史记》所记将其移录于下:

> 列侯武城侯王离、列侯通武侯王贲、伦侯建成侯赵亥、伦侯昌武侯成、伦侯武信侯冯毋择、丞相隗状、丞相王绾、卿李斯、卿王戊、五大夫赵婴、五大夫杨樛。③

列侯就是彻侯,汉代这种列侯前后封了几百个。关于伦侯,《史记索引》解释道:"伦侯,爵卑于列侯,无封邑者。伦,类也,亦列侯之类。"④司马贞认为伦侯也是列侯,只是没有封邑而已。现在看来,司马贞的观点有误。《里耶秦简》8-461"更名木方"明确记载:"内侯为轮(伦)侯。彻侯为【死〈列〉】侯。"⑤"内侯"即"关内侯"之省称,"轮侯"即"伦侯"。秦统一后进行了大规模的文化整顿工作,包括称谓之调整,具有代表性的如更民为黔首,改公为县官,将关内侯改为伦侯、彻侯改为列侯也是为了顺应秦统一后局势发展的需要。秦统一后,关外之地远阔于关内,显然再使用关内侯这一爵号已不太合适。但汉代仍称关内侯,而不称伦侯。卿指爵位在五大夫之上、关内侯之下者,《二年律令·赐律》:"赐不为

---

① 《史记》(点校本二十四史修订本)卷七三《白起列传》,第2831页。
② 《史记》(点校本二十四史修订本)卷七三《王翦列传》,第2841页。
③ 《史记》(点校本二十四史修订本)卷六《秦始皇本纪》,第316页。
④ 《史记》(点校本二十四史修订本)卷六《秦始皇本纪》,第317页。
⑤ 陈伟主编:《里耶秦简牍校释》(第一卷),第156页。

吏及宦皇帝者,关内侯以上比二千石,卿比千石,五大夫比八百石,公乘比六百石、公大夫、官大夫比五百石,大夫比三百石,不更比有秩,簪褭比斗食,上造、公士比佐史。"①

我们也倾向于认为秦始皇时期的列侯和西汉不一样②,无固定的封邑,仅食租税而已,且数量极少。秦始皇在二十六年(前221)顶住群臣的压力,最终没有在东方设立诸侯王,作为策略,为了缓和与功勋卓著的武将之间的矛盾,也为了激励将士继续开疆扩土抵御外族,有选择性地封了一些侯爵。但在三十四年(前213)以后,随着越地郡县化的确立、匈奴被蒙恬击退,秦始皇对鼓吹分封的势力进行了彻底的清算,还祸及了以儒家为代表的诸子百家。

第二节　赐爵

秦爵制问题颇为复杂,已有的研究成果虽众,但不少问题依然没有弄清楚。不过按照军功赐爵的制度当是在商鞅手中创建的。当然,草创时期的军功爵制与后来的二十等爵仍有差距。《史记·商君列传》所载商鞅在秦国经历时言"以卫鞅为左庶长",又言"以鞅为大良造"。《史记·白起列传》:"昭王十三年,而白起为左庶长……其明年,白起为左更……明年,白起为大良造。"朱绍侯指出,"大良造是秦早期军功爵制中的最高级,在大良造之上再没有其他爵位"③,以现有材料验之,朱之说可信。商鞅、白起军功显赫,爵均至大良造,足以说明之。又《商君书·境内篇》所见爵位,以大良造为最高。如此,所谓的二十等爵制并非商鞅制定,而是逐渐完善,最终成型当在秦始皇统一以后。④

商鞅学派主张职官、爵位只能通过军功获得,所谓"利禄官爵抟出于兵,无有异施也"。⑤ 普通士卒和军官的赐爵准则不一样。《商君书·境内》:"能得

---

① 彭浩、陈伟、〔日〕工藤元男主编:《二年律令与奏谳书》,第211页。
② 岳庆平:《秦代列侯无封邑辨》,《山东师范大学学报》1985年第6期。
③ 朱绍侯:《军功爵制考论》,商务印书馆,2008年,第33页。
④ 朱绍侯:《军功爵制考论》,第51页。
⑤ 高亨:《商君书注译》,第127页。

[甲]首一者,赏爵一级,益田一顷,益宅九亩,一除庶子一人,乃得人〈入〉兵官之吏。"①此种规定是针对一般的无爵或低爵士卒的。战争中,负有指挥之责的各级将领,不允许亲自上阵杀敌,否则即使斩获颇多,也要受到惩罚。"五人一屯长。百人一将。其战,百将、屯长不得斩首;得三十三首以上,盈论,百将屯长赐爵一级。"②"能攻城围邑,斩首八千已上,则盈论;野战,斩首二千,则盈[论]。吏自操及校以上大将尽赏。"③《秦律杂抄》:"故大夫斩首者,䙴(迁)。"④军吏、高爵者和各级指挥官能否晋爵,主要看整场战役能否完成所规定的斩首指标,若达到,一般会赐爵一级以上。

普通士卒斩首一枚,赐爵一级,但爵不能过大夫。若已达大夫,可将爵折算为钱或移用于他人,或者去为吏。《秦本纪》裴骃《集解》引《汉书》:"商君为法于秦,斩战上一首者,赐爵一级,其欲官者五十石。"⑤《韩非子·定法篇》:"商君之法曰:'斩一首者爵一级,欲为官者为五十石之官;斩二首者爵二级,欲为官者为百石之官。'官爵之迁,与斩首之功相称也。"⑥

论及秦爵与吏之间的关系,一般会引用《商君书·境内》中的一段文字:"故爵[不更,就]为大夫。爵吏而为县尉,则赐虏六,加五千六百。爵大夫而为国治,就为[官]大夫。"或据此认为"秦爵自大夫以上,才能担任国家的'吏'"。⑦现在看来,此说有待商榷。据里耶秦简,两名迁陵丞的爵位均为上造:

卅年□月丙申,迁陵丞昌,狱史堪【讯】。昌辟(辞)曰:上造,居平□,侍廷,为迁陵丞。(8-754+8-1007)⑧

廿七年八月丙戌,迁陵拔讯欧。辟(辞)曰:上造,居成固畜园,为迁陵丞,故为启□(9-2318)⑨

---

① 高亨:《商君书注译》,第152页。
② 高亨:《商君书注译》,第147页。
③ 高亨:《商君书注译》,第149页。
④ 陈伟主编:《秦简牍合集》释文注释修订本(壹),第160页。
⑤ 《史记》(点校本二十四史修订本)卷五《秦本纪》,第259页。
⑥ 陈奇猷:《韩非子新校注》卷十七《定法篇》,上海古籍出版社,2000年,第963页。
⑦ 安作璋、陈乃华:《秦汉官吏法研究》,第192页。
⑧ 陈伟主编:《里耶秦简牍校释》(第一卷),第216页。
⑨ 陈伟主编:《里耶秦简牍校释》(第二卷),第471页。

县丞乃县内三长吏之一,为有秩吏,爵位仅为上造。而迁陵编户齐民中爵位高于上造者比比皆是。可见,爵位高低与能否为吏没有必然的联系。甚至无爵者也能担任佐史一类的小官,例如里耶秦简 8－988 载:"迁陵狱佐士五(伍)朐忍成都谢,长七尺二寸,年廿八岁,白皙色。舍人令佐寏占。"①"爵吏而为县尉""爵大夫而为国治",目前尚无合理的解释,有待做更深入的研究。

有大夫爵者,在战场上不能斩首,《秦律杂抄》:"故大夫斩首者,䙴(迁)。"②这条律文意味着爵位在大夫以上者,一旦从军,就会成为军吏,而非普通士卒。秦民爵不过大夫,可从里耶秦简中找到一些间接证据。里耶秦简有些户籍资料清楚记载了迁陵县户主的爵位:

  今见一邑二里:大夫七户,大夫寡二户,大夫子三户,不更五户,☒☒四户,上造十二户,公士二户,从廿六户。☒8－1236＋8－1791③

  ☒☒二户。AⅠ

  大夫一户。AⅡ

  大夫寡三户。AⅢ

  不更一户。AⅣ

  小上造三户。AⅤ

  小公士一户。AⅥ

  士五(伍)七户。☒BⅠ

  司寇一【户】。☒BⅡ

  小男子☒☒BⅢ

  大女子☒☒BⅣ

  ·凡廿五☒BⅤ(8－19)④

仅从这种户籍资料不能得出秦民爵不能超过大夫,因为统计的对象中可能有官吏,所以存在高于大夫爵位者就不足为怪。但同时可以看到,绝大多数人的爵位是在大夫以下的。

---

① 陈伟主编:《里耶秦简牍校释》(第一卷),第 257 页。
② 陈伟主编:《秦简牍合集》释文注释修订本(壹),第 160 页。
③ 陈伟主编:《里耶秦简牍校释》(第一卷),第 297 页。
④ 陈伟主编:《里耶秦简牍校释》(第一卷),第 32 页。

普通士卒和黔首的爵位不能超过大夫，最直接的证据来自岳麓秦简令文：

  ·能捕以城邑反及智（知）而舍者一人，撩（拜）爵二级，赐钱五万，诣吏，吏捕得之，购钱五万。诸已反及与吏卒战而（1849）

（缺简）

  受爵者毋过大夫┘，所□虽多□□□□□□□□□及不欲受爵，予购级万钱，当赐者，有（又）行（1892）其赐。　　·廷卒乙廿一（1684）①

"以城邑反"即据城而反，与一般呼啸山林的反寇群盗不同。"智而舍者"，知晓某人以城邑反而为其提供住所，此乃同犯。捕获谋反者及协助者，赐爵二级，另加钱五万，提供消息线索而吏捕得者，赐钱五万。赏赐力度颇大，应是比照战场上斩首一级的标准实行的。此种规定最值得注意之处在于：受赏者本爵加上赐爵，爵级不可过大夫。若超过，只能折算成钱，爵一级抵万钱。或可据此判定，秦民爵的顶点为大夫，而汉代为公乘。

之所以认定上引令文中赐爵标准是比照军功爵制而行，是因为《史记·秦始皇本纪》所记一事与令文规定颇相合：

  王知之，令相国、昌平君、昌文君发卒攻毐。战咸阳，斩首数百，皆拜爵，及宦者皆在战中，亦拜爵一级。毐等败走。即令国中：有生得毐，赐钱百万；杀之，五十万。尽得毐等。②

始皇平定嫪毐叛乱时，凡参加战斗的宦官，均赐爵一级；故易知斩杀叛乱者所获爵当不止一级，斩首一枚者或可得爵二级以上。

秦爵之可贵，还在于难得亦难失。吏民因罪过夺去爵位者，需上呈皇帝定夺：

  □□坐一□，丞、令、令史、官啬夫吏主者夺爵各一级，毋（无）爵者以官为新地吏四岁，执法令都吏（J38）循行案举不如令〖者〗，论之，而上夺爵者名丞相，丞相上御史。（1662）③

---

① 陈松长主编：《岳麓书院藏秦简（伍）》，第125—126页。

② 《史记》（点校本二十四史修订本）卷六《秦始皇本纪》，第293—294页。按：我们认为此时昌平君尚未任丞相，丞相依然是吕不韦，故句读与修订版《史记》不同。

③ 陈松长主编：《岳麓书院藏秦简（伍）》，第187页。

"上夺爵者名丞相,丞相上御史","御史"当指侍御史,侍御史品秩远低于丞相,显然不能决定爵位之予夺,他们只负责将相关情况转呈到皇帝处,最终由皇帝来定夺。

秦汉简关于"居赀赎债"方面的记载比较丰富,但对官吏解爵以除赀赎方面的规定,以岳麓秦简《尉郡卒令》最为详细:

  ·令曰:吏及黔首有赀赎万钱以下而谒解爵一级以除,【及】当为疾死、死事者后,谒毋受爵┗,以除赀赎,(1168+1192)皆许之。其所除赀赎[皆许之其所除赀赎]过万钱而谒益【解】爵、【毋受爵者,亦许之。一级除赀赎毋过万】(1140)钱,其皆谒以除亲及它人及并自为除,毋过三人。赀赎不盈万钱以下,亦皆【许之。其年过卌五以上者,不得解】(C8-1-12+2130)爵、毋受爵,毋免以除它人。年睆老以上及罢㾭(癃)不事,从睆老事及有令终身不事、畴吏解爵而当复(1692)畴者,皆不得解爵以自除、除它人。鼎者劳盗〈盈〉及诸当撩(拜)爵而即其故爵如鼎及撩(拜)后爵者,皆不(1862)得解其故爵之当即者以除赀赎。为人除赀赎者,内史及郡各得为其畍(界)中人除,毋得为它郡人除┗。【中】县、(1863)它郡人为吏它郡者,得令所为吏郡黔首为除赀赎。属邦与内史通相为除。为解爵者,独得除赀(1789+1804)赎。令七牒。

  ·尉郡卒令第乙七十六(1878)①

以上令文缺字补释及编连均有赖于另外一则与之内容相同而字体有异的令文,其末简为:

  除赀赎。令七牒。请之。 ·三(0476)②

二者在内容上的差异极小,后者保留了更多的请令格式,例如"请之",未见于前一则令文。秦奏谳文书、行政文书常在结尾处记录文书所用简牍数目(或是为了防伪),但在岳麓秦简所见令条中,只有1878、0476简标明简数,这应是抄手个人选择的结果。秦代下发给各级官府的律令原件,应该保留了应有的格式,如制定者、制定缘由、使用简牍数、法令形式等,但抄录者常常只截取正文。岳麓秦简中保留的部分请令、制令和布令信息,为深入了解秦代法律条文的产生过程

---

① 陈松长主编:《岳麓书院藏秦简(伍)》,第113—116页。按:个别释文和句读有变动。
② 《岳麓书院藏秦简(柒)》,待刊。

提供了绝佳材料,笔者将有专文进行探讨,此不赘述。

两则《尉郡卒令》之间最大的差异在序号,一个为"七十六",一个为"三",序号变动绝非抄手所为,亦非读者校改,而是朝廷对律令重新进行了编定。换句话说,在一个特定的时期,每一则令文只对应一个序号,境内所有官府都须遵从。若官府或个人可随意对律令进行命名和编序,势必引起混乱,这在任何一个运转正常的政权中都是不容发生的事。

回到令文正文,开头即点明条文的规范对象为官吏与黔首。秦汉时期,当一则律令条文没有出现特定规范对象时,我们可以认为其对所有人都适用(最高统治者除外)。秦代将臣民分为吏、黔首、官徒隶和奴婢数种,岳麓秦简1112简"谨布令,令黔首、吏、官徒隶、奴婢明智(知)之"①。笔者认为,先秦四民中的"士"与秦代的"吏"相当,"农工商"与"黔首"相当。

"吏及黔首有赀赎万钱以下而谒解爵一级以除、【及】当为疾死、死事者后,谒毋受爵以除赀赎皆许之",吏及黔首被赀罚、触犯赎刑而无力缴纳罚金时,可以用爵位抵偿。然在出土材料中,常见到的是以"居作"的方式来偿还罚金,如"居赀""居赎"以及"居赀赎债"等。在官府居作一日可抵八钱(若扣除食宿费,可抵六钱)②,此并非当时劳力价值的真实体现,其更具惩罚的意味。

之所以两次强调解爵抵罚金的数额须在万钱以下,是因为秦代爵位一级正好值万钱:

· 能捕以城邑反及智(知)而舍者一人,撩(拜)爵二级,赐钱五万,调吏,吏捕得之,购钱五万。诸已反及与吏卒战而(1849)

(缺简)

受爵者毋过大夫凵,所□虽多□□□□□□□□□□及不欲受爵,予购级万钱,当赐者,有(又)行(1892)其赐。　　·廷卒乙廿一(1684)③

汉初之制常承袭秦,《二年律令·爵律》规定"诸当赐受爵,而不当拜爵者,

---

① 陈松长主编:《岳麓书院藏秦简(伍)》,第48页。
② 详见《秦律十八种·司空律》、岳麓秦简《亡律》。
③ 陈松长主编:《岳麓书院藏秦简(伍)》,第125–126页。

级予万钱"①,此律亦可证秦一爵值万钱。

仅从字面意思理解,"疾死死事者"指因疾病或其他事故而死亡者,关于疾病死亡者爵位承袭问题,《二年律令·置后律》有详细规定:

> 疾死置后者,彻侯后子为彻侯,其毋(无)适(嫡)子,以孺子□□□子。关内侯后子为关内侯,卿□〈后〉子为公乘,□□□后子为公大夫,公乘后子为官大夫,公大夫后子为大夫,官大夫后子为不更,大夫后子为簪袅,不更后子为上造,簪袅后子为公士,其毋(无)适(嫡)子,以下妻子、偏妻子②。

从上引律文可知,彻侯、关内侯是原等承袭,从第十八等大庶长到第三等簪袅均是降等继承。若据此推测,上造、公士后子为士伍。秦代爵位继承制度究竟如何,尚无可靠文献可参,但肯定也存在原等和降等继承的做法。"当为疾死、死事者后,谒毋受爵"中的"毋受爵"似应理解为"毋受爵一级",并非完全不承袭爵位,而是降一等承袭。

"其所除赀赎[皆许之其所除赀赎]过万钱而谒益【解】爵、【毋受爵者,亦许之。一级除赀赎毋过万】钱,其皆谒以除亲及它人及并自为除,毋过三人",若罚金超过万钱,允许解爵二级;解爵以替父母或他人偿还罚金者,总人数不能超过三人。爵位一级值万钱是固定的,而个人被赀罚的钱数并不确定,二者不对等时,可解爵多级或替他人偿还罚金以达到平衡。

秦汉简牍多见"小上造""小簪袅"之类,是对拥有爵位的未傅籍者的称呼。看来授予爵位时,并未设定年龄下限。同时,也未见到因年龄太大而不允许接受爵位的记载。那么,我们姑且可以判定,在其他条件均满足时,秦代授爵并不考虑受爵者的年龄。然年龄大小却影响爵位的利用效率,"年过卅五以上者,不得解爵、毋受爵,毋免以除它人",年龄超过四十五岁,不能通过解除爵位和不接受爵位的方式来抵偿罚金,也不能以此来免除他人徒隶身份或为他人抵偿罚金。

上文已经论证,秦自战国以来,一般的吏、民,爵位不能超过第五等大夫(汉

---

① 彭浩、陈伟、〔日〕工藤元男主编:《二年律令与奏谳书》,第 241 页。
② 彭浩、陈伟、〔日〕工藤元男主编:《二年律令与奏谳书》,第 235 页。

为公乘)①。拥有大夫爵位者若再立新功,不能再授予爵位,只能赐予钱物。但是,如果某人知道自己将获得爵位,趁机解除旧有爵位以免赀赎,如此爵位便低于大夫,可以顺利接受新赐爵位。如此一来,势必造成爵位被私下买卖的现象盛行,这显然不利于统治。故统治者要采取措施,防止爵位滥用,从岳麓简秦令可见一斑。

首先得弄清"不得解其故爵之当即者以除赀赎"针对三种情形,之间用"及"来连接,分别为"鼎者劳盗〈盈〉""诸当捧(拜)爵而即其故爵如鼎"和"捧(拜)后爵者"。"鼎者劳盗〈盈〉",当指爵位已到顶点,劳绩盈满。"诸当捧(拜)爵而即其故爵如鼎",旧有爵位加上新受爵位后达到大夫爵。"捧(拜)后爵者",以"后子"身份承袭的爵位。考虑到"后子"本来拥有爵位,而后又有新的爵位可以承袭,此时不能够利用之前的爵位来免除赀赎。

"罢㾠(癃)不事"与"从睆老事"是两种情况,中间当顿开。"罢㾠(癃)不事"指身体残疾而不服役者,"从睆老事"当是一种优待,按照"睆老"的标准服役,睆老役事减半。"有令终身不事",即终身被免除各种役使的人。世代从事某种职业者称为"畴人",《二年律令·傅律》:"畴官各从其父畴,有学师者学之。"②"畴吏解爵而当复爵者",畴吏原本解除过爵位,后来又获爵,此种情况,不能再解爵免除自己或他人的赀赎。

就除赀赎而言,不仅有年龄上的限制,在籍贯上也有规定。"为人除赀赎者,内史及郡各得为其畔(界)中人除,毋得为它郡人除",替人除赀赎者,双方必须是同一郡,内史与郡分别言之,因二者地位有高下,然"毋得为它郡人除"之"郡"显然包括内史。如此看来,秦代内史本质上亦为一郡,因国都所在而显得特别。需要指出的是,秦简中还常以"中县"指代内史:

【中】县、它郡人为吏它郡者,得令所为吏郡黔首为除赀赎。属邦与内史通相为除。为解爵者,独得除赀赎。

黔首可以替本郡的官吏除赀赎,这一点是我们先前不能想象的。"属邦"与"内史"可以互相除赀赎。据《汉书·百官公卿表》,属邦为掌管归义蛮夷的官

---

① 《后汉书·百官志》引刘劭《爵制》:"吏民爵不得过公乘者,得贳与子自若同产。然则公乘者,军吏爵最高者也,虽非临战,得(乘)公卒车,古曰公乘也。"

② 彭浩、陈伟、〔日〕工藤元男主编:《二年律令与奏谳书》,第234页。

署,其长官亦称属邦。里耶秦简8-657号"琅邪叚(假)【守】□敢告内史、属邦、郡守主"①,内史、属邦与郡守并列,属邦为职官名称无疑。上引令文中的"属邦"当指属邦管辖下的民众。

"为解爵者,独得除赀赎",此规定当适用于令文所提及吏、黔首以及属邦,无论是为自己还是他人,解除爵位只可免除赀赎,这是对爵位功用的重新限制。

此外,通过解除爵位可以减刑或免刑:

> 吏盗,当刑者刑,毋得以爵减、免、赎,以此当悔。②(《奏谳书》令)

> 贼杀伤父母,牧杀父母,欧(殴)詈父母,父母告子不孝,其妻子为收者,皆锢,令毋得以爵偿、免除及赎。③(《二年律令·贼律》)

爵位不仅可以用来兑换成金钱、抵偿赀赎和减免刑,也可用来改变一个人的身份地位:

> 欲归爵二级以免亲父母为隶臣妾者一人,及隶臣斩首为公士,谓归公士而免故妻隶妾一人者,许之,免以为庶人。工隶臣斩首及人为斩首以免者,皆令为工。其不完者,以为隐官工。 军爵④

隶臣妾为官徒隶,无固定的服役期限,若无特殊机缘,此种身份将永不会改变。隶臣可以通过斩首立军功豁免徒隶身份。隶臣妾要成为庶人,需亲人归还爵位二级。正因为秦人之身份常通过爵位高低来显现,而爵高者能获得更多权利,故谎报爵位的现象时有发生:

> 廿七年八月丙戌,迁陵拔讯欧。辭(辞)曰:上造,居成固畜园,为迁陵丞。故为启□
> □狱。欧坐男子毋害訦(诈)伪自爵弗得。狱史角曹。·六月丙子论□(9-2318正)
> ·鞫:欧失搚(拜)大男子赏横爵。有它论,赀二甲。与此同事相遝。审□(9-2318背)⑤
> 廿七年【八月丙戌,迁陵拔】讯欧,辭(辞)曰:上造,居成固畜□□

---

① 陈伟主编:《里耶秦简牍校释(第一卷)》,第193页。
② 彭浩、陈伟、〔日〕工藤元男主编:《二年律令与奏谳书》,第353页。
③ 彭浩、陈伟、〔日〕工藤元男主编:《二年律令与奏谳书》,第105页。
④ 陈伟主编:《秦简牍合集》释文注释修订本(壹),第124页。
⑤ 陈伟主编:《里耶秦简牍校释》(第二卷),第471页。

☐Ⅰ

☐狱,欧坐男子毋害誴(诈)伪自☐Ⅱ(8-209)

·鞫欧:失撩(拜)驺奇爵,有它论,赀二甲☐☐☐☐(8-209背)①

以上两封文书生成日期相同,为廿七年八月丙戌。涉案者均为欧,所犯失职之罪均与爵位有关。毋害谎报爵位未能及时被发觉,其罪一;授予赏横和驺奇的爵位不当,其罪二。由于此二罪均与爵位有关,符合"同事相遝"原则,二罪不累加,欧只需被赀罚二甲。"自爵"者当如何处置,秦律尚未见明文,《二年律令》云:"诸诈(诈)伪自爵免、爵免人者,皆黥为城旦舂。吏智(知)而行者,与同罪。"②汉初之律多承袭秦代,秦代对自爵者的处置当近之。又,徒隶若没有按照规定戴上刑具穿上囚服,也会以自爵论处:

●诸当衣赤衣冒擅(氊),枸椟杕及当钳及当盗戒(械)而擅解衣物以上弗服者,皆以自爵律论之。(1922)③

徒隶也分了等级,例如城旦舂必须"衣赤衣冒擅(毡)",而隶臣妾则不必。此外,爵位在上造以上者,犯罪后也无需带刑具。囚衣和刑具穿戴,与爵位一样,也是身份的象征,故当服不服者,"以自爵律论之"。

秦统一后,大规模的赐爵活动仅有一次,在秦始皇二十七年(前220),"是岁,赐爵一级"。这种赐爵,当不分官吏和黔首,均能获得。

第三节　升职

绝大多数秦吏的职位依靠劳绩的积累逐步升迁,秦简所谓"以功次迁"即这种情形。秦简所见《迁吏令》和《功令》均与官吏职官升迁有极大关系,可惜前者大多残缺,后者尚未见到具体条文。岳麓秦简《迁吏令》在其他章节有讨论,此不赘述。"功令"见于岳麓秦简《置吏律》:

┕县及都官啬夫其免徒而欲解其所任者,许之。新啬夫弗能任,免

---

① 陈伟主编:《里耶秦简牍校释》(第一卷),第114页。

② 彭浩、陈伟、[日]工藤元男主编:《二年律令与奏谳书》,第242页。

③ 陈松长主编:《岳麓书院藏秦简(伍)》,第141页。

之,县以攻(功)令任除有秩吏┗。(1245)①

有秩吏的任除依据为《功令》。张家山336号汉墓亦有《功令》,整理者彭浩曾披露《功令》为"汉代对官吏升迁考绩的规定,以及皇帝对某事的特殊规定"②。秦与西汉初期《功令》规范的内容应当相近。官吏升迁一般依功次而行,即同等条件下,功劳高者得以升迁,秦令中提到以功劳次除吏:

・令曰:有发繇(徭)事(使),为官狱史者,大县必遣其治狱寂(最)久者,县四人,小县及都官各二人,乃遣其余,令到已前(1885)发(?)者,令卒其事,遣诣其县官,以攻(功)劳次除以为叚(假)廷史、叚(假)卒史、叚(假)属者,不用此令。 ・县盈万户以上为(1886)【大】,不盈万以下为小。 ・迁吏归吏群除令丁廿八(1904)③

"以攻(功)劳次除"即按照功劳大小依次除吏。里耶秦简中有专门记载官吏功劳的文书:

凡□□□□

为官佐六岁。

为县令佐一岁十二日。

为县斗食四岁五月廿四日。

为县司空有秩乘车三岁八月廿二日。

守迁陵丞六月廿七日。

凡十五岁九月廿五日。凡功三┗三岁九月廿五日。(10-15)④

所记吏员劳绩总和为"十五岁九月廿五日",可换算为"功三┗三岁九月廿五日",易知一功为四岁。胡平生根据汉简率先指出"凡积劳四岁,即进为一功"⑤,甚确。汉功劳换算的方式当承袭秦代。云梦睡虎地77号西汉墓出土简牍中,有三件存有题名的功次文书,分别是《十五年功次》《二年官佐功次》和《三年功次》,"功次文书分不同秩级记列一定范围内的所有人员,以功劳高低为序,

---

① 陈松长主编:《岳麓书院藏秦简(肆)》,第137页。
② 曹旅宁:《张家山336号汉墓〈功令〉的几个问题》,《史学集刊》2012年第1期。
③ 陈松长主编:《岳麓书院藏秦简(伍)》,第192页。
④ 里耶秦简博物馆、出土文献与中国古代文明研究协同创新中心中国人民大学中心编著:《里耶博物馆藏秦简》,第54页。
⑤ 胡平生:《居延汉简中的功与劳》,《文物》1995年第4期。

让'功次'一目了然,便于考核和选拔。"①

当然,跨级提拔的情况也是存在的,李斯凭借过人的谋略,深得嬴政赏识,从郎官到长史,再成为客卿,又擢为廷尉,最后位至丞相。凡立下不世之功者,均是破格任用,如商鞅、魏冉、范雎、张仪等。基层小吏若政绩突出,也会跨级升迁:

> 洋以智治訮(研)词,谦(廉)求而得之。洋精(清)絜(洁),毋(无)害,敦愨(悫);守吏(事),心平圌卪。【劳、年】中令。绥任谒以补卒史,劝它吏,卑(俾)盗贼不发。②

> 今狱史触、彭沮、衷得微难狱,碟辠(罪)一人。为奏十六牒,上。触为令史廿(二十)二岁,年卌(四十)三;彭沮、衷劳、年中令。皆请(清)絜(洁),毋(无)害,敦愨(悫);守吏(事),心平端礼。任谒课以补卒史,劝它吏。③

令史为斗食之吏,尚未入有秩吏之列。卒史为郡府之吏,据《汉旧仪》:"太史公秩二千石,卒史皆秩二百石。"郡守秩亦二千石,则郡之卒史秩当为二百石。

第四节 赐田宅

秦自商鞅起实行军功爵制,常赐予有军功者以田宅爵禄,《商君书·境内》:"能得爵首一者,赏爵一级,益田一顷,益宅九亩,一除庶子一人,乃得人〈入〉兵官之吏。"④又,《史记·白起王翦列传》载王翦前往攻打楚国时向秦始皇"请美田宅园池甚众"⑤。岳麓秦简《田律》曰:"有辠,田宇已入县官,若已行,以赏予人而有勿(物)故,复(覆)治,田宇不当入县官,复畀之其故田宇。"⑥若一个人犯罪,田地和宅宇已没入官府,或者已经被授予、赏赐他人而碰上其他变故,再次审理案件时发现田地和宅宇不应该没收,则应该将其返还。赐予功臣的田宅也可以

---

① 陈伟、熊北生:《睡虎地汉简中的功次文书》,《文物》2018年第3期。
② 朱汉民、陈松长主编:《岳麓书院藏秦简(叁)》,第181页。
③ 朱汉民、陈松长主编:《岳麓书院藏秦简(叁)》,第191页。
④ 蒋礼鸿:《商君书锥指》,第119页。
⑤ 《史记》(点校本二十四史修订本)卷七三《王翦列传》,第2841页。
⑥ 陈松长主编:《岳麓书院藏秦简(肆)》,第105页。

收回,据《史记·甘茂列传》,甘茂之孙甘罗说服张唐往燕国为相,后又出使赵国,挑起赵燕之间的战争,秦国坐收渔利,先后得近十城。秦"封甘罗以为上卿,复以始甘茂田宅赐之"①。

第五节　赐钱金它物

秦始皇三十一年(前216),"赐黔首里六石米,二羊"②,以米酒肉等实物作为赏赐,在秦汉两代十分常见。此种天下百姓均能享用的赏赐,对受赐者而言,并不能解决多少实质问题。此种形式的赏赐,不绝于史书,乃统治者为了彰显自己的仁惠而施的小伎俩。基层官吏或因政绩出色而获赐酒肉:

> 以四月、七月、十月、正月肤田牛。卒岁,以正月大课之,最,赐田啬夫壶酉(酒)束脯。③(《秦律十八种·厩苑律》)
>
> ·致赐人酒食者或留∟。议:吏将赐酒食留臧(藏)致者,酒食臭败不可致者,更盛。·致者留八分日一到过五日,(0130)□以行制书不署急而留之律论之∟。赎罪以下,有(又)以其败不可致者直(值)钱负留者。·官遣致者留及官(0114)遣赐遟(迟)而留致者∟,皆以此令论之。·致者未到∟,将赐吏径致之,赀二甲。·致者留∟,将赐吏弗举(0175)□遣赐遟(迟)留致者,致者弗举劾∟,以纵罪人律论之。
>
> ·十六(2152)④(岳麓秦简)

《厩苑律》规定,牛养得肥胖,在评比中获得头名的,田啬夫可得酒一壶,腊肉一条。岳麓秦简令文制定的目的在于让赏赐的酒食等物及时送达得赐者手中。致者是负责宣布赏赐的人,应当随身携带了文书;将赐吏是具体负责物品发放的人。发放赏赐物时,二者均要求在场。赏赐的酒食变质不可食用时,要重新准备。因致者的原因,使得赏赐之物未能及时送达的,要根据实际情况分别处

---

① 《史记》(点校本二十四史修订本)卷七一《甘茂列传》,第2818页。
② 《史记》(点校本二十四史修订本)卷六《秦始皇本纪》,第321页。
③ 陈伟主编:《秦简牍合集》释文注释修订本(壹),第49页。
④ 陈松长主编:《岳麓书院藏秦简(陆)》,第107—108页。

理。"致者留八分日一到过五日,以行制书不署急而留之律论之。赎罪以下,有(又)以其败不可致者直(值)钱负留者。"致者耽搁八分之一日到超过五日的,要按照制书不署急而使其留迟之罪论处。制书是颁布皇帝法制命令的专用文书,是官文书中地位最高的一种。据此可见,统治者十分重视赏赐的时效性,希望尽快送至获赏者手中。考虑到车马运输的速度,朝廷若以酒肉赐人,身处边郡者接到赏赐当在数月以后,若碰上气温稍高的季节,酒肉势必腐败变质。所以,用作赏赐的食物应当是由当地的官府调拨的。

陈胜吴广起事山东,秦二世征求诸博士儒生意见,待诏博士叔孙通应对有方,深合秦二世之意,"乃赐叔孙通帛二十匹,衣一袭,拜为博士"①。

如何奖赏,奖赏多少,秦律都有细致规定,不可随意变更。从理论上言,只要一切按照律令执行,便不会有差错。但律令执行者都是有血有灵的人,是人就难免有私心和偏见,为了保证公正公平,尽力杜绝徇私舞弊,秦法规定请赏之吏与予赏之吏不可为同一人。

> 昭襄王命曰:置酒节(即)征钱金及它物以赐人,令献(谳),丞请出;丞献(谳),令请出,以为恒。·三年诏曰:(0519)复用。(0352)②

昭襄王公元前306年至公元前251年在位,秦统一后改"命书"为"制书",是一种颁布帝王法制命令的文书。昭襄王曾以命书规定以钱金酒物赐人时,令和丞要么负责请赏,要么负责分发赏赐之物,不可一人兼二职。秦二世三年(前207)时,以诏书的形式重新启用了这则命书。命书的内容是针对钱金酒等物资出纳的,丞和令要互相合作,不能由一人操办,一人负责上奏相关文书,另一人根据文书清单发放物资。这些物资包括赏赐之物。

第六节　赐日

赐日见于睡虎地秦简《厩苑律》:

> 以四月、七月、十月、正月肤田牛。卒岁,以正月大课之,最,赐田啬

---

① 《史记》(点校本二十四史修订本)卷九九《叔孙通列传》,第3295页。
② 陈松长主编:《岳麓书院藏秦简(肆)》,第209页。

夫壶酉(酒)束脯,为旱〈皂〉者除一更,赐牛长日三旬;殿者,谇田啬夫,罚冗皂者二月。其以牛田,牛减絜,治(笞)主者寸十。有(又)里课之,最者,赐田典日旬;殿,治(笞)卅。①

牛长、田典属于基层官吏,不需服徭役,与皂不同,所赐之日应算作官吏的劳绩。秦代劳绩正是以日为单位计算的:

资中令史阳里釦伐:AⅠ

十一年九月隃为史。AⅡ

为乡史九岁一日。AⅢ

为田部史四岁三月十一日。AⅣ

为令史二月。AⅤ

□计。BⅠ

年卅六。BⅡ

户计。CⅠ

可直司空曹。DⅠ(8-269)②

第七节 置后

因公殉职的官吏,按律可以置后,即由其家属继承死者生前所有爵位,若死者无爵位,也会赐予其后公士之爵。《秦律杂抄》:"战死事不出,论其后。有(又)后察不死,夺后爵,除伍人;不死者归,以为隶臣。"③"论其后"即置后,《二年律令·置后律》有比较具体的规定:

□□□□为县官有为也,以其故死若伤二旬中死,□□□皆为死事者,令子男袭其爵。毋(无)爵者,其后为公士。毋(无)子男以女,毋(无)女以父,毋(无)父以母,毋(无)母以男同产,毋(无)男同产以女同产,毋(无)女同产以妻。诸死事当置后,毋(无)父母、妻子、同产者,

---

① 陈伟主编:《秦简牍合集》释文注释修订本(壹),第49页。

② 陈伟主编:《里耶秦简牍校释》(第一卷),第125—126页。

③ 陈伟主编:《秦简牍合集》释文注释修订本(壹),第175页。

以大父,毋(无)大父以大母与同居数者。①

秦之置后原则当与此相近,因汉初之律多沿袭秦代。秦代必有"置后律",岳麓秦简和里耶秦简均有简文提及置后事宜:

　　·丞相上南阳段(假)尉书言:鄭兴耆、小簪褭未等追群盗,未与斗,死事。议:为未置后,它(0661)有等比。　　·卅(0577)②

　　·令曰:吏及黔首有赀赎万钱以下而谒解爵一级以除,【及】当为疾死、死事者后,谒毋受爵以除赀赎,(1168+1192),皆许之。(1140)③

　　【廿】七年十二月丁丑朔朔日,迁陵拔敢言……□迁陵兴、尉瞵将吏□

　　丞阴吏卒在郛中死,当置后,上诊牒即□……燔券书,毋以智(知)□(9-705+9-1111+9-1426)④

0661简中的"耆"和"未"均为人名,未在与群盗打斗时死亡,乃因公殉职,按律当为之置后。南阳代理郡尉书之所以对此次置后有疑问,在于未尚未傅籍。小簪褭指未傅籍而有簪褭爵位者。朝廷给出的答复是"为未置后",并规定同类情况可照此执行。从1168+1192简秦令规定可知,"死事者后"可以请求不接受爵位,用来抵消赀罚和赎罪。里耶秦简文书所言乃为在战斗中死亡的吏卒置后之事。

---

① 彭浩、陈伟、〔日〕工藤元男主编:《二年律令与奏谳书》,第236页。
② 《岳麓书院藏秦简(柒)》,待刊。
③ 陈松长主编:《岳麓书院藏秦简(伍)》,第113—114页。
④ 陈伟主编:《里耶秦简牍校释》(第二卷),第181页。

第五章　权益法

秦最终能一统六国,多半归功于其制度上的"优越性",而再完美的制度,就算顶层设计无懈可击,如果不能推行实施,也不过是海市蜃楼罢了。"率土之滨,莫非王臣",而底层民众与帝王之间往往不能直接发生联系,品秩有别的各级官吏是二者的连接纽带。知悉政令,体察民意,上传下达,离不开千千万万个基层官吏。而要让每个官吏忠于职守,除了冰冷的律条,尚需要一些实质的权益来维系。

通过岳麓秦简律令条文可知,秦代官吏除了享有俸禄之外,还配有仆、养、走等杂役,又有休沐、病假、婚假、丧假等假期,出差另外配备车马舟船,并有专门机构提供食宿。

第一节　秦吏之俸禄及出差食宿车马安排

尚无切实的材料可资考证秦吏之俸禄,但其与品秩高低成正比当无疑义。里耶秦简有数则向秦吏禀食的材料,但是否算作薪俸,尚有很大的疑问。因为作为整个官僚体系最底层的佐史,每日领取的稻谷量竟然是县丞的三倍多[1],而秩禄制下所有官吏均按照品秩高低分发俸禄,故里耶秦简所见秦吏所禀之食或是借贷之物,官吏可以俸禄抵偿。

过往官吏、权贵、使节住宿之所,传世文献中常见的有"传舍""邸舍""邮亭""驿置"等。《史记·廉颇蔺相如列传》:"秦王度之,终不可强夺,遂许斋五日,舍

---

[1] 相关材料见《里耶秦简牍校释》(第一卷)8-1345+8-2245、8-1550。

相如广成传。"《索隐》曰:"广成是传舍之名"①。《史记·外戚世家》:"窦皇后言之于文帝,召见,问之,具言其故,果是。又复问他何以为验? 对曰:'姊去我西时,与我决于传舍中。'"《索隐》曰:"传舍谓邮亭传置之舍。盖窦后初入宫时,别其弟于传舍之中也。"②若依司马贞的解释,则传舍与邮亭之舍是一回事,此与史实不符。

"传舍"设置于县级及以上衙署所在地,一般而言,一县之内只有"传舍"一所,是境内最为正式的招待场所。而"邮亭"一般是十里设置一座,主要是为了文书传递而置,兼作出差官吏的食宿之所。"邮亭"与"传舍"功能有别,档次不同,不可混淆。"传舍"之得名,或与里耶秦简所见之"乘传客"有关,秦统一后改"乘传客"为"都吏"③。都吏是负责监察事宜官吏的总称,并非一个特定的职官名。都吏代表上·级行政首脑巡察境内,地位比较尊崇。"都吏"旧名"乘传客",很形象地表明了它所享受的待遇,可以配备公车、入住传舍。

传舍需按时打理,《三十四年质日》有"三月己巳治传舍"的记载④,里耶秦简也有派遣徒隶治理传舍的材料:

卅年十月辛亥,启陵乡守高☐Ⅰ
受司空仗城旦二人。Ⅱ
二人治传舍:它、骨。Ⅲ(8-801)⑤

需要指出的是,仗城旦所治之传舍,并非启陵乡之传舍,迁陵县传舍当设置在都乡市旁。传舍的正式名称为"候馆",岳麓秦简一则令文对候馆的使用加以规范:

·县为矦(候)馆市旁,置给吏(事)具,令吏徒守治以舍吏殹(也)。
·自今以来,诸吏囚酃大夫行囝来囝,皆得舍(2103)焉,它不得└。有不当舍【舍】而舍焉,及舍者皆以大犯令律论之,令、丞弗得,赀各一甲。
·廿二(0769)⑥

---

① 《史记》卷八一《廉颇蔺相如列传》,第2441页。
② 《史记》卷四九《外戚世家》,第1974页。
③ 陈伟主编:《里耶秦简牍校释》(第一卷),第157页。
④ 朱汉民、陈松长主编:《岳麓书院藏秦简(壹)》,第14页。
⑤ 陈伟主编:《里耶秦简牍校释》(第一卷),第229页。
⑥ 陈松长主编:《岳麓书院藏秦简(陆)》,第154页。

"候馆"作为招待过往宾客、官吏的正式场所,起源甚早,《周礼·地官·遗人》:"五十里有市,市有候馆,候馆和积。"郑玄注:"候馆,楼可以观望者也。"①《周礼》所记"市有候馆"与岳麓秦简所记"县为候馆市旁"相符。候馆专为往来的官吏与都大夫提供,他人则一律不得入住。"都大夫"见于《孙膑兵法·擒庞涓》:"孙子曰:'都大夫孰为不识事?'曰:'齐城、高唐。'"整理者认为"都大夫"指治理都的长官,而齐国称大城邑为都。② 而秦令中将"吏"与"都大夫"并列,可知"都大夫"并非在职官吏。故《孙膑兵法》中所言"都大夫"与秦令中的不同。

"都大夫"不属于职官系统,但可以享受同等特权,定是颇具身份者。《法律答问》:"宦及智(知)于王,及六百石吏以上,皆为'显大夫'。"③杨振红认为《法律答问》中的"大夫"与二十等爵的大夫爵或五大夫爵没有关系,而是指公卿大夫士的大夫位。大夫即"宦及智(知)于王,及六百石吏以上",大夫的起始禄秩为六百石④。笔者认为此说值得商榷。《法律答问》并未解释出"显大夫"所有内涵,"显大夫"当包括拥有某等爵位以上者。《法律答问》对"显大夫"的解释可参照《汉书·惠帝纪》相关内容来理解:"爵五大夫、吏六百石以上,及宦皇帝而知名者,有罪当盗械者,皆颂系。"⑤"宦及智(知)于王"与"宦皇帝而知名者"对应,《惠帝纪》所言"爵五大夫"者在秦代是否属于"显大夫"之列呢?笔者认为秦代拥有五大夫爵位者必属于"显大夫"行列,《惠帝纪》优待犯罪显贵的制度沿袭秦制而已。

《二年律令·田律》"卿以下,五月户出赋十六钱"在岳麓秦简中对应的律文为"出户赋者,自泰(大)庶长以下……五月户出十六钱","卿以下"即"大庶长以下"。又,从《二年律令·赐律》:"赐不为吏及宦皇帝者,关内侯以上比二千石,卿比千石,五大夫比八百石,公乘比六百石,公大夫、官大夫比五百石,大夫比

---

① 李学勤主编:《十三经注疏·周礼注疏》(点校本),第345页。
② 银雀山汉墓竹简整理小组编:《孙膑兵法》,文物出版社,中国人民解放军战士出版社翻印,1975年,第31—33页。
③ 陈伟主编:《秦简牍合集》释文注释修订本(壹),第255页。
④ 杨振红:《出土简牍与秦汉社会(续编)》,广西师范大学出版社,2015年,第34页。
⑤ 《汉书》卷二《惠帝纪》,第85页。

三百石,不更比有秩,簪褭比斗食,上造、公士比佐史。"①可以推测卿指拥有大庶长、驷车庶长、大上造、少上造、右更、中更、左更、右庶长和左庶长等九种爵位任何一等者。又据《赐律》可知,宦皇帝而得公乘爵以上者就是所谓的"宦及智(知)于王"。依照侯、卿、大夫、士划分,拥有五大夫爵者为"大夫"行列里最尊者。需要注意的是,"上大夫"为"卿"的别称,有"公乘"爵者称作"下大夫"。换言之,凡具有公乘以上、侯以下爵者均可称为大夫。

秦令中的"都大夫"与官吏一样,可以享用官府设置的候馆,当指拥有公乘爵位以上的大夫。《汉书·百官公卿表》"公乘"爵下颜师古注曰:"言其得乘公家之车也。"②能乘公家车者常能舍公家之舍,这两项权益常一同给予,《汉书·王贡两龚鲍传》载龚胜、龚舍二人被"赐帛及行道舍宿"③。《二年律令·传食律》所见"车大夫"或是"都大夫"之别称(详见后文)。

候馆并非以盈利为目的,无入住资格而最终入住者将遭受重惩,管理者也要同等论处,"有不当舍舍而舍焉,及舍者皆以大犯令律论之"。《法律答问》:"律所谓者,令曰勿为,而为之,是谓'犯令'。"④"以大犯令律论之"究竟当如何论处,我们不得而知,秦简中多次出现"小犯令":

> 暨坐八劾:小犯令二,大误一,坐官、小误五。巳(已)论一甲,余未论,皆相遝。⑤(《为狱等状四种》"暨过误失坐官案")

> 郡县除佐,事它郡县而不视其事者,可(何)论?以小犯令论。⑥(《法律答问》)

"小犯令"比"大误"面临的惩罚要重,"人户、马牛及者(诸)货材(财)直(值)过六百六十钱为'大误'"⑦,"计脱实及出实多于律程,及不当出而出之,直(值)其贾(价)……过六百六十钱以上,赀官啬夫一甲,而复责其出殹(也)。人

---

① 张家山二四七号汉墓竹简整理小组:《张家山汉墓竹简(二四七号墓)》(释文修订本),第49页。
② 《汉书》卷一九上《百官公卿表》,第740页。
③ 《汉书》卷七二《王贡两龚鲍传》,第3083页。
④ 陈伟主编:《秦简牍合集》释文注释修订本(壹),第236页。
⑤ 朱汉民、陈松长主编:《岳麓书院藏秦简(叁)》,第148页。
⑥ 陈伟主编:《秦简牍合集》释文注释修订本(壹),第237页。
⑦ 陈伟主编:《秦简牍合集》释文注释修订本(壹),第262页。

户、马牛一以上为大误"①。官吏犯大误赀一甲,若为小犯令,其惩处更重,故推测大犯令者将处以耐刑以上刑罚。

汉代对冒充官员入住传舍者的处罚也相当重,有一史实可大致证之:

> 御史大夫桑弘羊客诈称御史止传,丞不以时谒,客怒缚丞。相疑其有奸,收捕,案致其罪,论弃客市,茂陵大治。(《汉书·魏相丙吉传》)

颜师古曰:"传谓县之传舍。"②甚确。桑弘羊之门客冒充御史入住传舍,并对传舍负责人任意捆绑,最后被论弃市。

综上可知,候馆(或称传舍)是一县之内正式的招待场所,有专门的官吏管理,官吏公差在外者、致仕者、假病归者,以及拥有公乘以上爵位者,均可住宿其中,其他人等入住,将受到严惩。

候馆设于相对繁华的集市,一般而言一县仅设一馆,其密度远不及邮亭。秦汉时代的邮亭通常是十里设置一座,主要目的为传递文书,兼为过往官吏临时住所。从岳麓秦简《质日》可知,秦代官吏出差在外,常住宿邮亭,例如《卅五年私质日》四月丙寅宿临沃邮③,已巳宿囗邮,癸酉宿康囗邮④,五月辛卯宿商街邮,乙未宿日土邮⑤。

传舍、邮亭还需为过往的官吏准备膳食,或提供炊具、燃料、水和佐料等,然这种便利也是有期限的,滞留时间超过十天者,待遇会大打折扣。

> ·田律曰:侍茝邮、门,期足以给乘传晦行求烛者,邮具二席及斧、斤、凿、锥、刀、瓮、釁,置梗(绠)井旁└,吏有(1277)县官事使而无仆者,邮为饬,有仆,叚(假)之器,勿为饬,皆给水酱(浆)。(1401)⑥

> ·令曰:诸乘传、乘马、傅(使)马傳(使)及覆狱行县官,留过十日者,皆勿食县官,以其传禀米,叚(假)鬵甗炊之,囗(1663)【有】囗、仆、司御偕者,令自炊。其毋(无)走、仆、司御者,县官叚(假)人为炊而皆

---

① 陈伟主编:《秦简牍合集 释文注释修订本(壹)》,第154页。
② 《汉书》卷七四《魏相丙吉传》,第3133页。
③ 朱汉民、陈松长主编:《岳麓书院藏秦简(壹)》,第19页。
④ 朱汉民、陈松长主编:《岳麓书院藏秦简(壹)》,第20页。
⑤ 朱汉民、陈松长主编:《岳麓书院藏秦简(壹)》,第22页。
⑥ 陈松长主编:《岳麓书院藏秦简(肆)》,第104页。

勿给薪采。它如前令。 ·内史仓曹令(1779)第丙册六(1913)①

田律曰:吏归休,有县官吏乘乘马及县官乘马过县,欲贾刍稾、禾、粟、米及买菽者,县以朔日(1284)平贾(价)受钱∟,先为钱及券,蛂以令、丞印封,令、令史、赋主各挟一辨,月尽发蛂令、丞前,以中辨券案(1285)雠(雠)钱,钱辄输少内,皆相与靡(磨)除封印,中辨臧(藏)县廷。(1281)②

公干在外的官吏,若没有杂役跟随,则由邮亭准备膳食,若有杂役,也需提供炊具水酱之类。"水酱"之"酱"读为本字亦可,先秦秦汉时,酱为常见且必备的调味品,《周礼·天官·膳夫》:"酱用百有二十瓮。"③《论语·乡党》:"不得其酱,不食。"《秦律十八种·传食律》规定"不更以下到谋人"爵位者每餐可提供"米一斗,酱半升"④。

岳麓秦简规定,出差的官吏在一个地方"留过十日者,皆勿食县官,以其传稟米",类似的规定亦见于《二年律令·传食律》:"其有事焉,留过十日者,稟米令自炊。以诏使及乘置传,不用此律。县各署食尽日,前县以谁(推)续食。"⑤以上规定正与里耶秦简相关记载相契合:

元年七月庚子朔丁未,仓守阳敢言之:狱佐辨、平、士吏贺具狱,县官Ⅰ食尽甲寅,谒告过所县乡以次续食。雨留不能投宿贵。Ⅱ来复传。零阳田能自食。当腾期卅日。敢言之。/七月戊申,零阳Ⅲ靠移过所县乡。/齮手。/七月庚子朔癸亥,迁陵守丞固告仓啬夫:Ⅳ以律令从事。/嘉手。Ⅴ(5-1)

迁陵食辨、平尽己巳旦□□□□迁陵。Ⅰ

七月癸亥旦,士五(伍)臂以来。/嘉发。Ⅱ(5-1背)⑥

卅五年三月庚寅朔辛亥,仓衔敢言之:疏书吏、徒上事尉府Ⅰ者牍北(背),食皆尽三月,迁陵田能自食。谒告过所县,以县乡次续Ⅱ食如

---

① 陈松长主编:《岳麓书院藏秦简(伍)》,第183页。
② 陈松长主编:《岳麓书院藏秦简(肆)》,第104—105页。
③ 李学勤主编:《十三经注疏·周礼注疏》(点校本),第79页。
④ 陈伟主编:《秦简牍合集》释文注释修订本(壹),第132页。
⑤ 彭浩、陈伟、〔日〕工藤元男主编:《二年律令与奏谳书》,第184页。
⑥ 陈伟主编:《里耶秦简牍校释》(第一卷),第1页。

律。雨留不能投宿赍。当腾腾。来复传。敢言之。Ⅲ（8 – 1517）

　　令佐温。Ⅰ

　　更戍士五城父阳翟执。Ⅱ

　　更戍士五城父西中痤。Ⅲ

　　骨手。Ⅳ（8 – 1517 背）①

　　仓守阳给迁陵守丞固写信的时间是七月八日，迁陵县为狱佐辨、平、贺三人提供饮食的期限是七月十五日。"雨留不能投宿赍"，因为下雨而滞留，又无力去住宿私人旅馆，且没有携带过多的粮食。零阳是狱佐三人下一站必经之地，故零阳聱在七月九日已通知境内提前准备。七月二十四日迁陵丞回复仓守阳，命其按照律令办。迁陵为辨等三人提供饮食至七月三十日，超过规定十五日。那么这十五天的粮食当由谁来承担呢？若依照岳麓秦简《内史仓曹令》"留过十天，皆毋食县官，以其传禀米"，迁陵县似并未按照律令执行。或有律令对特殊情形加以规范，例如碰到极端天气、突发状况等，县官需延长提供食宿的日期。

　　秦代官府为公干的官吏提供十天的膳食，超过十天后，可以凭传领取粮食，自己生火做饭。在一个幅员辽阔、官吏往来频繁的新创帝国里，此种制度颇为合理，既可以减少外出官吏携带粮食之苦，又不至于给当地官府造成过多的困扰。当然，这种制度也并非从来就有，而是从实践中慢慢摸索出来的。睡虎地秦简中所见律文规定，出差在外的官吏以及士兵，要自带粮食或凭传借贷粮食：

　　宦者、都官吏、都官人有事上为将，令县贳（贷）之，辄移其禀县，禀县以减其禀。已禀者，移居县责之。②（《秦律十八种·仓律》）

　　有事军及下县者，赍食，毋以传贳（贷）县。③（《秦律十八种·仓律》）

　　月食者已致禀而公使有传食，及告归尽月不来者，止其后朔食，而以其来日致其食；有秩吏不止。④（《秦律十八种·仓律》）

　　官长及吏以公车牛禀其月食及公牛乘马之禀，可殹（也）。⑤（《秦

---

① 陈伟主编：《里耶秦简牍校释》（第一卷），第344—345页。
② 陈伟主编：《秦简牍合集》释文注释修订本（壹），第69页。
③ 陈伟主编：《秦简牍合集》释文注释修订本（壹），第69页。
④ 陈伟主编：《秦简牍合集》释文注释修订本（壹），第69页。
⑤ 陈伟主编：《秦简牍合集》释文注释修订本（壹），第110页。

律十八种·金布律》)

岳麓秦简 1663 中言及的"以传稟米",应该是一种借贷关系,与十日内免费提供膳食不同。既是借贷,那么还贷者是居县官府还是出差者本人就值得探讨。据上引《金布律》条文可知,官吏每月可领取所谓的"月食"。又据《仓律》,有秩吏以上即使已领"月食",若又有差使,可以凭传稟食,且不停发下月之"月食"。言外之意,有秩吏以下出差,若以传稟食,则应扣发下月"月食"。如此看来,出差官吏从其他官府所贷粮食,由本人所在的官府进行偿还,然后根据品秩高低决定是否以扣除"月食"的方式进行二次结算。

出差者享用食物之多少与优劣,与其品秩、爵位有直接关系,这从秦汉《传食律》中可知:

> 御史、卒人使者,食稗米半斗,酱驷(四)分升一,采(菜)羹,给之韭葱。其有爵者,自官士大夫以上,爵食之。使者之从者,食糲(粝)米半斗;仆,少半斗。①(《秦律十八种·传食律》)

> 不更以下到谋人,稗米一斗,酱半升,采(菜)羹,刍稾各半石。·宦奄如不更。②(《秦律十八种·传食律》)

> 上造以下到官佐、史毋(无)爵者,及卜、史、司御、寺、府,糲(粝)米一斗,有采(菜)羹,盐廿二分升二。③(《秦律十八种·传食律》)

> 丞相、御史及诸二千石官使人,若遣吏、新为官及属尉、佐以上征若迁徙者,及军吏、县道有尤急言变事,皆得为传食。车大夫稗米半斗,参食,从者糲(粝)米,皆给草具。车大夫酱四分升一,盐及从者人各廿二分升一。食马如律,禾之比乘传者马。④(《二年律令·传食律》)

关于《二年律令·传食律》"车大夫",整理者认为"指上述使人等"⑤,笔者认为"车大夫"是对拥有某种爵位以上者的统称,犹如岳麓秦令所言"都大夫",而并非指有公差的"乘传者"。"食马如律,禾之比乘传者马"一段文字表明车大

---

① 陈伟主编:《秦简牍合集》释文注释修订本(壹),第 131 页。
② 陈伟主编:《秦简牍合集》释文注释修订本(壹),第 132 页。
③ 陈伟主编:《秦简牍合集》释文注释修订本(壹),第 133 页。
④ 彭浩、陈伟、〔日〕工藤元男主编:《二年律令与奏谳书》,第 184 页。
⑤ 张家山二四七号汉墓整理小组:《张家山汉墓竹简(二四七号墓)》(释文修订本),第 40 页。

夫并非"乘传者",但其享受的待遇与乘传者完全一样。"车大夫"当指拥有公乘以上爵位者,因其可享用公车,古称"车大夫"。

出差之吏据其所乘交通工具,又有乘传、乘马、乘使马之别,当然还有徒行者,这些区别与品秩高低相关。

乘传据马奔跑速度快慢又可分为不同种类,《汉书·高帝纪》如淳注引律曰:"四马高足为置传,四马中足为驰传,四马下足为乘传,一马二马为轺传,急者乘一乘传。"①官吏平常所乘当为"四马下足"类传车。

乘马可指四马拉一车,只有身份尤其显贵者方可享用。《汉书·王莽传》"鸾路乘马",颜师古曰:"鸾路,路车之施鸾者也,解在《礼乐志》。四马曰乘。"②令文中的"乘马"即当指匹马,不包括车。《汉书·昭帝纪》:"五年春正月,广陵王来朝,益国万一千户,赐钱二千万,黄金二百斤,剑二,安车一,乘马二驷。"③《肩水金官汉简》:"轺车三,乘马八匹,即日平旦入关,张掖大守卒史□☑"(73EJT1:34)"觻得敬老里任赏,年廿五,轺车一,乘马一匹,弓一,矢五十。卩"(73EJT10:63)④

是否拥有"乘马"是官吏品秩高低的标志之一。《二年律令·置吏律》:"郡守二千石官、县道官言边变事急者,及吏迁徙、新为官,属尉、佐以上毋乘马者,皆得为驾传。"此外,同一官职,拥有"乘车"资格者其品秩高,例如:

县、道司马、候、厩乘车者,秩各百六十石;毋乘车者,及仓、库、少内、校长、髳长、发弩、衛〈卫〉将军、衛〈卫〉尉士吏、都市、亭、厨有秩者及毋乘车之乡部,秩各百廿石。⑤(《二年律令·秩律》)

"乘车"之"车"当指传车,即可享用县官提供的公车。官吏所乘,又有使马:

·令曰:叚(假)廷史、廷史、卒史覆狱乘偁(使)马└,及乘马有物故不备,若益骖驷者└。议:令得与书史、仆、走乘,毋得(1924)骖乘

---

① 《汉书》卷一《高帝纪下》,第57页。
② 《汉书》卷九九上《王莽传》,第4075页。
③ 《汉书》卷七《昭帝纪》,第331页。
④ 甘肃简牍保护研究中心、甘肃省文物考古研究所、甘肃省博物馆、中国文化遗产研究院古文献研究室、中国社会科学院简帛研究中心编:《肩水金关汉简(壹)》,中西书局,2011年,第8页、第245页。
⑤ 彭浩、陈伟、〔日〕工藤元男主编:《二年律令与奏谳书》,第293页。

⌐。它执法官得乘傳(使)马覆狱、行县官及它县官事者比。 ·内史旁金布令第乙九(1920)①

·令曰：叚(假)廷史、诸傳(使)有县官事给殹(也)，其出县畍(界)者，令乘傳(使)马，它有等殹(也)。卒史、属、䰞囩☐(1917)乘比叚(假)廷史、卒史覆狱乘傳(使)马者，它有等比。 ·内史旁金布令第乙十八(1899)②

廷史乃廷尉之史，卒史为郡官，二官专理疑难狱案，或出差至外地，其所乘坐者有使马和乘马。据1917简可知，只有去外县时才可乘使马，否则只能乘乘马。乘马指单骑，不配车，前已言之。"使马"又见于《二年律令·金布律》："传马、使马、都厩马日匹茭一斗半斗。"有学者认为"使马"或同"乘马"，指驾车之马③。从上引秦令可知，"乘马"与"使马"当有区别。笔者认为"使马"亦为匹马，其耐力和速度当强于普通的乘马，故令文刻意规定官吏只有去外县公干时方可使用。

骖常指三马拉一车，《说文·马部》："驾三马也。"④《诗·小雅·采薇》："载骖载驷，君子所届。"⑤又称驾车时位于两旁的马为"骖"，《战国策·宋卫策》"拊骖无笞服。"高诱注："两旁曰骖，辕中曰服。"⑥令文"若益骖驷者"之"骖驷"并非指马匹或马车，而是指随从护卫。《史记·商君列传》载商鞅外出时"后车十数，从车载甲，多力而骈胁者为骖乘"⑦，此骖乘即随车护卫。令文规定覆狱者不可配置骖乘，可以一定程度上减轻过往官府接待压力。

第二节　秦吏所配杂役

秦吏所享权益，除了上文谈及的俸禄、车马、住宿之外，一定品秩的官吏还能

---

① 陈松长主编：《岳麓书院藏秦简(伍)》，第184页。
② 陈松长主编：《岳麓书院藏秦简(伍)》，第185页。
③ 彭浩、陈伟、〔日〕工藤元男主编：《二年律令与奏谳书》，第252、253页。
④ 〔汉〕许慎：《说文解字》，第200页。
⑤ 陈戍国：《诗经校注》，岳麓书社，2005年，第296页。
⑥ 范祥雍：《战国策笺证》，第1847页。
⑦ 《史记》(点校本二十四史修订本)卷六八《商君列传》，第2235页。

配置勤杂人员，以负责其食膳出行、日常起居、文书传递等事宜。常见的杂役人员有仆、养、老、走等，各有所司，然常有兼理。通过秦简材料可知，杂役通常由徒隶和居赀赎债者充任。

睡虎地秦简《司空律》、岳麓秦简《司空律》和《内史仓曹令》对仆、养等身份构成有明确要求：

  司寇勿以为仆、养、守官府及除有为殹（也）。有上令除之，必复请之。 司空①（《秦律十八种·司空律》）

  ☐☐☐☐☐城旦┕。司寇勿以为仆、养、守官府及除有为殹（也）。有上令除之，必复请之┕。徒隶（残5+1434）毄（系）城旦舂、居赀赎责（债）而敢为人仆、养、守官府及视臣史事若居隐除者，坐日六钱为（1430）盗┕。吏令者，耐。（1421）②（岳麓秦简）

  ·令曰：毋以隶妾及女子居赀赎者为吏仆、养、老、守府，及毋敢以女子为葆（保）庸，令炊养官府、寺舍，不从令，（1670）赀二甲，废。丞、令、令史、官啬夫弗得，赀二甲。 ·内史仓曹令弟（第）乙六（1780）③

从以上律令条文可知，司寇、居赀赎债者、隶妾和女子均不可充任仆、养、老和守府等。关于老，其具体职责尚不明确。岳麓秦简《亡律》："空及入仆、养、老，它官徒输宫司空、泰匠、左司空、右司空者，皆作功，上，及毋得从亲它县道官者，从亲它县道官者黥为城旦舂，吏听者，与同罪。"④从《亡律》可知官府中的"老"也大都由官徒隶充任。

里耶秦简文书可以极好地验证秦律令的实施效果，尤其是其中"作徒簿"一类文书，记载各类徒隶的劳作工种：

  卅四年十二月，仓徒薄（簿）最

  大隶臣积九百九十人

  小隶臣积五百一十人

---

① 陈伟主编：《秦简牍合集》释文注释修订本（壹），第121页。
② 陈松长主编：《岳麓书院藏秦简（肆）》，第158页。
③ 陈松长主编：《岳麓书院藏秦简（伍）》，第182页。按：句读有变动。
④ 陈松长主编：《岳麓书院藏秦简（肆）》，第48—49页

大隶妾积二千八百七十六

·凡积四千三百七十六

其男四百廿人吏养

男廿六人与库武上省(第一栏)

男七十二人牢司寇

男卅人输铁官未报

男十六人与吏上计

男四人守囚

男十人养牛

男卅人廷守府

男卅人会逮它县

男卅人与吏男具狱(第二栏)

男百五十人居赀司空

男九十人毄(系)城旦

男卅人为除道通食

男十八人行书守府

男卅四人库工

·小男三百卅人吏走

男卅人廷走

男九十人亡(第三栏)

男卅人付司空

男卅人与史谢具狱

·女五百一十人付田官

女六百六十人助门浅

女卅四人助田官获

女百卅五人毄(系)舂

女三百六十人付司空

女二百七十人居赀司空(第四栏)

女六十人行书廷

女九十人求菌

女六十人会逮它县

女六十人□人它县

女九十人居赀临沅

女十六人输服（箙）弓

女卅四人市工用

女卅三人作务（第五栏）

女卅四人付贰春

女六人取薪

女廿九人与少内段买徒衣

女卅人与库佐午取桼

女卅六人付畜官

女卅九人与史武输鸟

女六十人付启陵（第六栏）

女卅人牧鴈

女卅人为除道通食

女卅人居赀无阳

女廿三人与吏上计

女七人行书酉阳

女卅人守船

女卅人付库（第七栏）（10-1170）①

  从上引里耶秦简"卅四年仓徒簿最"可知，隶妾未有充任吏养者，而隶臣多达四百二十人，而隶臣总数为千五百人，除去"九十人亡"（逃亡），吏养占隶臣总数的比例将近三分之一。隶臣"卅人廷守府"，而隶妾无有参与此类役事者，亦可与秦令规定相契合。传送文书颇费体力，本应由男性从事，然簿书所见隶妾行书者远多于隶臣，"男十八人行书守府""女六十人行廷""女七人行书酉阳"。又，隶妾似不可成为"吏走"，而走与行书者当有区别。"小男三百卅人吏走"，似乎表明吏走多由小隶臣充当。"小男"，一般认为指十四岁以下的男子，十五岁

---

① 里耶博物馆、出土文献与中国古代文明研究协同创新中心中国人民大学中心编著：《里耶秦简博物馆藏秦简》，第56页。

以上为"大男"①。

走所承担的一个主要任务为文书传递,里耶秦简中常见:

【廿】六年二月癸丑朔丙子,唐亭叚(假)校长壮敢言之:唐亭Ⅰ旁有盗可卅人。壮卒少,不足以追。亭不可空。谒Ⅱ遣【卒】索(索)。敢言之。/二月辛巳,迁陵守丞敦狐敢告尉、告乡主,以律Ⅲ(9-1112)令从吏(事)。尉下亭鄣,署士吏谨备。贰乡上司马丞。/亭手。/即令Ⅰ走涂行。Ⅱ

二月辛巳,不更舆里戍以来。/丞半。壮手。Ⅲ(9-1112背)②

尉曹书三封,令印。AⅠ

其一诣销,AⅡ

一丹阳,AⅢ

一□陵。AⅣ

廿八年九月庚子水下二刻,走禄以来。B(8-453)③

"走"负责跑腿,其职当不限于传送文书,为一定品秩的官吏所必需,如里耶秦简文书记载令史如何分配走的问题:

廿八年六月己巳朔甲午,仓武敢言之:令史敞、彼死共走兴。今彼死次Ⅰ不当得走,令史畸当得未有走。今令畸袭彼死处,与敞共Ⅱ走。仓已定籍。敢言之。Ⅲ(8-1490+8-1518)

六月乙未,水下六刻,佐尚以来。/朝半。　　□尚手。(8-1490背+8-1518背)④

卅一年后九月庚辰朔辛巳,迁陵丞昌谓仓啬夫:令史言Ⅰ以辛巳视事,以律令假养,袭令史朝走启。Ⅱ定其符。它如律令。Ⅲ(8-1560)

后九月辛巳旦,守府快行。　　言手。(8-1560背)⑤

卅一年后九月庚辰【朔乙巳】,启陵乡守寙敢言之:佐寙为叚(假)令

---

① 〔日〕池田温著,龚泽铣译:《中国古代籍帐研究》,中华书局,2007年,第38页。
② 里耶博物馆、出土文献与中国古代文明研究协同创新中心中国人民大学中心编著:《里耶秦简博物馆藏秦简》,第43页。按:部分释字不同。
③ 陈伟主编:《里耶秦简牍校释》(第一卷),第152页。
④ 陈伟主编:《里耶秦简牍校释》(第一卷),第338页。
⑤ 陈伟主编:《里耶秦简牍校释》(第一卷),第359页。

史，以乙巳视事，诣令官假养走，敢言之。/卅二年十月己酉朔辛亥，启陵乡守└寙敢言之：重诣令官问寙当得养、走不当？当，何令史与└？其不当，问不当状，皆具为报，署主户发，敢言之。/寙手（正）

十月甲寅，迁陵丞昌谓仓啬夫：▨律令从事。报之。/▨手。/□水下尽，隶臣▨行。

十月甲寅日入，□□人以来。/▨发。 寙手。（背） 三〇①

两名令史可共同驱使一个走，令史以上职官当可分配一个或多个走。然并非令史均可得走，或还需考虑功劳等其他因素，故文书说令史彼死"次不当得走"。养、令史之分配标准也当有相应律令进行规范。仓曹依律将控制的徒隶分配到官吏手中，供其使用。里耶秦简 8－130 载"吏仆养者皆属仓"，吏、仆、养与仓是一种从属关系，官吏有使用权，并无所属权。当官员调离或退休，先前驱使的杂役应奉还：

丞相议：吏归治病及有它物故，免，不复之官者，令其吏舍人、仆、【庸】行，☐(0691)如故事，已者，辄罢归，以书致其县官，它官当用者，亦皆用之。(0016)②

舍人、仆、庸将病休或因故免职的官吏护送到目的地以后，应及时返回官府，等待重新分配。不过此令针对的舍人、仆、庸，显然仅限于官府分配的，若是私募、私购，将不适用此令。

关于舍人，颜师古《汉书·高帝纪》注云："亲近左右之通称也，后遂以为私属官号"③，《汉书·王莽传》注又云："舍人，私府吏员。"④现在看来，颜师古两说均有问题。舍人当与战国以来的养士习气有关，舍人即门客，为主人处理各类事务。舍人与主人是一种特殊的人身依附关系，但舍人有一定独立性，主人不能决定其生死和去留，但与奴婢一样供主人役使。舍人的来源比较复杂，有些为了获得更好的晋升之阶而攀援权贵，如李斯在成为吕不韦舍人以前只是基层小吏。

---

① 湖南省文物考古研究所：《里耶秦简（贰）》，文物出版社，2017 年，第 7 页。按：句读为笔者所加。

② 陈松长主编：《岳麓书院藏秦简（肆）》，第 200 页。按：句读有调整。

③ 《汉书》卷一《高帝纪》，第 21 页。

④ 《汉书》卷九九上《王莽传》，第 4049 页。

有些是纯粹为了学习如何理政处事,已为从政之梯津。这一类舍人多为刚从学室出来的各类学童,比如岳麓简中有"史学童"。又,岳麓秦简令条规定"学书吏所年未盈十五岁者不为舍人"①,可知舍人均为大男。舍人与其他杂役不同点在于,他们本身不是徒隶,故当主人犯罪,他们会连坐,如嫪毐、吕不韦失势后,其舍人被迁徙。

之前普遍印象是只有十分显贵者才会拥有舍人,现在看来也并非如此:

> ·新地吏及其舍人敢受新黔首钱财酒肉它物,及有卖买叚(假)赁貣于新黔首而故贵赋〈贱〉(0895)其賈(价),皆坐其所受及故为贵赋〈贱〉之臧(赃)、叚(假)赁费、貣息,与盗同法。(1113)②

新地指秦人新占领的区域,新地吏中当然有郡守一类二千石高官,但更多的是品秩不过二百石的基层小吏。舍人犯法,与新地吏同等论处,可知舍人是以"官吏法"来处置的。我们多次谈及,秦法严于治吏,若黔首与官吏所犯相同,因其明知故犯,常罪加一等。

关于仆养等杂役,一般情况下由隶臣充当,但并非一成不变。切于实用的律令富有弹性,例如律令虽然对某些工种有特定的性别要求,但并非绝对:

> ·仓律曰:毋以隶妾为吏仆、养、官【守】府⌐,隶臣少,不足以给仆、养,以居赀责(债)给之;及且令以隶妾为吏仆、(1370)养、官守府,有隶臣,辄伐〈代〉之⌐,仓厨守府如故。(1382)③

"毋以隶妾为吏仆、养、官【守】府"是常态,这可从里耶秦简"作徒簿"得以证实;"且令以隶妾为吏仆、养、官守府"是变通,是权宜之计,秦律之灵活性据此可见一斑。又,居赀债者当不限于男性,"徒隶不足以给仆、养"时,常以居赀债者充任,岳麓秦简《亡律》与上引《仓律》均有此规定:

> 诸有赀赎责(债)者,訾之,能入者令入,贫弗能入,令居之。徒隶不足以给仆、养,以居赀责(债)者给之,令出(1260)□,受钱毋过日八钱,过日八钱者,赀二甲,免。能入而弗令入,亦赀二甲,免。除居赀赎

---

① 陈松长主编:《岳麓书院藏秦简(伍)》,第52页。
② 陈松长主编:《岳麓书院藏秦简(伍)》,第51页。
③ 陈松长主编:《岳麓书院藏秦简(肆)》,第122—123页。

责(债)以为仆、养,令出仆入。(1264)①

居赀债者任由官府驱使,当根据具体情况安排任务,居作一日一般可抵八钱(若由官府提供餐食,则扣除二钱)。

一般而言,士伍、庶人当不允许从事仆、养一类的贱职,秦律有明文规定,但里耶秦简却有与法令冲突的内容:

· 繇(徭)律曰:毋敢傅(使)叚(假)典居旬于官府;毋令士五(伍)为吏养、养马;毋令典老行书;令居赀责(债)、司寇、隶臣妾(1374)行书。(1406-1)②

钱三百五十。卅五年八月丁巳朔癸亥,少内沉出以购吏养城父士五(伍)得。得告戍卒赎耐罪恶。Ⅰ　令史华监。　瘳手。Ⅱ(8-811+8-1572)③

"毋令士五(伍)为吏养、养马"或可去除句读,将其作为一个整体来理解,"毋令士五(伍)为吏养养马"即士伍为吏养者不能从事养马之役。如此则与里耶秦简所在不抵牾。若只着眼于单则令文的文字,此种理解似乎也并无不妥。但若考虑到法律规范的周延性与确定性,以上断读实大有问题。士伍为吏养者不能从事养马之役,士伍既然可为吏养,理应可以成为仆与守府之类,那么士伍为守府者能否养马呢? 又,养与养马虽均有一个养字,但养指厨师,与养马者相差颇巨,笔者认为令文中的养马就是仆的代写,仆除了赶车以外,喂养马匹也当是其分内之事。又,"毋令士五(伍)为吏养养马"当与"毋以隶妾为吏仆养官【守】府"一起来考察,二者为同一种句式,标点也应相同。

里耶秦简出现"吏养城父士五(伍)得",与令文"毋令士五(伍)为吏养"的规定不符。当实用文书与法律条文相抵牾,一种考虑是法令并未得到切实执行,另外就是二者并非同时代之物(秦律令条文在不断修订中)。就目前所见材料,我们尚无法断定属于哪一种情况。士伍本来就有其特殊性,虽并非徒隶,却也不在二十等爵之列,身份介于民与徒隶之间。官府杂役不足用时,暂以士伍充任也未尝不可。又,边远的新地,法令之贯彻是否如秦故地那样彻底,也是值得怀疑

---

① 陈松长主编:《岳麓书院藏秦简(肆)》,第155页。
② 陈松长主编:《岳麓书院藏秦简(肆)》,第119页。
③ 陈伟主编:《里耶秦简牍校释》(第一卷),第152页。

的。退一步讲,文书上记载的与实际发生之事当有一定差距,但要洞悉这种差距,却又不得不借助更多的记载,这种矛盾怕是难以完全解决的。

第三节 休假

秦吏享有休假权,从岳麓秦简可知这一权利是法律规定的。岳麓秦简《迁吏令》及其他律令条文对官吏例假、事假、病假等均有比较明确的规范。之前的学者因未能见到张家山汉简《告律》简文,而推断《告律》"当是关于官吏告归的法律规定"①,实际《告律》是关于诉讼原则的规定,与官吏告归无关。官吏告归的条款,均纳入《置吏律》《迁吏令》等篇目。

秦汉时称官吏休假为告归,《史记·高祖本纪》引孟康注:"古者名吏休假曰告。"②秦代当有比较正式的告归制度,《史记·李斯列传》载李斯之子三川守李由"告归咸阳"③,《高祖本纪》载刘邦为亭长时,尝告归之田。从岳麓秦简 1903 号简可知"吏岁归休卅日",秦代一般官吏每年归家休假四十日,汉初情况类似,《二年律令·置吏律》载:"吏及宦皇帝者中从骑,岁予告六十日;它内官,卅日。吏官去家二千里以上者,二岁壹归,予告八十日。"④

《初学记》引《汉律》:"吏五日得一下沐。"并将"下沐"解释为"休息以洗沐"⑤,据此可知汉代官吏的确切作休周期,但此恐与秦和汉初的实际情况不符。一年若以三百六十日计,每隔五日休沐一次,得假六十日。关于秦官吏轮休周期问题,虽然目前尚未见到可靠的材料,但可推知当与汉代相近。岳麓秦简《廿七年质日》载某吏四月"乙卯归休"⑥,又,《卅四年质日》十二月"戊戌腾归休"⑦。

---

① 安作璋、陈乃华:《秦汉官吏法研究》,第 98 页。
② 《史记》(点校本二十四史修订本)卷八《高祖本纪》,第 441 页。
③ 《史记》(点校本二十四史修订本)卷八七《李斯列传》,第 3092 页。
④ 张家山二四七号汉墓竹简整理小组:《张家山汉墓竹简(二四七号墓)》(释文修订本),第 38 页。
⑤ [宋]徐坚等:《初学记》,中华书局,2004 年,第 482 页。
⑥ 朱汉民、陈松长主编:《岳麓书院藏秦简(壹)》,第 3 页。
⑦ 朱汉民、陈松长主编:《岳麓书院藏秦简(壹)》,第 10 页。

又，里耶秦简中有关于官吏归休的文书：

少内守谢，士五（伍），朐忍成都归休☐8－1469①

☐□援归休，未来。窑、衔有它皋（罪），窑为8－2030②

单独来看"援归休"，其身份、职位难辨。通过排查刊布的里耶秦简材料，知其中名为援的官吏有校长援（8－671）和禀人援（8－56），名为衔的有迁陵守丞衔（8－2001）和仓衔（8－1517），名为窑的有大隶妾窑（8－925＋2195）与禀人窑（8－1239＋8－1334）。综合以上信息，可知8－2030中的援指禀人援，与禀人窑同为仓守衔的下属，禀人为负责分发粮食、管理粮仓的小吏。

除了常规休假外，秦吏还有因病、因事休假的权利，这种权利得到律令保障：

病笃不能视事，材（裁）令（1882）治病，父母病笃，归旬。·迁吏令☐（1881）③

缺简

☐☐免，囷官☐砚【事】若（?）主及曹事有不当及废之、留者，尽坐之，虽有叚（假）代为行之，病者与共坐，皆身（1867）断治论及存者之皋（罪），唯谒属所吏官长归乃勿坐。詐（诈）避事，所避唯（虽）毋论，赀二甲，废。囚病敀【不视事三】（1869）以上及唯（虽）不盈三，一岁病不视事盈三月以上者，皆免。病有瘳，令为新地吏及戍如吏。有适（谪）过，废，免为新地吏（1865）及戍者。·迁吏令甲（1791）④

丞相议：吏归治病及有它物故免，不复之官者，令其吏舍人、仆［庸］行，☐（0691）如故事，已者，辄罢归，以书致其县官，它官当用者，亦皆用之。（0016）⑤

病情严重以致不能正常工作者，可以根据具体情况给予假期，让其归家治病，舍人、仆、庸一路随行护送；父母病重，也给予十天的探亲假。"以上唯（虽）

---

① 陈伟主编：《里耶秦简牍校释》（第一卷），第334页。
② 陈伟主编：《里耶秦简牍校释》（第一卷），第420页。
③ 陈松长主编：《岳麓书院藏秦简（伍）》，第190—191页。
④ 陈松长主编：《岳麓书院藏秦简（伍）》，第185页、第186页、第190页。按：1867、1869、1865、1791四简原分离，笔者认为其属于同一则令文，论证见前文。
⑤ 陈松长：《岳麓书院藏秦简（肆）》，第200页；按：句读有变动。

不盈三"之前缺简,但据上下文意推测,当指官吏一年以内请假的次数不到三次。官吏虽然有休病假的权利,但年内总天数不可超过三个月,这一点当适用于所有官吏。汉律亦有类似规定,《史记·高祖本纪》孟康注引《汉律》:

> 吏二千石有予告、赐告。予告者,在官有功最,法所当得者也。赐告者,病满三月当免,天子优赐,复其告,使得带印绶,将官属,归家治疾也。①

看来官吏"病满三月当免"当是秦汉通行之制,只有获得优赐者例外。然秦代处置病假超期者或与汉代不同,"病有瘳,令为新地吏及戍如吏",待病者身体康复,让其去新地为吏或者以官吏的身份戍边,带有惩戒意味。

当秦吏用完一年的法定假期外,若碰上娶妻这样的人生大事,还可额外获得十天假期,这也是之前未知的:

> □□□言,县官□书告,为吏官丞、尉以告已尽而取(娶)妻,许归十日,贖以为后岁告└。(1882)②

"以告已尽而取(娶)妻",因法定假期已用完而娶妻,可允许在家里待十天,下一年的假期依次减少十天。这种灵活调用假期的做法,与岳麓秦简《徭律》条文中处置服徭日数超额和不足者的方式类同。

秦吏还可获得天数不等的丧假,具体日数因死者与本人亲疏关系而定:

> ·令曰:吏父母死,已葬(葬)一月;子、同产,旬五日;泰父母及父母同产死,已葬(葬),五日之官。官去家五百里以上,父母妻死(1884)③

缺简

> ·令曰:郡及中县官吏千石下繇(徭)傳(使),有事它县官而行,闻其父母死,过咸阳者,自言□□□▨(1150)已,复之有事所,其归而已葬(葬)者,令居家五日,亦之有事所└。其不过咸阳者,自言过所县官,县官听书(1690)言亦遣归如令,其自言县官,县官为致书,自言丞相,

---

① 《史记》(点校本二十四史修订本)卷八《高祖本纪》,第441页。
② 陈松长主编:《岳麓书院藏秦简(伍)》,第190页。
③ 陈松长主编:《岳麓书院藏秦简(伍)》,第196页。

丞相为致书,皆诣其居县,居县以案□☒(J41)①

1184简与《二年律令·置吏律》一则令文相类似,其文曰:"父母及妻不幸死者已葬卅日,子、同产、大父母、父母之同产十五日之官。"②从简尾"之官"(前往官府)可知,此则律文是针对官吏的,岳麓秦简相似令文亦可验之。如此这则归入《置后律》的条文恐怕移到《置吏律》之中更为合适。遍考其他《置后律》条文,内容为爵位承袭、置户、立后子、代户和财产继承之类,与官吏之事毫无关系。《二年律令·置吏律》二一七号简是一则关于官员告假的律文:"吏及宦皇帝者、中从骑,岁予告六十日;它内官,卅日。吏官去家二千里以上者,二岁壹归,予告八十日。"③笔者认为窜入《置后律》中的条文宜移到二一七号简前后。

值得注意的是上引两则令文关于丧假日数的规定不一致。1884简规定"吏父母死,已葬一月"回官赴任,1150简则令文规定父母死,"其归而已葬者,令居家五日,亦之有事所"。服丧日数从一月缩减到五日,当是法令修订的结果,极有可能是赵高在二世当政时修订的。史载赵高建议二世"严法而刻刑,令有罪者相坐诛,至收族","二世然高之言,乃更为法律"④,其造成的局面就是"法令诛罚日益刻深,群臣人人自危,欲畔者众"⑤。在这种背景下,一些不符古制、不符常规的制度被制定出来亦不足为怪。

二世朝修订的丧服制度更加脱离古制,但便于执行,或正是因为此,在秦末汉初被普遍遵循。睡虎地77号西汉墓出土质日简册大致包含汉文帝十年(前170)至后元七年(前157)的各年质日,整理者认为睡虎地77号墓的主人即反复出现于《质日》简的越人,是一名基层官吏,据《十年质日》可知,其父于四月十一日去世,当时越人到邾出差,十四日才回到官署,十五日"归宁",廿日父葬,廿一日"越人视事"⑥。从《十年质日》简可知越人丧假只有短短六天,与秦令"吏父

---

① 陈松长主编:《岳麓书院藏秦简(伍)》,第196—197页。
② 张家山二四七号汉墓竹简整理小组:《张家山汉墓竹简(二四七号墓)》(释文修订本),第60页。
③ 张家山二四七号汉墓竹简整理小组:《张家山汉墓竹简(二四七号墓)》(释文修订本),第38页。
④ 《史记》(点校本二十四史修订本)卷八七《李斯列传》,第3097页。
⑤ 《史记》(点校本二十四史修订本)卷八七《李斯列传》,第3098页。
⑥ 蔡丹、陈伟、熊北生:《睡虎地汉简中的质日简册》,《文物》2018年第3期。

母死,已葬一月"回官府视事的规定相距甚远。但与父母死,吏归而已葬者,"令居家五日,亦之有事所(1690)"的规定相切合。

现在再来看《二年律令》关于官吏归宁规定的条文产生的时间及背景,"父母及妻不幸死者已葬卅日,子、同产、大父母、父母之同产十五日之官"显然脱胎于秦令"吏父母死,已葬一月;子、同产,旬五日;泰父母及父母同产死,已葬,五日之官"。不同之处在于大父母、父母同产亡故后,汉律所规定的丧假从五日延长至十五日。如果此则法令出自萧何之手,理应在汉初得以实行,然验之汉文帝时期的《十年质日》简却并非如此。这个矛盾,恐怕也只能以法律规定与实际使用存在差距来解释。与此相关的又一个问题是,既然社会普遍实行短丧,汉文帝在遗诏中为何还要提倡缩减服丧时日呢?

众所周知,汉文帝在遗诏中对丧制进行过革新,主要是缩短服丧时日:

> 遗诏曰:"朕闻之:盖天下万物之萌生,靡不有死……其令天下吏民,令到出临三日,皆释服。无禁取妇、嫁女、祠祀、饮酒、食肉。自当给丧事服临者,皆无践。绖带无过三寸。无布车及兵器。无发民哭临宫殿中。殿中当临者,皆以旦夕各十五举音,礼皆罢。非旦夕临时,禁无得擅哭临。以下,服大红十五日,小红十四日,纤七日,释服。它不在令中者,皆以此令比类从事。布告天下,使明知朕意。霸陵山川因其故,无有所改。归夫人以下至少使。"①

据《仪礼·丧服》,斩衰服丧三年,齐衰一年,大功九个月,小功五个月,缌麻三个月。汉文帝将服斩衰三年者变革为"葬前服斩衰,葬后变服大功十五日,再变服小功十四日,再变缌麻七日,凡三十六日而服除"②。文帝改革后的服丧制度与《二年律令》所规定的官吏归宁日数相近:"父母及妻不幸死者已葬卅日,子、同产、大父母、父母之同产十五日之官。"此则律文是承袭秦令而成,不同之处当是萧何修订所致,然法令规定与实际使用当有差异。随着政局稳定、经济复苏、儒学势力慢慢抬头,当有不少人提倡或正实践着古制(汉初流行厚葬可见一斑),汉文帝看到这一苗头,故以身作则,实行薄葬,并改革丧期。其实所谓改革,就是恢复秦代行用的丧服制度。

---

① 《汉书》卷四《文帝纪》,第131—132页。
② 沈文倬:《菿闇文存》,商务印书馆,2006年,第302页。

沈文倬在论证武威《仪礼》流传情况时认为:"用西汉的实际实行制度来检验《丧服》单经、《服传》单传,既证明它和汉文帝以前的制度并无不同,这里没有任何差异可以当作单经或单传出于汉文帝以后的依据;也证明汉文帝以后在少数人中间实行短丧,并不是废除三年之丧这个制度,它不会影响经传的流行。"① 虽然一般官吏执行短丧制度,但是底层民众以及显贵们却是另一派做法,故汉文帝在遗诏中要求缩短服丧期限。

第四节　人格尊严之维护

人与其他动物的区别点并不多,前贤拎出一个"礼"字,礼者敬人也,强调约束小我以迎合社会。然尊礼也并非一味隐忍退让,放弃自我意志,或有宁舍身而保全自由意志者。儒家也强调匹夫不可夺志,士可杀不可辱。士为四民之一,范围可大可小,但能识文断字的文化人无疑都属于士。相对于其他阶层,士更加注重人格尊严之维护,对折辱亦更为敏感。有学者提出,以中国为代表的东方文化为典型的耻感文化,西方文化多为罪感文化。吕俊甫对耻感文化和罪感文化的定义如下:"羞耻与罪咎为两种常见的情性。这两种情性或情绪,能激发两类不同的道德价值与道德行为,因而形成了人类学家之所谓耻感文化(shameculture)与罪感文化(guiltculture)。耻感文化多为东方文化,其主要道德制裁为羞耻,为他人之耻笑批评或轻视。罪感文化多为西方文化,其主要道德制裁为罪咎,为自身之良知或罪咎感。"②

官吏之间分工各异,品秩亦有高低,在上者可驱使在下者,却不可随意奴役折辱之。秦代高层或不能归纳出耻感文化这类概念,但显然已经注意到士之尊严不能任意践踏。故在岳麓秦简《杂律》中有以下规定:"啬夫擅桎杅(梏)吏,若夺衣寇〈冠〉、剑、履以辱之,皆赀二甲。"③桎杅(梏)为刑具,脚镣手铐之类,啬夫

---

① 沈文倬:《菿闇文存》,第304页。
② 吕俊甫:《发展心理与教育:全人发展与全人教育》,台北商务印书馆,1982年,第170页。
③ 陈松长主编:《岳麓书院藏秦简(肆)》,第148页。

为官署之主官。啬夫擅自给下属带上刑具,或者扒其衣服、取其帽饰和夺其剑履,均是对吏员的侮辱,若有之,啬夫赀罚二甲。

刑具是给罪犯准备的,啬夫不遵司法程序,随意给小吏上刑具,是非法行为,也是对官员人格之侮辱。衣冠剑履乃身份象征,予之夺之,非同小可。

秦代衣服样式是否与官吏秩级严格对应,目前尚不可知,但是不同阶层,服饰肯定有别。质地、颜色、样式,均能将不同人群区分开来。比如刑徒的囚衣为赭色,刘邦规定商人不能穿丝帛。秦简偶有涉及百姓和徒隶服饰的记载:

囚有寒者为褐衣。为幭布一,用枲三斤。① (《秦律十八种·金布律》)

城旦舂衣赤衣,冒赤氊(毡),枸椟欙杕之。② (《秦律十八种·司空律》)

公士以下居赎刑皋(罪)、死皋(罪)者,居于城旦舂,毋赤其衣,勿枸椟欙杕。③ (《秦律十八种·司空律》)

䰜,晋人,材犺(伉)。端买城旦赤衣,以盗杀人。④ (《为狱等状四种·䰜盗杀安、宜等案》)

宜、安有布衣、帬(裙)襦、绔、履,皆亡不得殹(也)。⑤ (《为狱等状四种·䰜盗杀安、宜等案》)

衣布襌帬、襦各一。⑥ (《封诊式·贼死》)

衣络襌襦、帬各一。⑦ (《封诊式·经死》)

廿五年九月己丑,将奔命校长周爰书:敦长买、什长嘉皆告曰:徒士五(伍)右里缭可,行到零阳庑溪桥亡,不智(知)外内,恐为盗贼,敢告。(《里耶秦简》)

缭可年可廿五岁,长可六尺八寸,赤色,多发,未产须,衣络袍一、络单胡

---

① 陈伟主编:《秦简牍合集》释文注释修订本(壹),第95页。
② 陈伟主编:《秦简牍合集》释文注释修订本(壹),第121页。
③ 陈伟主编:《秦简牍合集》释文注释修订本(壹),第112页。
④ 朱汉民、陈松长主编:《岳麓书院藏秦简(叁)》,第190页。
⑤ 朱汉民、陈松长主编:《岳麓书院藏秦简(叁)》,第185页。
⑥ 陈伟主编:《秦简牍合集》释文注释修订本(壹),第285页。
⑦ 陈伟主编:《秦简牍合集》释文注释修订本(壹),第288页。

衣一,操具弩二、丝弦四、矢二百、巨剑一、米一石五斗。(8-439+8-519+8-537+8-1899)①

"毋敢履锦履。""履[锦]履"之状可(何)如?律所谓者,以丝杂织履,履有文,乃为"锦履",以锦缦履不为,然而行事比焉。②(《法律答问》)

男子西有纂秦綦履一两,去男子其一奇六步,一十步;以履履男子,利焉。(《封诊式·贼死》)

外壤秦綦履迹四所,袤尺二寸。③(《封诊式·穴盗》)

褐衣为粗劣的布衣,多用麻布制成,地位卑贱者常服之。睡虎地秦墓竹简整理者云:"古时成年男子有冠,覆盖头巾是一种刑辱,《尚书大传》:'下刑墨幪。'"此言囚衣与头饰。

"衣赤衣,冒赤氊(毡)"乃城旦舂的主要外部特征,岳麓秦简律令中也多次强调。因为这种赤衣身份特征明显,故犯罪分子或以之行金蝉脱壳之计。一般的百姓,日常所衣为布衣、帬(裙)襦、络襌襦帬(裙)、络袍、络单胡衣之类,常穿一种有纹的麻鞋。据《法律答问》可知:没有官爵的普通百姓不能穿用杂色丝织成的有花纹的履,由此可知也不能穿有花纹的丝织衣物,这一点与汉初刘邦禁止商人穿丝织物的做法极为一致。

从某种程度上讲,冠比衣服更能彰显一个人的身份,贵族男子成年后都要举行冠礼,史书记载了秦始皇的冠礼。《史记·仲尼弟子列传》记载子路在作战中冠缨被人斩断,子路曰:"'君子死而冠不免。'遂结缨而死。"④可见,对于有身份的人而言,冠饰是很重要的。冠无故不得摘取,只有在请罪时才主动将其取下来:

于是释之追止太子、梁王无得入殿门。遂劾不下公门不敬,奏之。薄太后闻之,文帝免冠谢曰:"教儿子不谨。"薄太后乃使使承诏赦太子、梁王,然后得入。⑤

---

① 谢坤:《〈里耶秦简(壹)〉缀合(三)》,简帛网2016年11月17日。
② 陈伟主编:《秦简牍合集》释文注释修订本(壹),第244页。
③ 陈伟主编:《秦简牍合集》释文注释修订本(壹),第285页、第291页。
④ 《史记》(点校本二十四史修订本)卷六七《仲尼弟子列传》,第2667页。
⑤ 《史记》(点校本二十四史修订本)卷一〇二《张释之列传》,第3331页。

(邓)通至丞相府,免冠,徒跣,顿首谢。①

主动将冠取下来谢罪,乃秦汉时之通礼,从天子到一般官吏都遵循之。另一方面,官员当着帝王的面故意将冠饰取下,除了表示谢罪外,或有逼宫之意(若不从,则挂冠而去),《汉书·萧望之传》:"望之免冠置对,天子繇是不说。"②

佩剑在当时是身份的重要标志。《史记·秦本纪》:"简公六年,令吏初带剑。"③《史记·秦始皇本纪》:"简公从晋来,享国十五年……其七年,百姓初带剑。"④秦逐渐确立了"废玉带剑"礼俗,佩剑占据着礼仪与等级制度的主导地位。剑成为身份的象征,朝议、宴会、祭祀的参与者常常配剑。如妇孺皆知的"荆轲刺秦王"一案,大殿之中,能佩剑者只有秦始皇一人,秦制规定"群臣侍殿上者不得持尺寸之兵"⑤。这固然是出于安全防卫的需要,但更主要的原因在于彰显帝王独一无二的权威。后代臣子被赐"剑履上殿"则是一份极高的荣宠,西汉开国功臣,只有"萧何"一人有此殊荣⑥。

食不果腹的韩信(？前231—前196)整天带着剑在大街上晃悠,目标太明显,如果是非法行为,早就被人告发。根据秦法:"令民为什伍,而相牧司连坐。不告奸者腰斩,告奸者与斩敌首同赏,匿奸者与降敌同罚。"⑦秦实行连坐制,一人犯罪,邻里都要连坐,而揭发犯罪者可以免除处罚。可知秦代是允许人佩剑的。韩信佩剑不离身,就是要宣示其没落的贵族身份。秦令明确规定了何种爵位方能带剑,并对数量做出要求:

新黔首公乘以上挟毋过各三剑⌐;公大夫、官大夫得带剑者,挟毋过各二剑⌐;大夫以下得带(0347)剑者,毋过各一剑;皆毋得挟它兵,过令者,以新黔首挟兵令论之。 ·十一(0676)⑧

---

① 《史记》(点校本二十四史修订本)卷九六《张丞相列传》,第3252页。
② 《汉书》卷七十八《萧望之传》,第3280页。
③ 《史记》(点校本二十四史修订本)卷五《秦本纪》,第253页。
④ 《史记》(点校本二十四史修订本)卷六《秦始皇本纪》,第361页。
⑤ 《史记》(点校本二十四史修订本)卷八六《刺客列传》,第3075页。
⑥ 《史记》(点校本二十四史修订本)卷五三《萧相国世家》:刘邦赐萧何"剑履上殿,入朝不趋"。
⑦ 《史记》(点校本二十四史修订本)卷六八《商君列传》,第2710页。
⑧ 《岳麓书院藏秦简(柒)》,待刊。

・新黔首或不勉田作、缮室屋而带剑、挟兵、曹鸜(窃)出入,非善谷(俗)殹(也),其谨禁御之,公大夫以上乃得带剑,(0562)而不得挟它兵及大刀长尺五寸以上者,官大夫以下不得带剑、挟兵、长刀(0654)①

秦代对兵器的控制力度是逐步加强的,先前规定"大夫以下得带剑者,毋过各一剑",后来又规定"公大夫以上乃得带剑","官大夫以下不得带剑、挟兵、长刀"。可见,有资格佩剑的,爵位一般在大夫以上。当然,官吏能否佩剑,或许与其爵位高低无必然关联,例如迁陵县丞欧、昌的爵位均为上造,很难想象县丞没有佩剑。

衣冠剑履均为身份标识,不容任意剥夺;秦律严防啬夫吏欺凌下属,侮辱其人格,这一点是值得肯定的。

---

① 《岳麓书院藏秦简(柒)》,待刊。

第六章　官吏之职责

《汉书·百官公卿表》在介绍各级职官时,也会对其执掌加以说明,虽然是就西汉制度而言,但秦代之情形也可由此知之。西汉的职官制度基本上是承袭秦代而来。故本章在论述秦代各级官吏职责时,会更加注重那些在传世文献中少见的职官和常见职官的"新"职责。

第一节　各级官吏均要履行的职责

一、视事

所有官吏,不论中央大员还是地方小吏,均要切实履行相应职责,不能随意脱离岗位。秦十分注重官吏"视事"情况之统计,阀阅功劳簿籍均是根据视事天数制定。秦也制定了相关律令惩罚各类不视事者。岳麓秦简《迁吏令》就有针对官吏"不视事"的处罚:

【不】视事毋过五日,过五日,赀二甲。　　·迁吏令甲廿八(1775)

皋当废以上及唯(虽)不当废,不视事▨▨(1143)

▨▨不视事者皆弗得,数令▨▨▨▨▨(1091)

以上及唯(虽)不盈三,一岁病不视事盈三月以上者,皆免。病有瘳,令为新地吏及戍如吏。有适(谪)过,废,免为新地吏(1865)及戍者。　　·迁吏令甲(1791)①

---

① 陈松长主编:《岳麓书院藏秦简(伍)》,第188—190页。

以上5枚简分属于4则令文,条文多有残缺,1775组令文前面尚缺至少1枚简,1143简和1091简前后均缺简数枚。"视事"一词屡见于秦汉简,睡虎地秦简整理者将视事解释为"到任行使职权"①,或将其解释为"就职治事"②。这两种解释均强调正式担任某种职务,不同之处是"职权"兼顾官吏权力的行使和职责的履行,"治事"则仅强调官吏之职责。其实,无论是从传世文献还是出土材料来看,"视事"相当于现在的"上班",即处于工作状态。例如:

居数月,病有瘳,视事。③

守丞大夫敬课。Ⅰ

视事卅八日。Ⅱ(6-16)④

令佐华视事卅七日。☐(8-460)⑤

冗佐八岁上造阳陵西就曰駋,廿五年二月辛巳初视事上衍。Ⅰ病署所二日。Ⅱ・凡尽九月不视事二日,・定视事二百一十一日。Ⅲ(8-1450)

廿九年后九月辛未Ⅰ行计,即有论上衍。卅年Ⅱ

☐不视事,未来。Ⅲ(8-1450背)⑥

以上征引材料里的"视事",除"视事上衍"一处有就职的意思外,其余似均可作"上班"解。官员是否按照规定"视事",是秦代考课的重要项目之一,"视事"日数被记录在簿籍上,乃核定劳绩的主要依据,而官职的升降与功劳的多少有直接关联。

从秦令可知,官吏无故不视事或病不视事达到一定天数,均要遭受惩处。"【不】视事毋过五日,过五日,赀二甲。""一岁病不视事盈三月以上者,皆免。病有瘳,令为新地吏及戍如吏。有适(谪)过,废,免为新地吏及戍者。"官吏一年之内无故缺勤不得超过五天,否则将遭受赀二甲的处罚,请病假的天数不能超过三个月,否则被免官。针对因病免官者,病愈以后可选择去新地为吏或以官吏的身

---

① 睡虎地秦墓竹简整理小组:《睡虎地秦墓竹简》,第56页。
② 陈伟主编:《里耶秦简牍校释》(第一卷),第23页。
③ 《史记》(点校本二十四史修订本)卷一一二《平津侯主父列传》,第3576页。
④ 陈伟主编:《里耶秦简牍校释》(第一卷),第23页。
⑤ 陈伟主编:《里耶秦简牍校释》(第一卷),第155页。
⑥ 陈伟主编:《里耶秦简牍校释》(第一卷),第329页。

份戍边。从岳麓秦简相关律令条文可知,官吏犯错,常被罚往新地为吏或以士卒的身份戍边,时长一般是四年。例如:

□会狱治,诣所县官,属所执法即亟遣为质日,署行日,日行六十里,留弗亟遣过五日及留弗传过(1304)二日到十日,赀县令以下主者各二甲⌐;其后弗遣复过五日,弗传过二日到十日,辄驾(加)赀二甲;留过二月,夺(1353)爵一级,毋(无)爵者,以卒戍江东、江南四岁。(1312)①

□□坐一□,丞、令、令史、官啬夫吏主者夺爵各一级,无爵者以(?)官为新地吏四岁,执法令都吏(J38)②

·定阴〈陶〉忠言:律曰:"显大夫有辠当废以上勿擅断,必请之。"今南郡司马庆故为冤句令,訽(诉)课,当(1036)废官,令以故秩为新地吏四岁而勿废,请论庆。制书曰:"诸当废而为新地吏勿废者,即非废。(1010)已后此等勿言。"　　·廿六(1011)③

正因为视事情况是考察官吏绩效的重要依据,不依法视事会受到惩处,秦代"质日"简也常记录官吏视事情状,如:

■卅四年质日		
■二月丙申大	■五月乙丑小	■十二月丁酉大
丁酉	丙寅视事	戊戌腾归休
戊戌	丁卯	己亥
己亥	戊辰腾与廷史	庚子腾视事
庚子	己巳召走亡尸	辛丑
辛丑腾去监府视事	庚午	壬寅
……	辛未	癸卯
戊午腾不行视事	壬申	甲辰

岳麓秦简"卅四年质日"先后四次记录了腾的视事情况,或是有新的任命,

---

① 陈松长主编:《岳麓书院藏秦简(肆)》,第145—146页。按:句读或不同于整理者。
② 陈松长主编:《岳麓书院藏秦简(伍)》,第187页。
③ 陈松长主编:《岳麓书院藏秦简(伍)》,第56—57页。

或是休假后重新回到工作岗位,或是无故缺勤。"不视事"又称"窦署"或"去署",《法律答问》:"可(何)谓'窦署'?'窦署'即去殹(也),且非是?是,其论可(何)殹(也)?即去署殹(也)。"①脱离岗位者会受到惩处,岳麓秦简《兴律》曰:"当为求盗,典已戒而逋不会阅及已阅而逋若盗去亭一宿以上,赀二甲。"②

"不视事"的另一种特殊表现形式是人虽在任,心思却没有放在公务上,即不作为或乱作为。如《法律答问》:"啬夫不以官为事,以奸为事,论可(何)殹(也)?当䙴(迁)。䙴(迁)者妻当包不包?不当包。"③啬夫不认真履行职事,却热衷乱搞男女关系,当处以迁刑,妻子不可随同前往迁徙之所。此或带有惩戒意味,一般而言,被处此刑者,妻可随行。秦令规定"诸相与奸乱而䙴(迁)者,皆别䙴(迁)之,勿令同郡"④,因通奸而迁徙者,双方要安置在不同地方,不能同郡。此令在于防止彼此再行淫乱之事,秉承的处理原则与《法律答问》一致。

二、出差

里耶秦简有一件保存完整的迁陵吏志,在编官吏共103人⑤,未到任者15人,徭使不在署者达35人,在署者仅为51人。通过秦简材料,我们知晓各级官吏徭使的大致内容:监御史下劾郡守乃定制,郡守常到辖下各县巡视工作,卒史常去临近的郡县复核狱案,县令则要去治下诸乡视察,县尉、士吏、校长、亭长、狱史和求盗常跨县办案,令史需往郡府、咸阳提交上计材料,都官、乡部常派佐史、令史去县廷抄录律令等等。《史记·萧相国世家》:"高祖以吏繇咸阳,吏皆送奉钱三,何独以五。"刘邦曾以亭长的身份出差咸阳。里耶秦简记载了贰春乡啬夫兹徭使时由平代理其职的情形:

卅四年二月丙申朔己亥,贰春乡守平敢言之:廷令平代乡兹守贰春乡,今兹下之廷而不尽属平以仓粟米。问之,有(又)不告平以其数。即封仓以私印去。兹繇(徭)使未智(知)远近,而仓封以私印,所用备

---

① 陈伟主编:《秦简牍合集》释文注释修订本(壹),第258页。
② 陈松长主编:《岳麓书院藏秦简(肆)》,第147页。
③ 陈伟主编:《秦简牍合集》释文注释修订本(壹),第205页.
④ 陈松长主编:《岳麓书院藏秦简(伍)》,第66页。
⑤ 陈伟主编:《里耶秦简牍校释》(第二卷),第168页。按:所记吏员总数比在编数少2人,或有脱讹。

盗贼粮尽在仓中。节(即)盗贼发,吏不敢蜀(独)发仓,毋以智(知)粟米备不备,有(又)恐乏追者粮食。节(即)兹复环(还)之官,可殹(也);(9-50)不环(还),谓遣令史与平杂料之。谒报,署□发。敢言之。二月甲辰日中时,典輶以来。/壬发。　平手。
(9-50背)①

据9-50并参照迁陵吏志可知,官啬夫吏出差频率较高,其不在署时,一般由令史代理其职。徭使在外的官吏,不能借着出差之名办理私事,也不能任意离开徭使之地,否则会面临严惩:

廿六年正月丙申以来,新地为官未盈六岁,节(即)有反盗若有敬(警),其吏自佐史以上去䌛(徭)使私谒之(1018)它郡县官,事已行,皆以彼(被)陈(阵)去敌律论之。吏遣许者,与同辠。以反盗敬(警)事故∟,䌛(徭)使不用(1014)此令。　　　　·十八(1015)②

"䌛(徭)使私谒之它郡县官",指离开出差之地,私自拜谒其他郡县官府。《奏谳书》载有秦始皇二十七年(前220)的一篇奏谳文书,引用了当时的律令,"令:所取荆新地多群盗,吏所兴与群盗遇,去北,以儋乏不闘论。律:儋乏不闘,斩。"③"去北"与"彼陈去敌"同义,指临阵脱逃,按律当斩杀。

出差在外的官吏享受一定待遇,在前文已经交代,此不再叙。

此外,《迁吏令》还规范了官吏出差的程序:

·令曰:有发䌛(徭)事(使),为官狱史者,大县必遣其治狱宴(最)久者,县四人,小县及都官各二人,乃遣其余,令到已前(1885)发(?)者,令卒其事,遣诣其县官,以攻(功)劳次除以为段(假)廷史、段(假)卒史、段(假)属者,不用此令。·　县盈万户以上为(1886)【大】,不盈万以下为小。　　　·迁吏归吏群除令丁　廿八(1904)④

"徭使"指官吏出差,简文中指派遣狱史帮助其他官府治理狱案,然并非任意指派一名狱史即可,必须派遣最有治狱经验的老狱史。此外,根据县之大小,

---

① 陈伟主编:《里耶秦简牍校释》(第二卷),第54页。
② 陈松长主编:《岳麓书院藏秦简(伍)》,第48—49页。
③ 彭浩、陈伟、〔日〕工藤元男主编:《二年律令与奏谳书》,第365页。
④ 陈松长主编:《岳麓书院藏秦简(伍)》,第192页。

摊派名额从二人到四人不等,若富有治狱经验者人手不足,则可以求其次。在新令刊布以前派遣出去的狱史,或不能满足"新令"提出的要求,但是也不要将他们召回,让其先办完手里的事务。

简末"·县盈万户以上为【大】,不盈万以下为小"一段可能并非令条之正文,而是附加的解释性文字。"·"起到隔断正文与解释性文字的作用,在秦汉简中常出现此类现象。

传世文献中虽然出现过"大县",如《史记·秦本纪》:"并诸小乡聚,集为大县,县一令。"①《史记·甘茂列传》:"宜阳,大县也。"②但大小县究竟如何界定却不得而知。《迁吏令》明确规定户数达万户以上的为大县,不足万户为小县。《汉书·百官公卿表》:"(县)万户以上为令,秩千石至六百石。减万户为长,秩五百石至三百石。皆有丞尉,秩四百石至二百石,是为长吏。"③综合可知,凡设置县令的均为大县,设县长的为小县,当然这也不是绝对的,如汉初绝大多数县户口不足万,但亦设县令。秦代迁陵县户数不足二百,亦设县令。

狱史为治狱官,主要协助县令、县丞共同办案,如《汉书·项籍传》:"梁尝有栎阳逮,请蕲狱掾曹咎书抵栎阳狱史司马欣,以故事皆已。"④"为官狱史者"可理解成"为狱史之官者",要派遣狱史外出公干,必须选派治狱时间最长的。从秦汉奏谳案例可知,狱史是当时治理各种狱案的主要力量:

  【今狱史洋】得微难狱,【……】$_{147}$为奏九牒,上。此黔首大害殹(也)。毋(无)征物,难得。洋以智治訮(研)诇,谦(廉)求而得之。洋精(清)絜(洁)毋(无)害,敦毅(愨)守吏(事),心平□□,【劳、年】$_{148}$中令。绥任谒以补卒史,劝它吏,卑(俾)盗贼不发⑤。(〇九、同、显盗杀人案)

  ●即令狱史彭沮、衷往诊:
  ●即令狱史触与彭沮、□求其盗。

---

① 《史记》(点校本二十四史修订本)卷五《秦本纪》,第257页。
② 《史记》(点校本二十四史修订本)卷七一《樗里子甘茂列传》,第2808页。
③ 《汉书》卷一九上《百官公卿表》,第742页。
④ 《汉书》卷三一《陈胜项籍传》,第1796页。
⑤ 朱汉民、陈松长主编:《岳麓书院藏秦简(叁)》,第181页。

今狱史触、彭沮、衷得微难狱,磔皋(罪)₁₆₈一人。为奏十六牒,上。触为令史①廿(二十)二岁,年卌(四十)三;彭沮、衷劳,年中令。皆请(清)絜(洁),毋(无)害,敦愨(悫);守吏(事),心平端礼。任谒₁₆₉课以补卒史,劝它吏。②(一〇,魏盗杀安、宜等案)

令曰:狱史能得黴难狱,上。今狱史举關得微㘱狱,为奏廿二牒。举關毋害、谦絜敦慭(悫),守吏也,平端。谒以补卒史,劝它吏,敢言之。③(秦王政六年)

以上所举三例狱案,均发生在秦王嬴政时,都由狱史负责具体调查、勘验、抓捕、审问等事宜,由于案件难以侦破,而狱史凭借经验智慧迅速破案,故要论功行赏。狱史的品行、功劳、年龄均符合法令要求,又侦破了疑难案件,故均擢升为卒史。"任谒以补卒史",保举为假卒史,试用期满以后除为真。

"以攻(功)劳次除以为叚(假)廷史、叚(假)卒史、叚(假)属者,不用此令",指凭借功劳被授予假廷史、假卒史、假属之官者,不需要遵守令条所规定的派遣狱史外出徭使的程序。事实上,廷史、卒史、属等郡级以上官吏有时也被借调到地方,参与一些疑案、大案的侦破。例如《奏谳书》案例十八,发生在秦始皇二十七年(前220)前后,苍梧郡利乡有反盗,前去平反的官吏义被杀,同去的官吏和新黔首不但没有救援,反而逃跑了。此事惊动了朝廷,御史府亲自过问,从南郡抽调了卒史盖庐、挚、朔、假卒史鸥复调查此事之始末缘由。

三、检举前任之责

秦令规定官吏调离以后被论罪,其先前任职的官署要积极配合调查和取证:

·令曰:吏徙官而当论者,故官写劾,上属所执法,执法令新官亟论之。执法【课其留者,以】发征律论之。【不】(1661)上属所执法而径告县官者,赀一甲。以为恒。　　□□□第廿二(1760)④

"吏徙官而当论者,故官写劾",官吏已经到新的官署任职,之所以要求之前

---

① "令史"当为"狱史"之讹,令史职阶高于狱史。
② 朱汉民、陈松长主编:《岳麓书院藏秦简(叁)》,第191页。
③ 彭浩、陈伟、〔日〕工藤元男主编:《二年律令与奏谳书》,第378页。
④ 陈松长主编:《岳麓书院藏秦简(伍)》,第140页。

的官府提供劾状,可能出于两方面的考虑:一是由于之前犯罪,一直到任新职后才被检举出来,故需要之前的官府提供相关材料。二是定罪时要参照之前的政绩。里耶秦简一份文书提供了秦代检举前任官吏的实例:

廿六年十二月癸丑朔庚申,迁陵守禄敢言之:沮守瘳言:课廿四年畜Ⅰ息子得钱殿。沮守周主。为新地吏,令县论言史(事)。·问之,周不在Ⅱ迁陵。敢言之。Ⅲ

·以荆山道丞印行。Ⅳ(8-1516)

丙寅水下三刻,启陵乘城卒秭归□里士五(伍)顺行旁。　　壬手。(8-1516背)①

《秦律十八种·仓律》:"猪、鸡之息子不用者,买(卖)之,别计其钱。"②秦县官常蓄养牲畜以盈利,每年要接受考课,秦王政二十四年(前223)沮县在此项评比中落至最后,负责人周罪责难逃。现在的情况是周已到新地为吏,本想让当地官府按照法律论处,但继任的瘳不知其究竟在哪个官署,故广发文书询问周的处所。迁陵在接到相关文书后进行了核查,境内并无此人,故又将文书转发到临近的郡县。"荆山道"非洞庭郡属县,具体所属不详。

继任有劾举前任之则,通过上引里耶文书可见一斑。又岳麓秦简一则令文也可证明:

·定阴〈陶〉忠言:律曰:"显大夫有辠当废以上勿擅断,必请之。"今南郡司马庆故为冤句令,詑(诈)课,当(1036)废官,令以故秩为新地吏四岁而勿废,请论庆。制书曰:"诸当废而为新地吏勿废者,即非废。(1010)已后此等勿言。"　·廿六(1011)③

庆今为南郡司马,现查出其任冤句令时,在考课过程中弄虚作假,按律当废官或以故秩为新地吏四岁。郡司马品秩为六百石,属于显大夫之列,故由定陶郡郡守忠向朝廷请示如何处置庆。据此还可以推定秦代设有定陶郡,冤句为其属县。

---

① 陈伟主编:《里耶秦简牍校释》(第一卷),第343页。
② 陈伟主编:《秦简牍合集》释文注释修订本(壹),第83页。
③ 陈松长主编:《岳麓书院藏秦简(伍)》,第56页。

四、无宿治

《论语》载子路"无宿诺",即答应别人的事马上去兑现。法家强调"无宿治",要求及时将政事处理完毕,不许拖延。《商君书·垦令》:"无宿治,则邪官不及为私利于民,而百官志情不相稽。"①《商君书·说民》:"夜治者强","宿治者削"。② "夜治"指在白天正常的办公时间内不能办完的事,晚上加班处理完。"宿治"指拖延政事。秦始皇本人就是"无宿治"理论的忠实执行者,《史记·秦始皇本纪》载:"天下之事无小大皆决于上,上至以衡石量书,日夜有呈,不中呈不得休息。"《正义》:"言表笺奏请,秤取一石,日夜有程期,不满不休息。"③秦始皇给自己定了工作量,不完成不休息。正所谓上行下效,秦代各级官署对办事效率的要求是很高的,从以下律令条文也可见一斑:

·行书律曰:传行书,署急辄行,不辄行,赀二甲。不急者,日觱(毕)。留三日,赀一盾;四日【以】上,赀一甲。(1250)④

·兴律曰:发征及有传送殹(也),及诸有期会而失期,事乏者,赀二甲,废。(0992)⑤

·令曰:邮人行书,留半日,赀一盾;一日,赀一甲;二日,赀二甲;三日,赎耐;过三日以上,耐。 ·辛令丙五十(1805)⑥

▨守及县官各以其事难易〈易〉、道里远近,善为期。有失期及窃去其事者,自一日以到七日,赀二甲;过七日(1182)赎耐;过三月耐为隶臣乚,其病及遇水雨不行者,自言到居所县,县令狱史诊病者令、丞▨,▨▨▨▨▨(1177+C10-3-10)瘳所县,县移其诊牒及病有瘳、雨留日数,告其县官,县官以从事诊之,不病,故▨(1155)⑦

《行书律》要求当天应该处理完毕的文书,就算不是急件,也要当日发送出

---

① 高亨:《商君书注译》,第19页。
② 高亨:《商君书注译》,第59页。
③ 《史记》(点校本二十四史修订本)卷六《秦始皇本纪》,第329—330页。
④ 陈松长主编:《岳麓书院藏秦简(肆)》,第131页。
⑤ 陈松长主编:《岳麓书院藏秦简(肆)》,第147页。
⑥ 陈松长主编:《岳麓书院藏秦简(伍)》,第112页。
⑦ 陈松长主编:《岳麓书院藏秦简(伍)》,第206页。

去。《兴律》规定征发徭役、征召人物、委输传送以及未能按时赴约者,导致事情无法完成,主官的官吏均要赀罚二甲,并废除官职,永不叙用。《卒令丙》要求邮人及时将邮件传送出去,在路上也不可耽搁,滞留文书者以半日计,半日以上就要面临处罚,超过三日耐为隶臣妾,处罚力度是比较大的。1182 号简"有失期及窃去其事者"或是针对服徭役者而言,超过约定时间达到一日以上者就要赀二甲。关于服徭失期的处罚,秦二世时变得更为严厉,《史记·陈涉世家》:"陈胜、吴广皆次当行,为屯长。会天大雨,道不通,度已失期。失期,法皆斩。"① 联系到后文"等死,死国可乎?"这个斩应当理解为斩首,而非斩趾之刑。

里耶秦简有不少公文书或标明"急"字,或强调收文方必须立即回复,若未得到回复,又多次追问其缘由,这些也可视为"无宿治"的表现。当文书滞留时,必要查明原因并追责:

卅一年七月辛亥朔甲子,司空守□敢言之:今以初为县卒癞死及传楮书案致,毋應(应)此人名者。上真书。书癸亥到,甲子起,留一日。案致问治而留。敢言之。(8-648)

章手。(8-648背)②

书以廿八年三月丁未到启陵乡,戊申起,留一日。问治而【留】☐(9-963)③

书廿八年六月乙未到,丙申起,留一日。具问而留。(9-748)④

书卅一年十一月己卯到,庚辰【起】,留一日,具【问】☐(9-1770)⑤

9-963 简、9-748 简和 9-1770 简格式一致,均是记录何时收到文书,为何没有及时回复,而是等到第二天回复。我们推测应有说明未能及时回复理由的文书与之配套使用。这或就是所谓的"簿留日"。8-648 简"案致问治而留",即核查文书滞留不复的原因。

由此可见,秦代十分注重行政效率,提倡"无宿治",严防官员怠政。黔首、

---

① 《史记》(点校本二十四史修订本)卷四八《陈涉世家》,第 2366 页。
② 陈伟主编:《里耶秦简牍校释》(第一卷),第 190 页。
③ 陈伟主编:《里耶秦简牍校释》(第二卷),第 231 页。
④ 陈伟主编:《里耶秦简牍校释》(第二卷),第 197 页。
⑤ 陈伟主编:《里耶秦简牍校释》(第二卷),第 359 页。

徒隶均需配合这台高速运转的国家机器。承平之际继续战时政策,过分强调勇猛精进而未能懂得张弛有度,应是秦二世而亡的主要原因之一。

第二节　中央官吏的职责

提及秦汉中央职官,就会想到所谓的"三公九卿",关于丞相、相邦和御史大夫之职责,研讨已很充分,此不赘述。秦是否设太尉,国尉和太尉有何关系,则有必要补充几句。《秦汉官制史稿》一书已经指出:"在秦代太尉并不如丞相、御史大夫一样成为一个常设的官职,更不如汉代以后把太尉与丞相、御史大夫并列为三公","这是因为在君主集权制下,不可能由臣下长期掌握兵权,当然也就没有必要常设'掌武事'的太尉了。"① 从目前所见材料来看,秦在统一前就设置了太尉这一官职,秦封泥见之,《汉书·百官公卿表》言太尉为秦官,毋庸置疑。古往今来,很多学者都把涉秦史料中所见国尉视为太尉之异称。《史记·白起列传》载,秦昭王十四年"起迁为国尉",《正义》曰:"言太尉。"② 《史记·秦始皇本纪》七年以缭"为秦国尉",《正义》又曰:"若汉太尉、大将军之比也。"③《秦汉官制史稿》一书云:"从秦国到汉代,相当于汉代'掌武事'的太尉的官吏,只有'国尉'。"④

据里耶秦简,国尉并非中央之官,而是郡尉在秦统一前之称谓。国尉当是避汉高祖刘邦之讳而改,原称邦尉,里耶秦简8-649"邦尉、都官军在县界中者"⑤。秦始皇统一六国之后,又将邦尉改称为郡尉,里耶秦简8-461载"郡邦尉为郡尉,邦司马为郡司马"⑥。故秦国邦尉与汉代的太尉并非一回事,前者为郡级官吏,后者为中央重臣。

秦代中央高级官吏,目前可以坐实的有以下几种。李斯曾任廷尉,秦封泥见

---

① 安作璋、熊铁基著:《秦汉官制史稿》,第71页。
② 《史记》(点校本二十四史修订本)卷七三《白起列传》,第2831—2832页。
③ 《史记》(点校本二十四史修订本)卷六《秦始皇本纪》,第298页。
④ 安作璋、熊铁基著:《秦汉官制史稿》,第71页。
⑤ 陈伟主编:《里耶秦简牍校释》(第一卷),第190页。
⑥ 陈伟主编:《里耶秦简牍校释》(第一卷),第157页。

"廷尉之印",岳麓秦简所见"廷史"当指"廷尉之史"。"宗正"见于秦封泥。"少府"见于秦封泥,《史记·秦始皇本纪》载章邯曾任少府令。参与嫪毐政变者有卫尉竭、中大夫令齐。秦封泥有"奉常丞印""郎中丞印",可推测出秦必设"奉常"和"郎中"。岳麓秦简《置吏律》提及"中尉",秦封泥有"中尉之印"。汉初《二年律令·秩律》:"御史大夫,廷尉,内史,典客,中尉,车骑尉,大(太)仆,长信詹事,少府令,备塞都尉,郡守、尉,衞〈卫〉将军,衞〈卫〉尉,汉中大夫令,汉郎中、奉常,秩各二千石。"①汉初制度多承袭秦代而来,上面所涉职官,除了"长信詹事"外,其他职官在秦代应均有设置。

中央诸卿之职责,《汉书·百官公卿表》有简要介绍,后来的学者也多有补充,无需一一复述以祸梨枣。在此,仅对中尉和执法之职掌略加探讨。

岳麓秦简《置吏律》提及"中尉",秦封泥有"中尉之印"。关于中尉之执掌,《汉书·百官公卿表》言:"中尉,秦官,掌徼巡京师。武帝太初元年,更名执金吾。"据此中尉是负责都城治安的,但班固似乎是以汉制测秦制,依秦律,中尉主要负责除免官吏:

· 置吏律曰:县、都官、郡免除吏及佐、群官属,以十二月朔日免除,尽三月而止之。其有死亡及故有缺者,(1227)为补之,毋须时。郡免除书到中尉,虽后时,尉听之└。(J43)②

中尉之官,不独设于秦国,赵国亦见之,《史记·赵世家》:"明日,荀欣侍以选练举贤,任官使能。明日,徐越侍以节财俭用,察度功德。所与无不充,君说……官牛畜为师,荀欣为中尉,徐越为内史。"③荀欣因善于选贤任能,故被拜为中尉。综合《赵世家》和《置吏律》记载,中尉之职责在于任免官吏。《秦律十八种·置吏律》:"除吏,尉已除之,乃令视事及遣之;所不当除而敢先见事,及相听以遣之,以律论之。"④"尉已除之"之"尉",指尉官系统,中央则为中尉,郡则为郡尉,县则为县尉。县尉除任基层小吏,有很直接的证据,里耶秦简"今尉征说以为求盗"(8-2027)⑤,"成里典、启陵邮人缺。除士五(伍)成里匄、成,成为

---

① 彭浩、陈伟、〔日〕工藤元男主编:《二年律令与奏谳书》,第258页。
② 陈松长主编:《岳麓书院藏秦简(肆)》,第141页。
③ 《史记》(点校本二十四史修订本)卷四三《赵世家》,第2166—2167页。
④ 陈伟主编:《秦简牍合集》释文注释修订本,第126页。
⑤ 陈伟主编:《里耶秦简牍校释》(第一卷),第420页。

典,匀为邮人,谒令尉以从事"(8-157)①。尉官系统主管官吏任免,这是通过秦简得知的,据传世文献只知道尉官主要负责治安和军务。

秦代又有"主爵中尉",《汉书·百官公卿表》:"主爵中尉,秦官,掌列侯。景帝中六年更名都尉,武帝太初元年更名右扶风,治内史右地。属官有掌畜令丞。又有[右]都水、铁官、厩、雍厨四长丞皆属焉。"②我们认为主爵中尉是中尉的别称。据《二年律令·秩律》中尉秩二千石,岳麓秦简《尉郡卒令》条文多与爵位予夺相关。由中尉、郡尉、县尉构成的从中央到地方的尉官系统控制着官吏的任免和爵位予夺权,当然这种权力并非绝对的,是屈从于皇权的。

秦代中央设有执法一职,但封泥和玺印中均未见之,岳麓秦简、里耶秦简中则多次出现:

  ·县官上计执法,执法上计寂(最)皇帝所。(0561)③
  ·令曰:御史、丞相、执法以下有发征及为它事,皆封其书,毋以檄。不从令,赀一甲。 ·辛令乙八(1877)④
  ·令曰:御史节(即)发县官吏及丞相、御史、执法发卒史以下到县官佐、史,皆毋敢名发。(1689)⑤

  □戟、弓、弩殴(也),勿买,令削去其久刻┙。赐于县官者得私挟。
·臣欣与丞相启、执法议曰:县(1464)⑥
  别书洞庭尉吏、执法属官在县界中【者,各】下书焉。(9-26)⑦

"执法"在岳麓书院藏秦简中颇为常见,从上面所引令文来看,其显然是一官名或官署名,然未见载于《汉书·百官公卿表》,其他史书中有关于"执法"的记载,《史记·叔孙通列传》:"御史执法举不如仪者辄引去。"《史记·滑稽列传》:"赐酒大王之前,执法在傍,御史在后。"《滑稽列传》中"执法""御史"分列,其为两官明矣,故《史记·叔孙通列传》"御史执法"当句读为"御史、执法"为宜。

---

① 陈伟主编:《里耶秦简牍校释》(第一卷),第94页。
② 《汉书》卷一九《百官公卿表》,第736页。
③ 陈松长主编:《岳麓书院藏秦简(肆)》,第209页。
④ 陈松长主编:《岳麓书院藏秦简(伍)》,第101页。
⑤ 陈松长主编:《岳麓书院藏秦简(伍)》,第110页。
⑥ 陈松长主编:《岳麓书院藏秦简(陆)》,第49页。
⑦ 陈伟主编:《里耶秦简牍校释》(第二卷),第38页。

又在岳麓秦简中多次出现"执法"，足证其为秦代职官名。王莽复古改制，"改郡太守曰大尹……御史曰执法"。汉初又有"御史中执法"一职，《汉书·高帝纪》载高祖十一年二月诏曰"御史大夫昌下相国，相国酂侯下诸侯王，御史中执法下郡守"，颜师古注引晋灼曰："中执法，中丞也。"晋灼言御史中执法即御史中丞，晋灼撰《汉书音义》在晋代，其言当有所本。

御史中丞乃御史大夫二丞之一，《汉书·百官公卿表》载："御史大夫，秦官，位上卿，银印青绶，掌副丞相。有两丞，秩千石。一曰中丞，在殿中兰台，掌图籍秘书，外督部刺史，内领侍御史员十五人，受公卿奏事，举劾按章。"班固言御史大夫属官有两丞，但只指出其中之一为"中丞"，又其言御史中丞之执掌乃汉时情形，秦代是否如此，亦未可知。《晋书·职官志》载："秦时御史大夫有二丞：其一御史丞，其一为中丞。"里耶秦简有"御史丞去疾"（8－159）、"御史大夫绾"（8－528），足见秦代"御史丞"为"御史大夫"二丞之一无疑。岳麓书院藏秦简2059号又有"御史掾"一职，当为御史大夫属官无疑，或即《汉书·百官公卿表》所言"侍御史员"，但其级别当低于御史丞。

汉初刘邦诏书中出现的"御史中执法"在秦简中或径称为"执法"。上引秦令条文中的执法，或可直接将文书上呈皇帝，或与丞相、御史大夫并列，其为中央职官无疑。又据岳麓秦简0964"最偕上御史，御史奏之，其执法不将计而郡守将计者，亦上之"，"执法"与郡守并列且列于郡守之前，则"执法"非郡守无疑，且其地位似高于郡守。据此亦能推断出"执法"当为中央一级官员，或即《汉书·高祖纪》里的御史中执法。

又据岳麓秦简"0558■丞相御史请：令到县，县各尽以见钱不禁者亟予之，不足，各请其属0358所执法，执法调均；不足，乃请御史，请以禁钱贷之"，可知郡亦有执法。

传世典籍中御史或作御史大夫之省，如《史记·秦始皇本纪》载二十六年，嬴政初并天下，"令丞相、御史曰"，即给丞相和御史下了一封令文，从后文"丞相绾、御史大夫劫、廷尉斯"的回应来看，前文御史即御史大夫之省。岳麓秦简律令中常见御史、丞相并称现象，此御史显然是御史大夫之省，如0662号"御史、丞相，尉布"，1877号"御史、丞相、执法以下"，0339号"御史、丞相"。上述岳麓秦简律令所见之御史为御史大夫之省无疑，细察简文，当御史、丞相并列时，御史常列于丞相之前，这是颇值得注意的。又，岳麓秦简1662号"论之，上夺爵者名丞相,丞相上御史",1593号简"廿四年十一月丙辰御史下丞相",以上材料中的"御史"当指侍御史,侍御史常伴君侧,上呈下达,是君王意愿之传声筒。侍御史秩级不高,唯六百石,权限确极重,毕竟是内廷和外朝的联络者。御史大夫作为侍御史的统帅,是皇帝最为依赖的职官,一些诏令常同时下发给丞相和御史大夫,甚至先发给御史大夫,再由他转发丞相,如1593简所见"廿四年十一月丙辰御史下丞相"。

"御史下丞相"并非意味着御史大夫的地位比丞相高。《汉书·百官公卿表》言御史大夫"掌副丞相",御史大夫协助丞相料理政事,其地位显然低于丞相。又据《史记·秦始皇本纪》二世元年,胡亥"东行郡县",刻石并镌所从大臣名,丞相李斯、冯去疾列于御史大夫德之前。文书所见御史大夫列于丞相之前的情况,大概是因为御史大夫直接负责皇帝诏命的下达和臣下奏议文书之上传,御史大夫与最高权力者空间距离更近。汉初《二年律令·津关令》中依旧可见此类文书传递模式:

> 相国上内史书言,诸以传出入津关而行产子,驹未盈一岁,与其母偕者,津关谨案实籍书出入。·御史以闻,制曰:可。

> 相国上内史书言,请诸詐(诈)袭人符传出入塞之津关,未出入而得,皆赎城旦舂;将吏智(知)其请(情),与同罪。·御史以闻。·制曰:可,以阑论之。①

从以上二则令文所言请令程序可知,由内史提出令文内容,上呈丞相,丞相转呈御史(当为御史大夫之省),御史最后交由皇帝定夺。

第三节　郡级官吏的职责

一、执法

秦代郡一级行政机构亦设执法之职。岳麓秦简0019号载:"毋(无)病,黔首为故不从令者,赀丞、令史、执法、执法丞、卒史各二甲","执法"位列县丞、令

---

① 彭浩、陈伟、〔日〕工藤元男主编:《二年律令与奏谳书》,第319页、第311页。

史之后,卒史之前,表明其为郡级官吏,且秩级高于卒史。执法既可指中央执法官,也可指郡或县一级执法官。县执法直接对郡执法负责,郡执法对御史中执法(御史中丞)负责,御史中执法(御史中丞)则直接对御史大夫负责。

下面谈谈执法之执掌问题。既然执法乃御史之下属,御史系统官员最主要的职责之一就是监督行政,纠察非法,保证各部门依法办事,如岳麓秦简:

> 执法以律令当,上其有不当律令者,御史、丞相乃令□当之。其当律令者(0867)①
>
> 狱失者,其同狱一鞫,有数人者,皆当人坐之,执法囼官所已前论,不應(应)律者,皆当更论。请亟令更论、论(1676)失者。·曰:可。
>
> ·廷戍十二(1682)②

可见执法不仅监督而且直接参与断狱工作,若不依法审判,则要重新判案,可能还会受到相应处罚。

执法还负责刑徒和下层官吏的分遣:

> 廿一年十二月己丑以来,县官田田徒有亡罷(系)及诸它缺不备获时,其县官求助徒获者,各言属所执法,执法【亟】(1612)为调发。(1611)③
>
> ·令曰:御史节(即)发县官吏及丞相、御史、执法发卒史以下到县官佐、史,皆毋敢名发。(1689)④

从"廿一年十二月己丑"可知,此则令文颁布于秦统一前,后被一直沿用,由此也可知执法一职并非秦统一后新设。

此外,执法还有财物调配权:

> 丞、令、令史、官啬夫、吏主者【夺爵各一级。毋(无)爵】者以其官为【新地吏四岁,执法令都吏循行案】(0391)举不如令者,论之,而上夺爵者名丞相,丞相上御史。都官有购赏赍责(债)者,如县。兵事毕(0668)矣,诸当得购赏赍责(债)〖者〗,0591 者,勿令巨皋(罪),令县皆

---

① 《岳麓书院藏秦简(柒)》,待刊。
② 陈松长主编:《岳麓书院藏秦简(陆)》,第 181—182 页。
③ 陈松长主编:《岳麓书院藏秦简(陆)》,第 171 页。
④ 陈松长主编:《岳麓书院藏秦简(伍)》,第 110 页。

亟予之。■丞相御史请：令到县，县各尽以见（现）钱不禁者亟予之，不足，各请其属0558所执法，执法调均；不足，乃请御史，请以禁钱贷之，以所贷多少为偿，久易（易）期，有钱弗予，过一金，(0358)赀二甲。(0357)■内史郡二千石官共令 第戊(0465)[1]

以上4条简文实际上包括两则内容联系紧密令文，以"■"为界限，后一则令文是对前者的补充。大概是秦刚一统天下，论功行赏及放贷所需金钱数额巨大，部分县现有钱财（禁钱除外）不敷支用，故需要执法从其他地方调配，若依旧不够用，则需执法向御史请示以禁钱贷之。禁钱即"山池陂泽之税"，属少府，专供皇帝使用。令文可能省去御史向皇帝请示动用少府禁钱这一环节。

执法还负责上计诸事宜，上引0561组简文足证之，此不赘述。

可见，执法在秦代职官体系中的地位是颇为重要的，其执掌涉及行政、司法、财物分配、监督等多个方面。执法从中央到地方普遍设置，县级执法、郡级执法、中央级执法构成一套严密高效的监管体系，促使了各级政府规范行政，保障了各项法令落实到位。

二、属尉佐

岳麓秦简0520号简有"属尉佐有秩吏执法免之而上牒御史丞相"一段律文，其中"属尉佐"该如何断句，是值得考虑一番的。《二年律令·传食律》和《置吏律》将其断为"属尉、佐"，是值得商榷的。张家山汉墓竹简的整理者并未对"属尉"和"佐"加以解释，我们不明白其如此断句的缘由。"佐"毫无疑问是低级职官称谓，而"属尉"连读只能将其理解成尉之属官，问题是"尉"可指县尉、郡尉、都尉，而三者之执掌、权限是很不一样的，"属尉"连读或导致所指对象不明确。看来将"属尉"与"佐"并读是行不通的，"属尉佐"或可理解为"属"与"尉佐"的合称。

秦汉时在郡、都尉、中二千石官府内普遍设置"属"这一职官，里耶秦简16-

---

[1] 陈松长主编：《岳麓书院藏秦简（肆）》，第218页、第207页、第198页。按：编连方案据拙稿《〈岳麓书院藏秦简（肆）〉所收令文浅析》，邬文玲、戴卫红主编：《简帛研究》（二〇一八春夏卷），广西师范大学出版社2018年，第66—70页。王可认为0668简前当接0391，甚确，详见王可：《读岳麓秦简札记一则》，简帛网2019年5月8日。

5号牍载:"洞庭守礼谓县啬夫、卒史嘉、叚(假)卒史榖、属尉。""属"与"卒史"并列,为官名无疑,嘉、榖、尉均为人名。又《尹湾汉墓简牍》"东海郡吏员簿"载太守吏员二十七人,其中"属"五人;都尉吏员十二人,"属"有三人。① 又如厚丘右尉某某故为大司农属,昌虑丞冯丰,故为卫尉属;盐官丞唐宣,故为太常属;厚丘长宋康,故为丞相属。② 可见二千石以上官府均设置"属"这一职官。如此将"属"从"属尉佐"中独立出来是可行的,指二千石官之吏员。接下来我们再来讨论"尉佐"作为职官名的可能性。

检秦汉文献,县一级行政机构,"尉史"常见之,未见称为"尉佐者"。"尉佐"或常作郡尉之佐解。县尉之史称尉史,郡尉之史称尉佐,是为了区别起见。

为了更好地界定"属、尉佐"的职守,现将岳麓秦简及里耶秦简所见"属尉佐"材料摘录于下:

• 狱史、令史、有秩吏、及属、尉佐以上,二岁以来新为人赘壻(婿)者免之。其以二岁前为人赘壻(婿)而(0559)能去妻室者勿免,其弗能行者免之。(0359)③

诸吏为詐(诈),以免去吏者,卒史、丞、尉以上上御史∟,属、尉佐及乘车以下上丞相,丞相御史先予新地远辟(僻)害郡,备【以】(1866+J71-3)次予之,皆令从其吏事新地四岁,日备免之,日未备而詐(诈)故为它,赀、废,以免去吏,加辠一等。(1720)④

以尺牒牒书,当免者人一牒,署当免状,各上,上攻(功)所执法,执法上其日,史以上牒丞(0523)【相】、御史,御史免之,属、尉佐、有秩吏,执法免之,而上牒御史丞相∟,后上之恒与上攻(功)皆(偕)∟。(0520)⑤

• 令曰:叚(假)廷史、诸傅(使)有县官事给殹(也),其出县畍(界)者,令乘傅(使)马,它有等殹(也)。卒史、属、尉佐▢(1917)乘比叚(假)廷史、卒史覆狱乘傅(使)马者,它有等比。 • 內史旁金布令

---

① 张显成、周群丽撰:《尹湾汉墓简牍校释》,第7页。
② 张显成、周群丽撰:《尹湾汉墓简牍校释》,第17—30页。
③ 陈松长主编:《岳麓书院藏秦简(肆)》,第205—206页。
④ 陈松长主编:《岳麓书院藏秦简(陆)》,第178页。
⑤ 陈松长主编:《岳麓书院藏秦简(肆)》,第210页。

第乙十八(1899)①

　　☐史、卒史、属、尉佐、乘☐ (9-1986)②

以上所引材料涉及众多职官名,为了弄清楚其秩次高低,我们不妨先参照一下尹湾汉墓简牍材料。通过"东海郡吏员簿"可知汉成帝时郡一级吏员有太守、太守丞、卒史、属、书佐、用筭佐、小府啬夫,都官之属官与太守差不多,只是少了小府啬夫。县级机构设置令(或长)、丞、尉、狱丞、官有秩、乡有秩、令史、狱史、官啬夫、乡啬夫、游徼、牢监、尉史、官佐、乡佐、邮佐、亭长。"东海郡吏员簿"是据俸禄高低有序排列,顺序靠前则秩级高。我们可以发现"令史"秩次要高于"狱史","有秩"高于"令史"。据此可知0559号"狱史、令史、有秩吏"所列职官秩次是依次升高的。又据1917简和1866简,"属、尉佐"秩次低于"卒史"。"东海郡吏员簿"二百石以上官员才明确标明秩禄石数,"卒史"之后并未标明俸禄石数,可知卒史之俸禄在二百石以下。又据东海郡郯县吏员簿,狱丞秩二百石,而乡有秩紧列其后,可知"乡有秩"俸禄在二百石以下、一百石以上。综合以上信息可知,"属尉佐"的俸禄当在二百石以下,且其秩级要低于卒史。而根据《二年律令·秩律》可知,有秩吏最低秩级为百二十石。

综上可知,秦及西汉初期"属"和"尉佐"均是秩级低于二百石高于百二十石的低级官吏。"属"与"尉佐"秩级虽不高,却是郡守的主要助手,常代表郡到治下诸县巡视。

第四节　县级官吏的职责

关于县尉和士吏,前贤已作了一些研究,取得一定成果;兹利用岳麓秦简《尉卒律》及里耶秦简、睡虎地秦简相关资料,对二者重新加以考察,冀有所推进。

据《汉书·百官公卿表》,秦汉一县之长吏有县令(县长)、县丞和县尉,可见

---

① 陈松长主编:《岳麓书院藏秦简(伍)》,第185页。
② 陈伟主编:《里耶秦简牍校释》(第二卷),第402页。按:句读不同于《校释》。

县尉在基层行政里有举足轻重的地位。大县一般设两尉,即左尉与右尉①,里耶秦简"迁陵吏志"只见一尉,或与该县人口规模小有关系。《太平御览》卷二三一引韦昭《辨释名》曰:"廷尉、县尉皆古尉也,以尉尉人也。凡掌贼及司察之官皆曰尉。尉,罚也,言以罪罚奸非也。"②韦昭认为所有以尉命名的官均负有打击盗贼和监察的职责。韦昭注的确指出了县尉的一些基本执掌,但是仍不完备。

县尉基本的职责就是打击盗贼、维持社会治安,这在《二年律令·捕律》中表现得极为明显:

> 盗贼发,士吏、求盗部者,及令、丞、尉弗觉智(知),士吏、求盗皆以戍边二岁,令、丞、尉罚金各四两。令、丞、尉能先觉智(知),求捕其盗贼,及自劾,论吏部主者,除令、丞、尉罚。一岁中盗贼发而令、丞、尉所(?)不觉智(知)三发以上,皆为不胜任,免之。③

县尉还负责戍卒的征发,《秦律杂抄》:"戍律曰:同居毋并行,县啬夫、尉及士吏行戍不以律,赀二甲"。④ 除了征发,县尉有时还要将戍卒送到服役之地,《史记·陈涉世家》中被杀二尉即负责押解服役者前往渔阳。

监督军中口粮发放情况也是县尉的职责之一。《秦律杂抄》载:

> 不当稟军中而稟者,皆赀二甲,法(废);非吏殴(也),戍二岁;敦(屯)长、仆射弗告,赀戍一岁;令、尉、士吏弗得,赀一甲。⑤

有人冒领军粮,县尉未察觉者,当受到赀一甲的惩罚。

此外,县尉还要巡察监管戍卒施工,以保证工程的质量:

> 令戍者勉补缮城,署勿令为它事;已补,乃令增塞埤塞。县尉时循视其攻(功)及所为,敢令为它事,使者赀二甲。⑥

---

① 西汉官印中有"勮左尉印""勮右尉印",见孙慰祖:《两汉官印汇考》,上海书画出版社,1993年,第96页。

② [宋]李昉等撰,夏剑钦等校点:《太平御览》(第三册)卷二三一《职官部》,河北教育出版社,1994年,第207页。

③ 张家山二四七号汉墓整理小组《张家山汉墓竹简(二四七号墓)》(释文修订本),第28页。

④ 睡虎地秦墓竹简整理小组:《睡虎地秦墓竹简》,第89页。

⑤ 睡虎地秦墓竹简整理小组:《睡虎地秦墓竹简》,第82页。

⑥ 睡虎地秦墓竹简整理小组:《睡虎地秦墓竹简》,第90页。

由上可知，县尉之执掌繁多，其在县级行政事务中发挥着重要作用，下面再据有关材料谈谈其权限。《秦律杂抄·除吏律》载："除士吏、发弩啬夫不如律，及发弩射不中，尉赀二甲。"①可见县尉有权保举自己的属吏，如"士吏""发弩啬夫"等，前提是要按照法律规定办事，否则会受到惩处。此外，县尉还可以任命求盗和邮人，《里耶秦简》载：

小男子说。今尉征说以为求盗。(8-2027)②

尉已除成、匄为启陵邮人，其以律令。(8-157)③

关于典、老的名额配置和产生方式在传世文献中少有记载，从岳麓简可知县尉有权决定典、老的人选，监督典、老推选工作。为便于论述，先将《尉卒律》相关律文誊录于下：

·尉卒律曰：里自卅户以上置典老各一人，不盈卅户以下，便利，令与其旁里共典、老，其不便者，予之典(1373)而勿予老。公大夫以上擅启门者附其旁里，旁里典、老坐之└。置典、老，必里相谁(推)，以其里公卒、士五(伍)年长而毋(无)害(1405)者为典、老，毋(无)长者令它里年长者。为它里典、老，毋以公士及毋敢以丁者，丁者为典老，赀尉、尉史、士吏主(1291)者各一甲，丞、令、令史各一盾└。毋(无)爵者不足，以公士，县毋命为典、老者，以不更以下，先以下爵。其或复，未当事(1293)成，不复而不能自给者，令不更以下无复不复，更为典、老。(1235)④

以上律文的大意为：一里户数在三十以上的可设置里典和老各一人，三十户以下的，如果方便，可与邻近的里共享典、老；如果不便(即使户数不足三十)，也要设里典，但不能设置老。爵位在公大夫以上的可另设里门，但是不可脱离本里而依附相邻的里，(若有此种事情发生)相邻里之典、老将因此获罪。典、老一定要通过推举方式产生，只有同里年长的公士或士伍且熟悉政令者才能被推举为典、老，若本里无年长者，可以它里符合条件者充当。不能以公士及丁壮者担任

---

① 睡虎地秦墓竹简整理小组：《睡虎地秦墓竹简》，第79页。
② 陈伟主编：《里耶秦简牍校释》，第420页。
③ 陈伟主编：《里耶秦简牍校释》，第94页。
④ 陈松长主编：《岳麓书院藏秦简(肆)》，第115—116页。

它里典、老,若有此类情况,负责此事的县尉、尉史和士吏将受到赀一甲的处罚,县丞、县令和令史将受到赀一盾的处罚。没有爵位的人选不够,可以由公士充当它里典、老,县级政府务必使充当本里典、老者爵位在不更以下,爵位低者优先。倘若无法获得生活资料,不管其是否免除徭戍,都可以轮流充任典、老。

上一组律文对典、老的产生程序做了极其细致的规定,为研究秦代基层行政提供了十分宝贵的资料。值得一提的是:这些准则不仅仅是停留在条文里,而且贯彻到行政实践之中:

卅二年正月戊寅朔甲午,启陵乡夫敢言之:成里典、启陵Ⅰ邮人缺。除士五(伍)成里亡、成,成为典,亡为邮人,谒令Ⅱ尉以从事。敢言之。Ⅲ(8-157)

正月戊寅朔丁酉,迁陵丞昌却之启陵:廿七户已有一典,今有(又)除成为典,何律令Ⅰ應(应)?尉已除成、亡为启陵邮人,其以律令。/气手。/正月戊戌日中,守府快行。Ⅱ正月丁酉旦食时,隶妾冉以来。/欣发。   壬手。Ⅲ(8-157背)①

启陵乡请求迁陵县,想通过尉为成里设置一里典,结果被迁陵县丞昌否决了,理由是只有二十七户人的成里,现已有一里典,若再任命一典,与律令不符。核以《尉卒律》"里自卅户以上置典老各一人,不盈卅户以下,便利,令与其旁里共典老,其不便者,予之典而勿予老"之规定,二者若合符契。

通过岳麓书院藏《尉卒律》我们还得以知晓县尉在会计与人口控制方面也担当了极为重要的角色,相关律文如下:

尉卒律曰:为计,乡啬夫及典、老月辟其乡里之入穀(谷)、徙除及死亡者,谒于尉,尉月牒部之,到十月乃(1397)比其牒,里相就殹(也)以会计。黔[首]之阑亡者卒岁而不归,結其计,籍书其初亡之年月于結,善臧(藏)以戒其得。(1372)②

・尉卒律曰:缘故徼县及郡县黔齿〈首〉、县属而有所之,必谒于尉,尉听,可许者为期日。所之(1404)它县,不谒,自五日以上,缘故徼县,赀一甲;典、老弗告,赀一盾。非缘故徼县殹(也),赀一盾。典、老

---

① 陈伟主编:《里耶秦简牍校释(第一卷)》,第94页。
② 陈松长主编:《岳麓书院藏秦简(肆)》,第114页。

弗(1290)告,治(笞)五十。尉令不谨,黔首失令,尉、尉史、士吏主者赀各一甲,丞、令、令史各一盾。(1292)①

从以上律文可知,县尉还要承担会计工作,核计的范围包括人口增减、人口迁徙和息耗情况,尤其注意统计逃亡者的情况。为了有效地控制人口流动,百姓和县吏去它县,必须先向县尉提出申请,得到批准的必须在指定日期内返回。未经允许私自往它县,超过五天的,将受到处罚,典老连坐,此类情况若发生在边境附近,处罚力度会更大。典、老未及时将私自出入县境者上报,会处以笞刑;县尉在发布律令时工作不到位以致黔首触犯律令,县尉、尉史、负责执行的士吏都要赀一甲,县丞、县令及令史赀一盾。

又,《尉卒律》中还有一条相当于后世行政法的律文,对县尉及其属吏如何开展工作作出指示:

・尉卒律曰:县尉治事,毋敢令史独治,必尉及士吏与,身临之,不从令者,赀一甲。(1409)②

"治事"指行使职权,又见于《睡虎地秦墓竹简・为吏之道》,"凡治事,敢为固,谒私图……"。③ 律文规定县尉在开展日常行政工作时,不能让尉史一人包干,县尉本人和士吏也必须在场,违犯此令,应罚赀一甲。此种规定使得权力行使者相互牵制、互相监督,可以较为有效地防止官员徇私枉法。此项律令的效力同样可以得到秦代行政实践的检验:

卅年十一月庚申朔丙子,发弩守涓敢言之:廷下御史书曰县Ⅰ□治狱及覆狱者,或一人独讯囚,啬夫长、丞、正、监非能与Ⅱ□□殹,不参不便。书到尉言。・今已到,敢言之。Ⅲ(8-141+8-668)④

上引里耶文书规定,不能让一人独自审讯囚犯,必须有三个以上执掌不同的官吏参与,所谓"不叁不便"⑤。文书虽然讲得是对治狱和覆狱的规定,但是与《尉卒律》条文有相通之处,这也从另一个方面表明秦代律令的贯彻是十分到

---

① 陈松长主编:《岳麓书院藏秦简(肆)》,第111—112页。按:个别释文不同于整理报告。
② 陈松长主编:《岳麓书院藏秦简(肆)》,第114页。
③ 睡虎地秦墓竹简整理小组:《睡虎地秦墓竹简》,第173页。
④ 陈伟主编:《里耶秦简牍校释》(第一卷),第81页。
⑤ 《里耶秦简牍校释》中已指出"参"通"三"。

位的。

此外,对县尉失职行为,亦有相关的惩处:

> 尉令不谨,黔首失令,尉、尉史、士吏主者赀各一甲,丞令、令史各一盾。

县尉在向百姓解说、宣布国家律令时出现偏差,使得百姓因没有充分理解律令内容而犯法,县尉、尉史和士吏之主事者都将受到赀一甲的处罚,县丞、县令和令史都将受到赀一盾的处罚。

论及县尉就不得不附带谈谈与其关系密切的"士吏",前辈学者对"士吏"之执掌有所考证,然仍有待补充完善之处。"士吏"在睡虎地秦简中多次出现,整理者对"士吏"的注释为:"一种军官,见居延汉简,其地位在尉之下、侯长之上。《汉书·匈奴传》注引汉律:'近塞郡皆置尉,百里一人,士史、尉史各二人,巡行徼塞也。'士史应即士吏。"① 需要指出的是,居延汉简与《汉书·匈奴传》注引汉律中出现的尉为都尉,而非县尉,故其所属之"士吏"与县尉所属之"士吏",名虽同而执掌有异。秦律中出现的"士吏"多为县尉之属官,其职责在民事而非战事。如《秦律杂抄·除吏律》载:"除士吏、发弩啬夫不如律,及发弩射不中,尉赀二甲。"可见士吏直接由县尉聘任,但必须按照法律执行,否则会受到赀二甲的惩处。又,上文征引《尉卒律》1409 号简规定士吏与县尉一道处理日常行政事务。

在秦代县尉所属之士吏有时负责保卫工作,这一点从里耶行政文书中可知:

> 元年七月庚子朔丁未,仓守阳敢言之:狱佐辨、平、士吏贺具狱,县官Ⅰ食尽甲寅,谒告过所县乡以次续食。(5-1)②

从文书可晓,一位名叫贺的士吏与两名狱佐一起负责具狱工作,请求所过县乡官府提供膳食。很显然与狱案相关的人员是两名狱佐,士吏与其同行,必是出于安全防卫之需要。

士吏还负责缉拿、追捕盗贼,打击各种非法犯罪活动:

> 【廿】六年二月癸丑朔丙子,唐亭叚(假)校长壮敢言之:唐亭旁有盗可卅人,壮卒少,不足以追,亭不可空,谒遣卒案(索)。敢言之。/二

---

① 睡虎地秦墓竹简整理小组:《睡虎地秦墓竹简》,第 79 页。
② 陈伟主编:《里耶秦简牍校释》(第一卷),第 1 页。

月辛巳,

迁陵守丞敦狐敢告。尉告卿(乡)主以律(9-1112正)

令从吏(事)。尉下亭鄣、署士吏。谨备贰【舂】卿(乡)上司马丞。/亭手/即令走涂行。

二月辛巳,不更舆里戍以来。/丞半　壮手(9-1112背)①

  岳麓秦简·田律曰:黔首居田舍者毋敢酤(酤)酒,有不从令者迁之,田啬夫、士吏、吏部弗得,赀二甲。　·第乙(0993)②

此外,征发戍卒亦为士吏职责之一,《秦律杂抄》:

  戍律曰:同居毋并行,县啬夫、尉及士吏行戍不以律,赀二甲。③

综上可知,作为县尉属官的士吏,负责具狱、缉拿盗贼、打击非法犯罪活动、征发戍卒等事宜,有一定职掌,且有固定配额,不是一般的散吏。

---

① 陈伟主编:《里耶秦简牍校释》(第二卷),第260页。
② 陈松长主编:《岳麓书院藏秦简(肆)》,第153页。
③ 睡虎地秦墓竹简整理小组:《睡虎地秦墓竹简》,第89页。

参考文献

一 传世文献

［汉］司马迁：《史记》（二十四史点校修订本），北京：中华书局，2014年。

［汉］班固：《汉书》，北京：中华书局，1962年。

［汉］许慎：《说文解字》，长沙：岳麓书社，2006年。

［宋］徐坚等：《初学记》，北京：中华书局，2004年。

［清］王先谦：《荀子集解》，北京：中华书局，1988年。

［清］孙星衍等辑：《汉官六种》，北京：中华书局，1990年。

梁启雄：《荀子简释》，北京：中华书局，1983年。

陆心国：《晋书刑法志注释》，北京：群众出版社，1986年。

蒋礼鸿：《商君书锥指》，北京：中华书局，1986年。

刘文典撰：《淮南鸿烈集解》，北京：中华书局，1989年。

王守谦、金秀珍、王凤春译注：《左传全译》，贵阳：贵州人民出版社1990年。

王利器撰：《颜氏家训集解》（增补本），北京：中华书局，1993年。

李学勤主编：《十三经注疏》，北京：北京大学出版社，1999年。

陈奇猷：《韩非子新校注》，上海：上海古籍出版社，2000年。

黎翔凤撰：《管子校注》，北京：中华书局，2004年。

陈戌国：《诗经校注》，长沙：岳麓书社，2005年。

范祥雍：《战国策笺证》，上海：上海古籍出版社，2006年。

张觉：《商君书校注》，长沙：岳麓书社，2006年。

〔日〕泷川龟太郎：《史记会注考证》，台北：唐山出版社，2007年。

黄怀信、张懋镕、田旭东撰：《逸周书汇校集注》（修订本），上海：上海古籍出版社，2007年。

楼宇烈:《老子道德经注校释》,北京:中华书局,2008年。
韩兆琦:《史记(评注本)》,长沙:岳麓书社,2009年。

二　出土文献

银雀山汉墓竹简整理小组编:《孙膑兵法》,北京:文物出版社,中国人民解放军战士出版社翻印,1975年。

林梅村、李均明编:《疏勒河流域出土汉简》,北京:文物出版社,1984年。

睡虎地秦墓竹简整理小组:《睡虎地秦墓竹简》,北京:文物出版社,1990年。

连云港市博物馆、中国社会科学院简帛研究中心、东海县博物馆、中国文物研究所:《尹湾汉墓简牍》,北京:中华书局,1997年。

张家山二四七号汉墓竹简整理小组:《张家山汉墓竹简(二四七号)》(释文修订本),北京:文物出版社,2006年。

彭浩、陈伟、〔日〕工藤元男主编:《二年律令与奏谳书》,上海:上海古籍出版社,2007年。

朱汉民、陈松长主编:《岳麓书院藏秦简(壹)》,上海:上海辞书出版社,2010年。

甘肃简牍保护研究中心、甘肃省文物考古研究所、甘肃省博物馆、中国文化遗产研究院古文献研究室、中国社会科学院简帛研究中心编:《肩水金关汉简(壹)》,上海:中西书局,2011年。

张显成、周群丽撰:《尹湾汉墓简牍校理》,天津:天津古籍出版社,2011年。

陈伟主编:《里耶秦简牍校释》(第一卷),武汉:武汉大学出版社,2012年。

朱汉民、陈松长主编:《岳麓书院藏秦简(叁)》,上海:上海辞书出版社,2013年。

郑曙斌、张春龙、宋少华、黄朴华编著:《湖南出土简牍选编》,长沙:岳麓书社,2013年。

陈松长主编:《岳麓书院藏秦简(肆)》,上海:上海辞书出版社,2015年。

陈松长主编:《岳麓书院藏秦简(伍)》,上海:上海辞书出版社,2017年。

陈伟主编:《秦简牍合集》释文注释修订本(壹),武汉:武汉大学出版社,2016年。

陈伟主编:《秦简牍合集》释文注释修订本(叁),武汉:武汉大学出版社,

2016年。

里耶博物馆、出土文献与中国古代文明研究协同创新中心中国人民大学中心编著:《里耶秦简博物馆藏秦简》,上海:中西书局,2016年。

湖南省文物考古研究所编著:《里耶秦简(贰)》,北京:文物出版社,2017年。

陈伟主编:《里耶秦简牍校释》(第二卷),武汉:武汉大学出版社,2019年。

陈松长主编:《岳麓书院藏秦简(陆)》,上海:上海辞书出版社,2020年。

三 著作

高敏:《云梦秦简初探》,郑州:河南人民出版社1979年。

中华书局编辑部:《云梦秦简研究》,北京:中华书局,1981年。

林剑鸣:《秦史稿》,上海:上海人民出版社,1981年。

马非百:《秦集史》,北京:中华书局1982年。

吕俊甫:《发展心理与教育:全人发展与全人教育》,台北:商务印书馆,1982年。

黄留珠:《秦汉仕进制度》,西安:西北大学出版社,1985年。

安作璋、陈乃华:《秦汉官吏法研究》,济南:齐鲁书社,1993年。

安作璋、熊铁基:《秦汉官制史稿》,济南:齐鲁书社,2007年。

魏德胜:《〈睡虎地秦墓竹简〉词汇研究》,北京:华夏出版社,2003年。

甘肃省考古研究所、西北师范大学文学院历史系编:《简牍学研究》(第四辑),兰州:甘肃人民出版社,2004年。

朱红林:《张家山汉简〈二年律令〉集释》,北京:社会科学文献出版社,2005年。

刘海年:《战国秦代法制管窥》,北京:法律出版社,2006年。

李金华:《中国审计史》(第一卷),北京:中国时代经济出版社,2003年。

沈文倬:《菿闇文存》,北京:商务印书馆,2006年。

〔日〕冨谷至著,柴生芳等译:《汉刑罚制度研究》,桂林:广西师范大学出版社,2006年。

〔日〕池田温著,龚泽铣译:《中国古代籍帐研究》,北京:中华书局,2007年。

朱绍侯:《军功爵制考论》,北京:商务印书馆2008年。

李均明:《秦汉简牍文书分类辑解》,北京:文物出版社,2009年。

张政烺:《张政烺文集·文史丛考》,北京:中华书局,2012年。
王伟:《秦玺印封泥职官地理研究》,北京:中国社会科学出版社,2014年。
杨振红:《出土简牍与秦汉社会(续编)》,桂林:广西师范大学出版社2015年。
《于豪亮学术论集》,上海:上海古籍出版社2015年。
秦始皇帝陵博物院编:《秦始皇帝陵博物院》(2017年总7辑),西安:三秦出版社,2017年。
梁安和、徐卫民主编:《秦汉研究》(第十一辑),西安:西北大学出版社,2017年。
王捷主编:《出土文献与法律史研究》(第六辑),北京:法律出版社,2017年。

四 论文

孙言诚:《简牍中所见秦之边防》,中国社会科学院1981年研究生毕业论文。
马作武:《秦官吏制度管窥》,《北京政法学院学报》1981年第2期。
钱大群:《谈我国古代法律中官吏的受贿、贪污、盗窃罪》,《南京大学学报》1983年第2期。
张金光:《论秦汉的学吏制度》,《文史哲》1984年第1期。
李孝林:《从云梦秦简看秦朝的会计管理》,《江汉考古》1984年第3期。
陈玉璟:《秦简语词札记》,《安徽师范大学学报》(哲学社会科学版)1985年第1期。
岳庆平:《秦代列候无封邑辨》,《山东师范大学学报》1985年第6期。
艾永明:《从秦律看中国封建法律对官吏的两手政策》,《江海学刊》1986年第6期。
蔡镜浩:《〈睡虎地秦墓竹简〉注释补正》(二),《文史》第29辑,中华书局,1988。
胡澍:《"秦无分封制"质疑》,《西北大学学报》1988年第3期。
张世超:《秦简中的"同居"与有关法律》,《东北师范大学学报》(哲学社会科学版)1989年第3期。
庄春波:《关于秦"国尉"与西汉"太尉"的几个问题》,《青海社会科学》1990

年第 1 期。

彭年:《秦汉"同居"考辨》,《社会科学研究》1990 年第 6 期。

陈乃华:《秦汉官吏赃罪考述》,《山东师范大学学报》(社会科学版)1991 年第 1 期。

李福泉:《秦无三公九卿制考辨》,《求索》1992 年第 3 期。

高恒:《读秦汉简牍札记》,《简牍研究》第 1 辑,法律出版社 1993 年。

杨普罗:《关于秦"尊吏道"的评介》,《甘肃社会科学》1993 年 6 期。

李均明、刘军:《武威旱滩坡出土汉简考述》,《文物》1993 年第 10 期。

卜宪群:《秦汉三公制度渊源论》,《安徽史学》1994 年第 4 期。

李中林:《浅析秦的俸禄制》,《内蒙古师范大学学报》1995 年第 1 期。

江洪、张永春:《简述嬴秦的上计与考课制度》,《绥化师专学报》1995 年第 2 期。

胡平生:《居延汉简中的功与劳》,《文物》1995 年第 4 期。

汤其领:《太尉非秦官考辨》,《中国史研究》1996 年第 1 期。

李丕祺:《从秦律看秦吏治的特点》,《西北第二民族大学学报》(哲学社会科学版)1996 年第 3 期(总第 28 期)。

时晓红:《秦汉时期官吏休沐告宁制度考略》,《东岳论丛》1996 年第 4 期。

杨有礼:《秦汉俸禄制度探论》,《华中师范大学学报》1997 年第 2 期。

高兵:《三公九卿制新论》,《齐鲁学刊》1997 年第 5 期。

黑广菊:《略谈秦的以"法治吏"》,《聊城师范学院学报》(哲学社会科学版)2000 年第 2 期。

范毓周:《关于湖南龙山里耶出土秦代简牍邮书检的几个问题》,简帛研究网 2002 年 8 月 15 日。

李学勤:《初读里耶秦简》,《文物》2003 年第 1 期。

武玉环:《从〈睡虎地秦墓竹简〉看秦国地方官吏的犯罪与处罚》,《吉林大学社会科学学报》2003 年第 5 期。

李昭君:《两汉县令、县长制度探微》,《中国史研究》2004 年第 1 期。

曹英:《制度性腐败——秦帝国忽亡的原因分析》,《江苏社会科学》2004 年第 2 期。

刘敏:《张家山汉简"小爵"臆释》,《中国史研究》2004 年第 3 期。

杨宗兵:《里耶秦简县"守""丞""守丞"同义说》,《北方论丛》2004年第6期。

徐世虹:《"主亲所知"释小》,《出土文献研究》(第六辑),上海古籍出版社2004年12月。

刘少刚:《汉律伪写玺印罪与西汉的政治斗争》,载中国文物研究所编:《出土文献研究》第六辑,上海:上海古籍出版社,2004年。

白艳利:《从汉承秦制看吏治对秦亡的影响》,内蒙古大学2005年硕士学位论文,指导老师王绍东。

邹水杰:《秦汉县行政主官称为考》,《湖南师范大学学报》2006年第2期。

陈治国:《里耶秦简之"守"和"守丞"释义及其它》,《中国历史文物》2006年第3期。

王凯旋:《小议秦汉惩治官吏的立法》,《史学月刊》2006年第6期。

王彦辉、于凌:《浅议秦汉官吏法的几个特点》,《史学月刊》2006年第12期。

陈治国:《从里耶秦简看秦的公文制度》,《中国历史文物》2007年第1期。

王绍东:《论统一后秦吏治败坏的原因及与秦朝速亡之关系》,《咸阳师范学院学报》,2007年第3期。

陈治国、农茜:《从出土文献再释秦汉守官》,《陕西师范大学学报》第36卷专辑,2007年9月。

陈治国、韩凤:《秦汉国尉太尉考辨》,《咸阳师范学院学报》2008年第3期。

任仲赫:《秦汉律的罚金刑》,《湖南大学学报》(社会科学版)第22卷第3期,2008年5月。

李斯:《李斯秦简所见县主官称谓新考》,《内蒙古农业大学学报》(社会科学版)2009年第3期。

陈松长:《岳麓书院藏秦简中的郡名考略》,《湖南大学学报》(社会科学版)第23卷第2期,2009年3月。

李春来:《〈商君书〉中所见官吏管理问题探讨》,吉林大学2009年硕士学位论文。

刘鹏:《论官吏制度与秦朝统一之关系》,内蒙古大学2009年硕士学位论文。

朱红林:《〈周礼〉官计文书与战国时期的行政考核》,《吉林师范大学学报》

(人文社会科学版),2010年第4期。

张春龙:《里耶秦简中迁陵县学官和相关记录》,载《出土文献》(第一辑),上海:中西书局出版社,2010年。

曹旅宁:《张家山336号汉墓〈功令〉的几个问题》,《史学集刊》2012年第1期。

王爱清:《秦汉基层小吏的选用及其功能变迁——以里吏为中心》,《绵阳师范学院学报》2012年12期。

孙闻博:《里耶秦简"守""守丞"新考——兼谈秦汉的守官制度》,《简帛研究二〇一〇》,桂林:广西师范大学出版社,2012年。

邬勖:《"故失"辨微:结合出土文献的研究》,载王沛主编:《出土文献与法律史研究》(第一辑),上海:上海人民出版社,2012年。

沈刚:《〈里耶秦简〉(壹)中的"课"与"计"——兼谈战国秦汉时期考绩制度的流变》,《鲁东大学学报》(哲学社会科学版)第30卷第1期,2013年1月。

于振波:《秦代吏治管窥——以秦简司法、行政文书为中心》,《湖南大学学报》(哲学社会科学版)2013年第3期。

游逸飞、陈弘音:《里耶秦简博物馆藏第九层简牍释文校释》,简帛网2013年12月22日。

邬文玲:《"守""主"称谓与秦代官文书用语》,《出土文献研究》(第十二辑),上海:中西书局,2013年。

秦涛:《秦律中的"官"释义——兼论里耶秦简"守"的问题》,《西南大学学报》2014年第2期。

刘太祥:《秦汉行政惩罚机制》,《南都学坛》2014年第3期。

陈侃理:《里耶秦方与书同文字》,《文物》2014年第9期。

张晋藩:《考课与监察——综论中国古代职官管理》,《中国法律评论》2015年第1期。

张晋藩:《考课——中国古代职官管理的重要制度》,《行政法学研究》2015年第2期。

陈松长、贺晓朦:《秦汉简牍所见"走马""簪袅"关系论考》,《中国史研究》2015年第4期。

游逸飞:《里耶秦简所见的洞庭郡——战国秦汉郡县制个案研究之一》,简帛网 2015 年 9 月 29 日。

李金鲜:《从云梦秦简看秦官吏考核》,《渤海大学学报》(哲学社会科学版)2016 年第 6 期。

谢坤:《〈里耶秦简(壹)〉缀合(三)》,简帛网 2016 年 11 月 17 日。

杨智宇:《里耶秦简牍所见"迁陵守丞"补正》,载武汉大学简帛研究中心编:《简帛》(第十三辑),上海:上海古籍出版社,2016 年。

朱腾:《简牍所见秦县少吏研究》,《中国法学》2017 年第 4 期。

邹水杰:《秦简有秩新证》,《中国史研究》2017 年第 3 期。

程博丽:《秦汉时期吏卒归宁制度新探》,《湖南大学学报》(社会科学)第 31 卷第 5 期,2017 年 9 月。

蔡丹、陈伟、熊北生:《睡虎地汉简中的质日简册》,《文物》2018 年第 3 期。

陈伟:《〈岳麓书院藏秦简(伍)〉校读》,简帛网 2018 年 3 月 9 日

陈伟:《〈岳麓书院藏秦简(伍)〉校读(续五)》,简帛网 2018 年 4 月 12 日。

周海锋:《〈岳麓书院藏秦简(肆)〉所收令文浅析》,邬文玲、戴卫红主编:《简帛研究》(二〇一八春夏卷),桂林:广西师范大学出版社 2018 年。

袁延胜、时军军:《再论里耶秦简中的"守"与"守官"》,《古代文明》2019 年第 13 卷 2 期。

王勇:《里耶秦简所见秦代地方官吏的徭使》,《社会科学》2019 年第 5 期。

王可:《读岳麓秦简札记一则》,简帛网 2019 年 5 月 8 日。

陈伟:《秦苍梧、洞庭郡研究的重要资料》,简帛网 2019 年 9 月 10 日。

〔韩〕琴载元:《里耶秦简所见秦代县吏的调动》,《西北大学学报》(哲学社会科学版),2020 年第 50 卷第 1 期。

后　记

从 1840 年到 2020 年，记忆中的庚子年都是中华民族受难年。

寒假原本只打算在家待一个星期，故没有装模作样随身携带电脑。然而，突如其来的新冠肺炎将我们滞留在邵阳乡下四十余天，开蒙以来"享受"的最为漫长的寒假。无雨时基本上在外翻土砍柴，或帮泥水匠打下手，雨天就随意阅读堆满旧衣柜的藏书。只想换一种生活方式。近年来残简断牍不仅侵蚀了我健康的体魄，而且让自己变得更为木讷。

前半个月经常刷手机，关心各地疫情，后来只是临睡和起床时看一眼，最后只关注何时太平，以便尽早返回那个一直想逃离的五线城市。

靠文字讨生活者，恐怕都没有真正的假期。寒假中虽然没能写下一个与学术有关的字，但脑子里总想着课题没有结项，年度考核任务不能完成。

3 月 14 日，租了一辆 7 座的车，载着能吃半年的食物返回湘潭。坐在书房的电脑桌前，颇有一种鸟返旧林、鱼回故渊的雀跃感。曾经一度十分悲观，担心再也不能恢复以前的生活。

接下来的日子，除了上课，基本上在忙国家社科项目结项之事。

5 月 27 日晚，王子今老师通过微信发来语音通话，我正好完美错过。我看到记录后犹豫了几秒，还是回了电话。并非王老师误拨。王老师开口就问我的博后出站报告题目是否叫"秦官吏法研究"，并言及自己正在策划一套关于秦研究方面的丛书，问我是否愿意将书稿纳入。我的内心顿时翻江倒海，一个个声音在狂欢着："我愿意！"然天性腼腆，加上读书人应有的矜持逼迫我只能从牙缝里挤出"多谢王老师提携"数字。过了一天，王老师又发来短信，告知丛书将由西北大学出版社刊行，并让我将书稿扩充到 15 万字以上，多些更佳，注意可读性，7 月底交初稿。

接下来的两个月,我集中精力开足马力完善出站报告。除增写了三章内容外,对之前撰写的部分章节也做了一些修订。正式撰写每一章之前,总是试着将基本史料快速浏览一遍,摘录些可能用得上的材料,同时检索前贤研究成果。在寻找材料的过程中,常常感叹可用者太少。同一则材料,在不同章节反复使用,实在是情非得已。此外,拙稿中给出的所谓结论,或有草率之嫌。历史细节之还原,总要依赖一定数量坚实可信的材料,当然,无可讳言,与操刀者之功力也颇有关系。

需要特别声明的是:为了行文流畅,引用前贤师友观点时,一律不称"先生"。窃以为,敬与不敬,不在于虚文缛礼,读其书,想见其为人,便是对一个学者最好的礼敬。

碌碌尘世,匆匆流年,开题至今已近四载。永远忘不了王子今老师穿着湿布鞋参加我博后出站报告开题的场景,被雨水浸泡了半月,湖南1月上旬的夜,阴冷阴冷。参加开题的还有胡平生老师、邬文玲老师、于振波老师和陈松长师。白天,诸位老师均参加了《岳麓书院藏秦简(伍)》审订研讨会。

2018年5月,也是一个夜晚,李均明老师、宋少华老师、邬文玲老师、朱汉民老师和陈松长师出席了我和程博丽的出站论文答辩。除了朱老师,其他老师白天都在长沙简牍博物馆讨论走马楼西汉简的释文问题。

感谢参加开题和答辩的各位老师,拙稿若有可取之处,与你们的指导密不可分。

感谢马若楠编辑和朱亮编辑为小书所做的一切。责编朱亮先生为拙稿费神颇巨,新造了一批冷僻的汉字,仔细审读了每一行文字,提出不少中肯的修改建议。

陈松长师将我领进简牍学研究这方广阔天地,一手材料任我"折腾",研读会上纵我"神侃",为了我的工作一而再再而三向有关领导赔笑脸说细话,抓住一切机会将我介绍给前辈学者认识,容忍我的小性子与坏脾气。亦师亦父,世间无双。我却一直找不出合适的字眼来答谢陈师的苦心栽培和殷切期望。语言,有时候真的很苍白!

近两年兼职"保姆"后,颈椎病就很少犯了。早晚接送小朋友上下学,买菜、做饭、洗衣、拖地,事事都有惊喜!比如,小朋友有时拿起拖把一起拖地,菜贩隔三差五送菜,枕边人体重悄悄增了十斤。感恩生活!平生所愿,在烟火气中做点纯净的学术。

双鬓易白眼难青,再次感谢王子今老师将拙稿列入"秦史与秦文化研究丛书"。生性慵懒,若乏鞭策,拙稿刊布必无期。偏居陋巷,赖师友力,一蛮振作或有日。

生平第一本专著,限于学识,纰漏在所难免,敬请同道批评指正。

是为记。

周海锋

2020 年 11 月 30 日于莲城夏荷苑